Dominique FARRAY

des mots pour naître

sur le champ

Collection dirigée par Catherine Dolto-Tolitch

MYRIAM SZEJER
AVEC LA COLLABORATION
D'HERVÉ BERNARD

Des mots pour naître

L'écoute psychanalytique en maternité

nrf

GALLIMARD

À tous les bébés,
nouveau-nés d'hier et nouveau-nés
d'aujourd'hui

À François

Je remercie **René Frydman** et toute l'équipe de la maternité Béclère pour leur confiance et la qualité de notre collaboration.
Je remercie **Lucien Kokh**, pour son enseignement et ses suggestions conceptuelles qui ont permis d'asseoir ma pratique.
Je remercie **Hervé Bernard** pour la profondeur et la sensibilité du travail accompli.

Avant-propos

Après de nombreuses années de pratique et de réflexion avec des enfants en âge préverbal, j'ai pu exercer en tant que psychanalyste auprès des nouveau-nés en maternité. Cette clinique très particulière a peu à peu laissé naître en moi un désir de témoigner. L'originalité de l'approche et les effets que j'ai pu constater n'ont cessé de me questionner et d'orienter mes recherches dans diverses directions, laissant à la pluridisciplinarité toutes ses ouvertures.

Hervé Bernard, psychanalyste, a décidé d'entreprendre un long travail avec moi. Il m'a suivie à la maternité, m'a écoutée, puis a collaboré avec moi en mettant au service de ce livre son écriture et sa culture.

Myriam Szejer

Faire-part

Il est un âge où l'on enseigne ce que l'on sait ; mais il en vient ensuite un autre où l'on enseigne ce que l'on ne sait pas : cela s'appelle chercher.
Roland Barthes

Il est des jours où l'on se sent peu de chose dans notre métier. On a beau se targuer de son expérience de psychanalyste, de ses années de psychiatrie d'adultes et d'enfants, de l'enseignement des maîtres, rien n'y fait. Quand un patient vous raconte comment toute la misère du monde lui tombe sur le dos, on reste coi. C'est bien la moindre des choses, d'ailleurs. Se taire, cela permet à l'occasion d'entendre. Et éventuellement de parler ensuite.

Un malaise diffus

Il y a quelques années de cela, arrivant comme tous les lundis matin à la maternité, je sentis une atmosphère étrange à l'étage des suites de couches. Rien de grave apparemment, mais les pédiatres, les sages-femmes, les infirmières et les puéricultrices, tous semblaient étrangement soucieux à propos d'une nouvelle accouchée, Mme Lemercier. Cette mère avait donné naissance deux jours plus tôt

à son premier enfant, un fils, qu'elle avait appelé Yvon. L'accouchement s'était passé au mieux, et elle était d'autant plus contente que trois ans auparavant elle avait perdu l'enfant qu'elle portait à quatre mois du terme normal de sa grossesse. Seul petit détail, qui avait créé dans l'équipe le malaise diffus dont je parlais à l'instant : en réintégrant sa chambre, Mme Lemercier avait scrupuleusement éteint toutes les lumières et fermé les rideaux. Elle vivait depuis lors cloîtrée dans cette ambiance. Comme par ailleurs elle ne se plaignait de rien et qu'elle n'avait pas commenté ses agissements, on n'avait pas su quoi en penser, et on s'était abstenu de la questionner. Restait à souhaiter que cette bizarrerie soit sans conséquence. Néanmoins, les membres de l'équipe étaient perplexes ; eux qui ont l'habitude de me signaler des mères qui pourraient avoir recours à moi, hésitaient à me parler du souci qu'elle leur causait. Pour tout dire, tout le monde semblait inquiet, sauf elle.
Ce lundi matin, pourtant, nouvelle angoisse, de la part de Mme Lemercier cette fois. La panique la gagne à l'idée que son enfant, qui a donc 2 jours, « n'ait pas encore fait pipi ». Elle fait venir la pédiatre qui, après avoir fait boire l'enfant, l'examine devant sa mère. Très vite, au cours de l'examen, Yvon se met à uriner, au grand soulagement de la mère qui assiste à la scène. La pédiatre n'en pense pas moins que l'enfant avait déjà eu des mictions depuis sa naissance et que la rétention urinaire était plutôt de l'ordre d'une angoisse fantasmatique de sa mère. En accord avec la sage-femme, elle décide d'expliquer à Mme Lemercier qu'il y a dans cette maternité une « psychanalyste pour les bébés » qu'elle peut rencontrer si elle désire parler de ces inquiétudes. Comme Mme Lemercier était plus que discrète jusqu'alors sur ce qui lui arrivait, elles craignent qu'elle ne refuse. Mais, à leur grande surprise, elle accepte de me rencontrer.

C'est en effet à une psychanalyste qu'elle souhaite s'adresser. Je saurai bientôt pourquoi : elle avait eu recours un temps à la psychiatrie, puis, sur le conseil de sa mère (qui elle-même avait pris l'avis d'un psychiatre de ses connaissances), elle avait entrepris une psychanalyse de plusieurs années. Elle accueille maintenant sans trop de réticences l'idée de parler à la psychanalyste que je suis.

Souffrance de mère, souffrance de femme, souffrance de fille

À peine suis-je entrée dans la chambre et me suis-je présentée qu'elle me parle de ses souffrances de femme et de mère. Souffrance de femme au travers d'une aménorrhée qui était apparue alors qu'elle avait 12 ans, peu après ses premières règles, et n'avait cessé que quand elle avait rencontré son mari à l'âge de 18 ans. Souffrance de mère quand, plusieurs années plus tard, son mari et elle voulaient un enfant et désespéraient d'y arriver. Comme je lui demande s'il s'était passé quoi que ce soit de particulier à l'âge de 12 ans, elle me fait le récit de la scène suivante : son père, personnage immensément respecté de tous et d'elle-même, lui demande un jour d'aller chercher une bouteille de vin. Heureuse de l'honneur qu'il lui fait et soucieuse de bien faire, elle se précipite à la cave, tombe dans l'escalier, casse la bouteille élue et se blesse gravement au genou. La blessure est sérieuse, elle se sectionne un tendon et une intervention chirurgicale est nécessaire. Peu après son opération, la famille Lemercier se rend à la plage. Elle-même, qui se dit excellente nageuse, se baigne. Mais elle a soudain la sensation que son genou blessé ne répond pas, que sa jambe se paralyse et qu'elle va se noyer. Elle appelle à l'aide. Son père plonge à son secours, mais c'est lui qui est victime d'une hydrocution. C'est elle maintenant qui tente de sauver son père : elle croit retrouver l'usage de son genou, elle tente de le ramener au rivage, mais l'homme est lourd, elle n'y suffit pas. Elle crie de nouveau au secours, cette fois pour son père. Quand d'autres personnes venues à la rescousse les tirent l'un et l'autre de l'eau, son père est déjà mort. C'est l'horrible de ce souvenir que semble célébrer le noir qui règne dans sa chambre. Accomplit-elle par là, sans en avoir conscience, le deuil de son père ?

Premier temps : la jeune fille, partie chercher une bouteille à la demande de son père, tombe et se blesse au genou. Ce simple récit condense les éléments les plus variés du roman familial, il constitue une véritable bouteille à la mer dont elle déchiffrera le message bien plus tard, après la naissance d'Yvon. Deuxième temps, la mort de son père. Tout se passe comme si cet épisode extrêmement douloureux avait fixé pour longtemps le caractère dramatique du premier, comme si le deuxième acte du drame révélait *a posteriori* l'importance décisive du premier, et non l'inverse. Les psychanalystes sont habitués à de tels effets d'après-coup. Deux scènes fortes, deux appels au secours, comme plus tard deux bébés… et deux psychanalystes, nouent l'énoncé de ce drame et sa symbolisation. Troisième temps, la naissance de l'enfant et l'angoisse qu'elle a à propos de ses mictions. Quand on aura dit encore qu'il y avait un lourd passé d'alcoolisme chez les grands-parents paternels, on s'imagine que des bouteilles cassées au sang versé du premier acte, de l'hydrocution à l'aménorrhée du deuxième acte, jusqu'à l'*inondation* rassurante du bébé au troisième acte, de l'eau (et du sang) est passée sous les ponts. Certes. Le problème est que cette eau ait pu se tarir. C'est en effet de la noyade du père que date l'aménorrhée, qui vient comme assécher le sang de la blessure : le corps a failli à répondre à l'appel du père d'aller chercher le vin, le corps se tait devant la mort du père qu'il croit avoir provoquée.

La douleur de Mme Lemercier à la mort de ce père aimé fut muette si l'on peut dire. Elle resta dans un état de sidération pendant deux jours, au bout desquels elle se jeta en public du toit de la maison familiale. En fait, elle y était montée comme il lui arrivait fréquemment de le faire pour jouer. Sa famille, vu le contexte, s'était alarmée de la voir là-haut. N'arrivant pas à l'en faire descendre, on avait appelé les pompiers, qui avaient juste eu le temps de se mettre en place au moment où elle avait sauté. Avait-elle consciemment tenté de se suicider ? Nul ne saurait le dire, pas même elle, car elle a totalement effacé ces trois jours de sa mémoire, et elle a reconstitué la scène d'après ce qu'on lui en a dit pendant son analyse. Amnésique, donc, mais pas oublieuse. Elle dit elle-même comment, adolescente, elle provoquait sa mère pour être giflée, avec en tête une réponse toute prête : « Tu m'as frappée parce que j'ai tué papa ! »

La place de l'enfant

À la place du deuil de son père impossible à faire, il n'y avait que culpabilité. En fait foi l'aménorrhée qui s'ensuivit. Encore ce symptôme post-traumatique disparut-il quand elle connut son mari à l'âge de 18 ans : réconciliée avec la figure masculine, elle avait reconquis une part de sa féminité. Mais c'est alors le problème de sa stérilité qu'elle rencontra, quelques années plus tard : femme oui, mais mère pas encore. De fait, la naissance d'Yvon est d'autant mieux accueillie qu'elle conclut une longue suite de souffrances liées à l'attente d'enfant. Quelques années auparavant, Mme Lemercier avait en effet sollicité l'aide d'un gynécologue pour soigner une stérilité avérée. Les traitements entrepris n'avaient pas eu le succès escompté, et elle avait décidé de les interrompre. Dans les semaines qui avaient suivi cet arrêt, une grossesse spontanée s'était déclarée. Elle fut interrompue par une fausse couche tardive après vingt-trois semaines de grossesse. Ce premier enfant, mort-né, fut prénommé Jean-Yves. Ce prénom accouplait des prénoms choisis l'un par le père, l'autre par la mère ; celui-ci trouvera un écho dans le prénom du deuxième enfant, qui s'appelle donc Yvon. Une période de stérilité de plus de trois ans avait suivi qui avait décidé Mme Lemercier à consulter à l'hôpital Béclère, sur les conseils d'une amie dont elle respectait les avis. C'est semble-t-il rassurée à l'idée d'être suivie à l'hôpital qu'elle avait entrepris un nouveau traitement pour sa stérilité. Le traitement, mineur au demeurant, avait très vite déclenché une nouvelle grossesse. Elle était heureuse de ce succès, et soulagée à l'idée de se voir prise en charge à Béclère. C'est dans ce climat de confiance qu'était né Yvon.

Peut-être la fausse couche était-elle liée à sa culpabilité, comme si elle signifiait : j'ai tué mon père, les dieux ont soif de vengeance, et ils réclament le sacrifice de l'enfant. Quoi qu'il en soit, devenir mère exigeait d'elle qu'elle transgresse l'interdit lié à son deuil inaccompli. Plus encore, cela supposait qu'elle puisse s'identifier à sa mère. Pour recouvrer sa part maternelle, il lui fallait s'accorder avec le seul modèle de maternité qui importe à une jeune parturiente, celui de sa propre mère. Comme elle me l'a dit lors de notre entretien, elle estimait sa mère, et cette estime englobait jusqu'à sa vie professionnelle : Mme Lemercier, comme sa mère, évoluait dans le milieu médical. On a vu aussi comment c'est sur son conseil qu'elle avait débuté une psychanalyse. Je pense qu'il s'agit là d'éléments d'identification maternelle qui ne sont pas étrangers à son choix de l'hôpital pour traiter sa stérilité et faire suivre sa grossesse. Ils expliquent pour une bonne part la réassurance qu'elle y a trouvée. C'est à l'hôpital qu'elle a pu devenir mère, parce que c'est à l'hôpital qu'elle a pu être maternée.

Il n'y a pas lieu d'interpréter plus loin cette histoire, car la narration de cette tranche de vie est déjà une interprétation, marquée qu'elle est du travail effectué en analyse par Mme Lemercier durant plusieurs années. En revanche, ce récit m'oblige à dégager le lieu où l'enfant vient prendre place. Dans ce cas, le nouveau-né vient là où le deuil du père peut se faire, il est peut-être celui qui permet de le conclure. Il y répond, au-delà de la demande de la mère, par la miction. Celle-ci me dira d'ailleurs qu'elle a eu le sentiment que son enfant ne s'est mis à vivre qu'après ce pipi salvateur ; jusque-là, précisait-elle, tout n'avait été que souffrance et angoisse pour lui.
Comment mieux figurer les choses qu'en disant : la miction de l'enfant, si elle remet sa mère dans la position où l'avait laissée le drame, la fait advenir à une nouvelle destinée ? L'« inondation » de l'enfant donne ainsi un sens nouveau à ce liquide, cette eau, cette mer qui a tué son grand-père. C'est, si l'on peut dire, le signifiant d'un nouveau baptême. La ronde des morts et des naissances est sans fin, mais elle s'arrête pour Mme Lemercier au fait que le vivant puisse être l'occasion de célébrer le mort. C'était le sens du rituel mis en place dans la chambre de l'accouchée. En retour, pour cette femme dont la question de ses rapports avec un père admirable a été si cruellement *réglée* par sa mort, l'hommage à un père, cette fois symboliquement mort, est l'occasion d'un accueil plein d'espoir fait à l'enfant vivant. Le « symptôme » de l'enfant est comme le grain de sable qui fait dérailler la logique mortifère de sa mère, et les amène tous les deux à une nouvelle présence au monde.

De la mort à la vie
Que ce « bébé de l'analyse » ait choisi de vivre, contrairement à son aîné, est en soi une réponse vivante à la mort de son grand-père, d'un autre ordre que le réel du symptôme qui en perpétuait l'impossible et l'horrible. Sa naissance aiguille la mère sur la signification de la dette symbolique à travers le deuil accompli : pour elle, le père symbolique est le père mort, comme Françoise Dolto y insistait. Le père réel, figure mythique dans la famille de Mme Lemercier, était lui-même un enfant de parents alcooliques et maltraitants. À 18 ans, il avait fugué et s'était engagé dans l'armée. Plus tard, il avait obtenu de se faire nommer tuteur de son frère, et l'avait fait placer en institution pour le protéger. À la fois fils aîné et tuteur sinon paterfamilias, il effectuait là un saut symbolique important. Pas seulement symbolique d'ailleurs : à l'armée, il avait grandi de vingt centimètres en deux ans ! Il avait réussi à subvenir seul aux besoins de toute sa famille, et s'était marié à 38 ans à une femme de 18.

Pour finir l'énoncé du drame par une touche de comédie, je donnerai cette ultime précision : ce bébé, par sa venue au monde, fera sortir sa mère de prison ! En effet, Mme Lemercier, après une formation dans l'Administration, avait trouvé un emploi en milieu carcéral, où son mari travaillait déjà. Elle s'en était réjouie à l'époque, car, m'a-t-elle confié, cela la fascinait de voir ce qu'était une prison de femmes. Il se trouve qu'au cours de sa seconde grossesse son mari a été muté. Après son congé-maternité, elle reprendra son travail mais en dehors de tout centre pénitentiaire. Heureuse coïncidence avec la venue d'Yvon.

Un faire-part de deuil peut comme ici être joint à un faire-part de naissance. Faire part d'un événement qui nous touche consiste à s'adresser à la société, fût-elle réduite à un groupe d'amis ou de relations, pour lui demander, plus que de partager notre douleur ou notre joie, de la reconnaître comme recevable. Elle suppose une confiance en l'autre, appelé à être témoin de cette douleur ou de cette joie, ajoutée à un espoir que cette confiance permette d'aller au-delà. Nous avons tous en ce sens la nécessité de témoigner de ce qui fait notre vie, de partager avec l'autre ce qui nous est propre, pour cheminer plus avant. La chose est vraie dans le cadre d'un entretien psychanalytique : Mme Lemercier a ainsi pu trouver une issue à ces non-dits qui la réduisaient au silence. Elle l'est aussi dans la perspective d'un livre tendant comme celui-ci à faire état d'une expérience. Il est donc temps de préciser la genèse de cette expérience.

Les trois temps de la psychanalyse

« Les psychanalystes en maternité, ça n'a rien de nouveau ; les psychanalystes qui parlent aux bébés, voilà qui l'est », disait le professeur René Frydman à une journaliste qui l'interrogeait sur mon travail dans son service. Nouveau ? Disons-le tout net : Il n'y a pas plus de psychanalystes de nouveau-nés que de psychanalystes d'adultes ou d'enfants : c'est une commodité de langage qui permet dans nos professions d'évoquer des différences de technique ou d'expérience chez certains d'entre nous. Il n'y a que des psychanalystes. Si nous le sommes, psychanalystes, c'est avant tout parce que des sujets dans leur douleur nous appellent à l'être, avant toute référence à Freud et à ses successeurs.

Le désir irréductible du nouveau-né

Le nouveau dans l'affaire, c'est de systématiquement, méthodiquement, patiemment tendre à reconnaître le désir irréductible du nouveau-né. D'abord parce que s'il est né, c'est qu'il y est pour quelque chose. Ensuite parce que, s'il est englué dans des symptômes que la médecine n'explique pas toujours, c'est qu'il y a de fortes chances que ce désir humain irréductible soit contrarié. Je ne dis rien là qui soit pari théorique, je l'ai appris d'eux.

Par exemple, jeune encore dans ma pratique avec les bébés, je vois une mère pour un *baby blues* apparemment anodin. Elle s'engage dans une conversation de bon ton avec moi, quand tout à coup l'enfant, entendant que je l'appelle par son nom et commence à reprendre pour lui son histoire, se met à bouger et geindre, lui que sa mère disait muet depuis sa naissance. Le ton change aussitôt, car ce nom auquel l'enfant a réagi évoquait irrésistiblement le lieu où était enterrée sa grand-mère. Ce fut pour la mère un choc d'en prendre conscience, et elle entama alors un travail d'élucidation de ses rapports conflictuels à cette grand-mère. La tristesse qu'elle éprouvait après la naissance de son enfant pourtant attendu se révéla fortement liée à la déception de n'avoir pu compter sur la présence de sa mère à ses côtés.

C'est peu dire que ce nouveau-né, comme tant d'autres, m'a réveillée à ma fonction de psychanalyste : Écoute-moi – m'a-t-il fait savoir en son langage – quand bien même ta raison te dit que je ne puis te parler. Et sache que je t'entends, alors que tu me crois idiot. C'est de ce message de base que s'est renouvelée ma pratique de psychanalyste. C'est de lui que je veux témoigner dans ce livre. Car, dans un temps où les connaissances scientifiques sur le fœtus et le nouveau-né évoluent aussi vite que les incertitudes sur les explications théoriques, il me semble important de pouvoir témoigner de ce qui fait l'efficace du travail psychanalytique avec les nouveau-nés. Ce travail a des effets dont je ne cesse de m'étonner, rapides voire fulgurants.

Les trois prisonniers

Pour dire comment il est possible de pratiquer sur ce mode, il faut s'inspirer de principes d'action à l'usage des psychanalystes élaborés par un aîné, à travers un jeu de logique connu : le dilemme des trois prisonniers. Un directeur de prison songe à faire libérer un détenu parmi trois qui lui semblent dignes de l'être. Son droit de grâce est limité à un seul des trois détenus, mais, ne sachant en conscience comment décider qui le sera, il s'en remet à leur sagacité en leur disant ceci : « Vous êtes trois ici présents. Voici cinq disques qui ne diffèrent que par leur couleur : trois sont blancs, et deux sont noirs. Sans lui faire connaître duquel j'aurais fait choix, je vais fixer à chacun de vous un de ces disques entre les deux épaules, c'est-à-dire hors de la portée directe de son regard (…) Dès lors, tout loisir vous sera laissé de considérer vos compagnons et les disques dont chacun d'eux se montrera porteur, sans qu'il vous soit permis, bien entendu, de vous communiquer l'un à l'autre le résultat de votre inspection. Car c'est le premier à pouvoir en conclure sa propre couleur qui doit bénéficier de la mesure libératoire dont nous disposons[1]. »

L'analyse que fait Lacan de cette situation outrepasse celle de la logique traditionnelle. Il suppose une stratégie en trois temps. Ce qui compte de prime abord pour le prisonnier qui veut sortir vainqueur de l'épreuve, dit-il en substance, c'est ce qui lui tombe sous le sens, ce qu'il peut constater sans réfléchir plus avant : en l'occurrence, que si

1 J. Lacan, « Le temps logique et l'assertion de certitude anticipée », in *Écrits*, Seuil, 1966, p. 197-203.

les deux autres prisonniers ont un disque noir dans le dos, il peut sans hésiter en déduire qu'il a lui-même un disque blanc dans le dos ; *ergo*, qu'il peut sortir immédiatement. Ce côté immédiat, c'est ce que l'auteur appelle *l'instant du regard*.

Le deuxième temps de la stratégie, au contraire, c'est ce qui suppose d'en passer par la médiation de l'alter ego. En pratique, le prisonnier a besoin d'un *temps pour comprendre* que l'hésitation des deux autres le renseigne sur sa couleur : s'il est noir, les deux autres devraient vite en conclure qu'ils sont blancs et sortir ; sinon, ils hésiteront. C'est le temps d'une analyse « objective » de la situation.

La décision finale, elle, le *moment de conclure*, suppose de l'avis de l'auteur une hâte, c'est-à-dire une décision subjective du prisonnier : il lui faut décider sans preuve objective sa couleur, faute que dans son hésitation à le faire les deux autres ne voient prétexte à le faire à sa place.

L'approche des nouveau-nés

Jacques Lacan voyait dans ces trois scansions, *instant du regard*, *temps pour comprendre* et *moment de conclure*, un modèle de la situation psychanalytique. Un demi-siècle plus tard, elles éclairent le mouvement qu'il nous faut faire dans notre approche des nouveau-nés. *L'instant du regard* pour moi, ça a été de constater ce qui était fait en France pour les bébés qui naissaient dans des conditions difficiles. Se déplacer auprès d'eux posait toute une série de problèmes, pratiques mais aussi éthiques. Je dirai comment l'expérience de la consultation de F. Dolto avec les nourrissons de la pouponnière d'Antony et ma propre expérience aux côtés de Caroline Eliacheff ont initié une réflexion à ce sujet. Je parlerai aussi de la vie de la maternité dirigée par René Frydman, du mouvement qu'il a impulsé et de la formidable collaboration des équipes de l'hôpital Antoine-

Béclère de Clamart, qui m'ont aidée à imaginer des procédures d'intervention. Je parlerai enfin et surtout de ce que les bébés m'ont donné à voir et à entendre. Car, à la différence du protocole psychanalytique classique où patient et praticien échappent au regard l'un de l'autre, le travail avec les bébés commence avec le regard. Et, dans le contexte d'intense émotion que sont souvent la naissance et les jours qui la suivent, les bébés nous montrent de façon presque palpable les problématiques qui les agitent.

Être psychanalyste auprès des bébés a ses règles : il a fallu en reconstruire les rudiments sans lesquels aucun travail proprement psychanalytique n'aurait été possible à la maternité. Un psychanalyste s'appuie sur la demande d'un sujet, qu'il différencie du besoin et du désir. Si un patient ne demande rien, s'il est là par convenance ou par obligation, le psychanalyste ne peut pas, ne doit pas opérer. Comment faire alors dans un service de maternité où par définition il faut bien se déplacer au chevet du patient ? Il faut un protocole qui garantisse au bébé et à ses parents que ce seront bien leur demande qui sera entendue, qu'ils ne verront la psychanalyste que s'ils le veulent, qu'ils ne seront pas l'objet d'une visite systématique pour cause « psy ». C'est ce *temps pour comprendre* minimal qui est nécessaire pour que le travail commence. Il n'est évidemment possible qu'au regard des avancées scientifiques nombreuses qui ont été faites ces dernières années sur la connaissance des fœtus et des nourrissons. Il n'en devient que plus passionnant par là même. Chercheurs en neurosciences, éthologues, psychanalystes, mais aussi pédiatres, échographistes, néonatologistes, la liste est longue de ceux qui ont amené récemment des découvertes fondamentales et/ou expérimentales. Sans en faire un recensement exhaustif qui déborderait le cadre de ce livre, nous pointerons celles qui ont aidé à asseoir ce protocole de travail psychanalytique.

Reste ce point d'éthique premier qui est le pivot de l'action d'un psychanalyste : tout être humain est un être de désir, quel que soit son âge. Faute de ce postulat, on ne serait pas psychanalyste. Ce désir et la trame inconsciente sur laquelle il se joue, comment en rendre compte ? Pourquoi, sans prétendre à une « parole » du nouveau-né, est-on amené de par la pratique psychanalytique à affirmer que l'enfant a une pensée ? Que cette pensée est directement liée à l'importance évidente qu'il accorde aux paroles de son environnement quand celles-ci, pourvu qu'elles lui soient directement adressées, lui permettent de donner du sens à ce qu'il vit ? Où se situe l'interprétation analytique, son éventuelle urgence ? Les réponses que ma position de psychanalyste me permet de donner à ces questions, mon *moment de conclure*, m'amènent à un certain nombre d'hypothèses cliniques. Je pense plus particulièrement à cette période des limbes et du baby blues qui la suit, mais aussi aux réponses de prévention à donner, par exemple dans les cas d'accouchement au secret.

Quelques-uns – et parmi eux des psychanalystes – ont pu se plaindre de la lenteur de certaines cures psychanalytiques. Il est incontestable que sous cet angle le travail psychanalytique avec les nouveau-nés est gratifiant parce qu'il amène très souvent des effets quasi immédiats. Cette rapidité enthousiasme, car elle confirme un psychanalyste dans ce pourquoi il l'est devenu : la cure psychanalytique est le lieu de trouvailles permanentes pour ceux qui l'entreprennent, à l'occasion pour les psychanalystes. Cette efficacité intrigue aussi et elle reste à interroger. En comprendre certaines raisons permet déjà d'entendre dans les cures d'adultes des traces d'« archaïque » restées muettes jusqu'alors ; sans doute, au fur et à mesure que cette compréhension s'affinera, l'efficacité de la psychanalyse d'enfants plus grands ou d'adultes se renforcera-t-elle. En tout cas, la rencontre avec les nouveau-nés se fait presque toujours dans un contexte où se révèle à son plus haut niveau le potentiel humain d'émotions. C'est pourquoi il est urgent d'en témoigner. Nous sommes sûrs de n'avoir pas à nous répandre sur notre propre émotion à comprendre que les nouveau-nés peuvent « converser » avec nous. Car cette vérité de cœur, nous faisons le pari que les lecteurs la reconnaîtront pour être aussi la leur.

La cause des bébés

Les grandes personnes ne comprennent rien toutes seules, et c'est fatigant, pour les enfants, de toujours et toujours leur donner des explications.
Antoine de Saint-Exupéry

Comment va le bébé ?
Poser une telle question à un(e) ami(e) est chose courante, mais y répondre à l'échelle de la société est beaucoup plus ardu. Naît-on dans de meilleures conditions en cette fin de siècle qu'à son début, ou la médicalisation de la grossesse et de la naissance réduit-elle le bébé et sa mère à des êtres sans âme ? Le bébé a-t-il une place plus douillette dans le nid familial qu'il y a cent ans, ou est-il victime de l'éclatement de la famille nucléaire ? A-t-on gagné à proclamer que « le bébé est une personne », ou doit-on croire l'historien Philippe Ariès qui prétend que l'âge d'or de l'enfant est révolu ? Le bébé a-t-il gagné à la redistribution des rôles dans la société, au travail des femmes et à l'apparition des « nouveaux pères » ? Ou n'est-il plus que le gnome des dessins de Claire Bretécher qu'on pend par les bretelles au portemanteau d'une halte-garderie le matin, d'une crèche l'après-midi et d'un atelier d'éveil à la mode le soir ?

Sur tous ces points, les réponses ne sont pas si claires qu'il y paraît. Tout est là affaire d'option personnelle. Certes, la mortalité infantile a fléchi sous les avancées de la médecine, et d'abord grâce aux hygiénistes et aux médecins sociaux du XIXe siècle. La fièvre puerpérale n'a pas résisté à l'organisation dans les hôpitaux de structures dédiées aux accouchées et à leurs enfants, et l'introduction des antibiotiques et de l'asepsie ont fini d'avoir raison d'elle. Le chemin parcouru depuis lors est grand. En cette fin de XXe siècle, toute femme est garantie que sa maternité bénéficiera de conditions de sécurité particulièrement développées : hygiène, vigilance des soins pré et postnataux pour elle et son enfant, prévention..., la panoplie d'intervention est très diversifiée si l'on veut bien y réfléchir. Pour le bébé, l'avancée est aussi décisive qu'elle semble rétrospectivement évidente : le temps n'est plus où l'on n'anesthésiait pas les enfants en bas âge « parce qu'ils ne souffrent pas ». Les médecins savent maintenant différencier les signes de douleur des nouveau-nés, et la plupart du temps parviennent à y parer. Mieux, ils commencent à repérer ceux des fœtus. La naissance n'en est pas pour autant devenue un acte anodin, ni d'un point de vue affectif bien entendu, ni même d'un strict point de vue médical. Les progrès de l'obstétrique sont impressionnants, et pourtant nous sommes toujours à la merci d'affections et d'accidents. À cet égard, la *mort subite* du nourrisson reste le paradigme des nombreuses morts inexpliquées des enfants en bas âge : elle a frappé le grand public, et elle préoccupe à juste titre les professionnels. Pour la prévenir, les pédiatres de Béclère, au vu des études épidémiologiques internationales, ont pris l'habitude de recommander de coucher les bébés sur le dos. Les sages-femmes et moi-même, dans les réunions de sensibilisation et d'information concernant la puériculture que nous organisons pour les mères venant d'accoucher, insistons sur ce mode de couchage. Nous n'avons qu'à nous en louer, puisque le taux de mortalité a baissé dans des proportions incontestables depuis que cette recommandation est appliquée.

Sur le plan médical, gynécologique et obstétrique mais aussi pédiatrique, les avancées fondamentales sont immédiatement appliquées dans la pratique hospitalière. Pour ce qui concerne notre profession, les choses progressent : psychiatres, psychologues et psychanalystes sont appelés au chevet des accouchées, dans les maternités, pour porter assistance aux mères. Tous ces recours servent une meilleure prise en compte par la société de chacun de ses nouveaux membres qui vient à naître.

Le public le sait, et il est sensible aux relais qui sont établis entre ce monde froid de la médecine spécialisée et l'intimité de la famille. Le bébé n'a plus seulement sa place dans les livres spécialisés rangés dans les rayons poussiéreux de la bibliothèque à la lettre P comme *puériculture*, il fait l'objet de multiples revues largement diffusées, toutes plus attrayantes les unes que les autres. Le bébé intéresse. Il n'est pas un jour sans qu'on n'entende une mère tenir des propos dans le style : « je m'occupe de mon bébé de cette façon, parce que Dolto a dit que... », « on m'a dit qu'il faut allaiter au sein parce que l'allaitement artificiel déshumanise le bébé », « j'ai lu que le bébé est sensible à la musique et je lui passe la *Petite Musique de nuit* tous les soirs avant de s'endormir », etc. Il faut bien souvent tempérer ces interprétations quelque peu hâtives et personnelles, mais elles manifestent certainement un intérêt nouveau pour le très jeune âge.

Si la représentation nationale est le digne reflet d'une société, là aussi l'enfant gagne en estime. Les dix dernières années ont vu se voter un florilège de lois qui le concernent : sur l'adoption, l'accouchement au secret, les nouvelles procréations. Les chartes de l'Enfant, les comités d'éthique chargés de réfléchir au droit de l'enfant et du nouveau-né dans nos sociétés, sont autant de signes qui montrent que le bébé a le vent en poupe.

Nous applaudissons comme il se doit à tous ces efforts pour que le bébé « aille mieux ». Nous ne sommes heureusement pas dans un pays où les bébés sont l'objet d'un commerce, ni dans un temps – révolu – où ils mouraient sans soins faute de savoir reconnaître leurs souffrances. Mettons tout de même un léger bémol à cet hommage, car le bébé, et pour cause, ne nous dit pas lui-même comment il va. Je suis médecin de formation, et je sais que le patient n'a pas toujours son mot à dire quand il s'agit de diagnostiquer et soigner son trouble. Sans doute est-ce pour cela que je suis devenue psychanalyste. Mais je garde la nostalgie de ces grands cliniciens qui flairent les problèmes à l'écoute de leur patient, et qui savent en quelque sorte qu'il n'y a pas de source plus autorisée que le patient lui-même. Depuis le début des années quatre-vingt-dix, mes patients sont surtout des bébés à la maternité de l'hôpital Antoine Béclère ; mais il m'a fallu plusieurs années en amont de ma pratique pour comprendre pourquoi.

Un cheminement professionnel

Un détour par mon cheminement professionnel dira mieux qu'une savante explication comment les nouveau-nés peuvent concerner la psychanalyse. Depuis le milieu des années soixante-dix, après des études de médecine et l'internat de psychiatrie, j'avais eu une pratique de psychiatre d'adultes dans différents services de la région parisienne, et depuis les années quatre-vingt une pratique de psychanalyste en cabinet. Rien dans ma vie professionnelle ne me prédestinait à m'intéresser au nouveau-né. De lui je ne connaissais rien, ou si peu. J'avais bien fait une partie de ma spécialisation médicale dans un service de psychiatrie de l'enfant, et j'étais donc pédo-psychiatre, mais c'était plus une qualification supplémentaire que le signe d'un intérêt personnel. Vingt ans plus tard, je ne renie pas cette ignorance nécessaire, car il n'est rien de plus terrible que de se prendre pour un spécialiste de l'enfance. Je ne suis toujours pas une spécialiste en ce sens-là, et je garde ma pratique privée de psychanalyste largement ouverte aux adultes. À quoi sert de « savoir » écouter un enfant si l'on se refuse à entendre chez l'adulte les mots qui chantent le vert paradis de l'enfance ? Inversement, comment prétendre assister un nouveau-né sans imaginer la place symbolique d'être social qu'il sera amené à prendre dans le monde des adultes ?

Si je connaissais un peu les enfants, c'était au travers de leurs mères, notamment par les cas de baby blues et de dépression du post-partum que j'avais rencontrés au cours de ma pratique. À tel point qu'avec ma consœur et amie Claudine Cohen, qui partageait avec moi le même cabinet, nous avions fondé un groupe de réflexion sur le baby blues. S'y étaient rapidement agrégés quelques confrères psychanalystes, mais aussi des gynécologues et des pédiatres. Nous faisions de la recherche bibliographique sur le thème du baby blues, nous comparions nos expériences... Nous avons confectionné un questionnaire destiné aux mères. Les réponses à ce questionnaire, diffusé dans des cabinets de gynécologie privés, étaient passionnantes. Il n'y avait bien sûr aucune prétention statistique de notre part, mais l'aspect massif de certaines réponses n'avait pas manqué de nous frapper. Ainsi, à la question : si on vous le proposait, acccepteriez-vous de parler à un professionnel des problèmes rencontrés après votre accouchement ?, le « oui » l'emportait très largement dans les réponses émanant de femmes qui étaient mères. C'était d'autant plus étonnant qu'à l'époque, comme encore maintenant dans la majeure partie des consultations publiques, rien n'était *a priori* prévu pour les suites de couches. Les problèmes des premiers mois étaient toujours traités en service de pédiatrie quand il s'agissait de l'enfant, éventuellement en psychiatrie pour la mère. Mais rien de spécifique n'existait en maternité. Pourtant, la demande semblait bien là.

Une direction pointée par Françoise Dolto

Conjointement à ce groupe de réflexion, je tenais une consultation dans un centre médico-psychologique (CMP) depuis 1979. On y recevait des enfants présentant des pathologies allant des difficultés scolaires mineures aux psychoses les plus handicapantes. Je voyais plutôt pour ma part des enfants en « phase de latence », dont l'âge oscillait entre 5-6 ans et le début de l'adolescence. Pour imager les choses, disons que je devenais une spécialiste du « pipi au lit », puisque ce type de symptomatologie est fréquente à cet âge. Mais les très jeunes enfants m'intimidaient fortement, je ne savais comment les aider.

Ma collègue Caroline Eliacheff me suggéra d'aller avec elle assister à la consultation de F. Dolto. Elle recevait alors, rue Cujas, des bébés que lui adressait la pouponnière d'Antony, conduits par leur maternante. Ces bébés, parfois nés d'un accouchement anonyme, se trouvaient toujours dans des situations sociales et psychologiques dramatiques. Ils avaient entre 8 jours et 3 ans d'âge. Je connaissais F. Dolto au travers de l'école de psychanalyse à laquelle elle appartenait, par ses livres[1] et par ses émissions de radio. Mais jamais l'idée ne m'était venue d'apprendre mon métier avec elle, alors que justement cette consultation dont je parle était ouverte à une dizaine de psychanalystes d'adultes soucieux de se former aux problèmes spécifiques des enfants. Je n'avais aucune attirance particulière pour sa personne.

J'ai même eu bientôt l'occasion de la redouter. En effet, je lui écrivis pour lui dire que je désirais assister à sa consultation : j'arguais que je voulais apprendre à entendre la souffrance des bébés, pour être à même de la reconnaître chez mes patients adultes. Je reçus une convocation à me rendre rue Cujas. Je m'y rendis à l'heure prévue, pour m'entendre dire de sa bouche qu'elle avait dû se tromper et qu'il y avait déjà trop de femmes à sa consultation. J'ai su que telle autre postulante avait été éconduite au motif que sa compétence en psychiatrie d'enfant n'avait rien à voir avec la psychanalyse. Amère déception. Il me fallait ronger mon frein et attendre qu'une « place de femme » se libère. Elle se libéra en effet, six mois plus tard. Du coup, l'impatience qu'avait créée chez moi son premier refus me mit dans la disposition d'élève surmotivée.

Tous ceux qui ont suivi cette consultation le savent, elle était bouleversante. Comme le disait un de ceux-là : « La psychanalyse, elle y croit ! » Si sa consultation était formatrice, c'est qu'elle-même était une clinicienne hors pair, avec sa façon inimitable de parler aux enfants qui lui répondaient bien souvent du tac au tac. Mais c'est aussi parce qu'elle enseignait que la psychanalyse ne s'enseigne pas, et qu'il fallait trouver dans son propre savoir inconscient la

1 L'importante bibliographie de F. Dolto témoigne de son apport à la psychanalyse. On sait qu'elle n'était pas avare de sa parole, le problème étant pour le lecteur de se repérer dans une œuvre marquée par la profusion des notes cliniques. Un des ouvrages les plus aboutis permettant de comprendre la nouveauté et la cohérence théorique de cette œuvre nous semble être celui de Gérard Guillerault, *Le corps psychique*, Éd. universitaires, 1989.

mesure de ce que l'enfant vous jette à la face et de ce que la théorie professe. C'est enfin qu'elle ne perdait pas une occasion de souligner que l'âge dit préverbal exprimait, plus loin que l'archaïque dont parle la psychanalyse traditionnelle, quelque chose d'une parole. Elle parlait beaucoup aux bébés, elle pensait que la parole avec eux s'échangeait plus directement qu'avec un adulte. Aux psychanalystes présents, elle parlait aussi : elle commentait la séance qui venait de se dérouler, elle nous demandait ce que nous avions entendu. Qui plus est, elle se servait de ce que nous lui répondions ; elle nous en remerciait ou nous critiquait suivant le cas. Bref, un type de transmission auquel ne nous avaient habitués ni nos études, ni nos contrôles avec des psychanalystes chevronnés, ni nos congrès.

F. Dolto m'a aidée à aborder un domaine où peu de temps auparavant je ne me serais pas risquée. Je me suis mise à recevoir à ma consultation des tout-petits, et à constater que leurs symptômes pouvaient, comme avec elle, régresser après quelques séances. Cette efficacité soudaine m'étonnait. Les psychanalystes sont habitués à penser que la guérison vient de surcroît dans une cure, et qu'il arrive que des sujets n'en aient pas le désir, ou que ce désir... s'éternise. Là, tout était vif et net. Comme je suis psychanalyste et qu'un psychanalyste reste un thérapeute, j'y trouvais mon compte : pouvoir entendre quelque chose des tout-petits dans ma pratique, quand un an plus tôt je n'y aurais pas compris un traître mot, me ravissait. Sa passion de la transmission nous confortait d'ailleurs dans nos tentatives d'écouter ces tout-petits. J'ai donc continué ; je lui devais bien cela !

Je garderai comme souvenir personnel de sa dévotion à la cause des enfants ce jour, peu de temps avant sa mort, où je la raccompagnais chez elle en voiture après une matinée entière de consultations. Malgré sa fibrose pulmonaire qui l'handicapait, malgré la mort qu'elle sentait venir, elle continuait les consultations avec les nouveau-nés de la pouponnière : c'était la seule activité qu'elle avait gardée. Ce jour-là, comme tous les jours depuis quelque temps, elle portait son appareil à oxygène mobile et la sonde qui l'aidait à respirer (« ses lunettes de nez » comme elle disait aux enfants pour banaliser l'affreuse machine). Elle était sortie très péniblement de la voiture, et, cahin-caha, m'avait entraînée vers une épicerie en me demandant de l'aider à porter l'appareil. Je résistai : « Ce n'est pas raisonnable, il faut aller vous reposer...

– Non, non, j'attends la visite de mes petits-enfants, il faut absolument que j'aille acheter des gâteaux. »

F. Dolto avait cela dans le corps : la passion des enfants, et la force de vivre.

Après sa mort en 1988, les consultations devaient continuer ; c'était son souhait, il devint celui de l'Aide Sociale à l'Enfance (ASE), dont dépendait la pouponnière d'Antony. Caroline Eliacheff fut de ceux qui acceptèrent de continuer l'entreprise au CMP. De mon côté, je reçus des enfants déjà placés en famille d'accueil que l'ASE m'adressait pour des consultations psychanalytiques. J'assistai également Caroline Eliacheff pendant quelques mois, pour continuer à apprendre des nourrissons.

Si F. Dolto m'avait libérée de mes frayeurs vis-à-vis des jeunes enfants, je ne savais pas encore tout à fait ce que j'avais à voir avec eux. La consultation avait ceci de passionnant que des enfants très jeunes, gravement perturbés, pouvaient décoller de leurs symptômes en l'espace de quelques séances. Ces symptômes étaient pourtant des plus sévères, mais ils pouvaient régresser dès lors que des paroles dites aux enfants donnaient sens aux morceaux jusque-là épars de leur histoire.

C'était particulièrement sensible pour des enfants nés après un accouchement au secret. Au point que je posais un jour la question à Caroline Eliacheff : Si les enfants abandonnés souffrent de trous de parole et élaborent des symptômes en conséquence, si notre intervention fait perdre de la force à ces symptômes, ne serait-il pas plus économique pour tout le monde que nous intervenions plus tôt, c'est-à-dire avant l'apparition du symptôme ?
L'évidence lui dicta une réponse positive. Il fallait assurément accéder à une maternité. Cela me tentait, mais le problème était qu'aucun service hospitalier de ce pays n'avait jamais accepté de payer une psychanalyste pour travailler auprès des nouveau-nés. Qui serait suffisamment aventureux pour tenter une telle expérience ?

La maternité Béclère

La chance m'a souri, et elle avait le visage du professeur Frydman. René Frydman dirigeait déjà la maternité de l'hôpital Antoine Béclère de Clamart, qui se trouvait faire partie du même intersecteur infanto-juvénile que le CMP où je travaillais et la pouponnière d'Antony. Bon nombre des enfants accueillis par la pouponnière étaient nés dans cette maternité. Simple affaire de proximité ? Pas tout à fait. Parler à des nouveau-nés en souffrance supposait par définition trois éléments : des bébés exprimant une douleur psychique, une conception psychanalytique de l'écoute, et un lieu à la pointe du progrès.
Béclère avait une solide réputation avant-gardiste. Il y avait là un des services pionniers dans le domaine des procréations médicalement assistées (PMA), un département pour les grossesses dites à hauts risques des plus spécialisés (GHR), adjoint à un service de néo-natologie. Plus tard, ces services sont d'ailleurs devenus le centre d'un réseau de

structures de la région parisienne qui leur envoient les pathologies les plus difficiles. L'équipe était des plus reconnues. On y faisait feu de tout bois en matière d'innovation, et on avait créé là une des premières *unités kangourou* de France.

Cette « unité d'élevage », au propos plus humaniste que ne le laisse entendre sa dénomination dans les textes, a pour but de permettre à certains enfants prématurés de rester au contact de leur mère. En cas de prématurité, les enfants nécessitant des soins particuliers sont, dans tout autre hôpital, envoyés en service de néo-natologie tandis que leur mère reste à l'étage des suites de couches. (Si l'hôpital en question n'est pas équipé d'un service de néo-natologie, l'enfant est transféré dans un autre centre.) Les mères sont plus ou moins librement admises à rendre visite à leur enfant, selon le règlement de chaque hôpital et suivant le type de soins requis par l'enfant. Mais elles ne peuvent avoir avec eux un contact de tous les instants, et c'est bien souvent toute une entreprise pour elles que de se rendre en néo-natologie, surtout si l'accouchement a laissé des traces.

À Béclère, mère et enfant sont hospitalisés au même étage. L'idée de l'unité kangourou consiste si l'on veut à déplacer les soignants auprès des bébés, et à maintenir les mères à leur côté.

Elle concerne les enfants hypotrophes nés à terme, ou les prématurés légers, c'est-à-dire pesant environ deux kilos et qui ne requièrent pas de soins exigeant l'apport de techniques sophistiquées. Le nouveau-né passe la nuit dans l'unité mais reste dans la chambre de sa mère durant la journée. On propose parfois à la mère de prendre son enfant en peau à peau contre elle, et on installe une couveuse dans sa chambre en cas de besoin. L'enfant est pris en charge pour des soins spécialisés par les équipes, mais la mère peut à tout moment le voir, lui parler et participer aux soins. Elle y est même encouragée par les puéricultrices et les infirmières, qui ont pour mission d'aider la mère à s'occuper de son bébé quand elle pourrait s'en sentir incapable en raison de la fragilité de l'enfant.

Étant donné son succès dans le monde entier, l'unité kangourou fait l'objet de nombreuses publications[1] pour étudier son impact sur le développement des enfants prématurés. Il est certain que les nouveau-nés qui sont passés par l'unité kangourou se remettent vite, et que les mères repartent apaisées et certainement plus « compétentes ». En préservant les relations précoces mère-enfant, l'unité kangourou permet à l'enfant de retrouver après sa naissance les perceptions anténatales qu'il connaît, et donc de se développer dans une plus grande sécurité. Comme le disait F. Dolto, et comme Catherine Dolto-Tolitch ne manque pas de le rappeler en tant qu'haptothérapeute, le nouveau-né trouve là l'occasion de s'épanouir dans la *mêmeté d'être*, sans qu'il soit établi de coupure arbitraire entre l'avant et l'après de la naissance.

Tout cela constituait pour moi l'indice que l'aventure pouvait être tentée dans cet hôpital. Si l'on y ajoute la personnalité du professeur Frydman, on comprendra que l'indice se muait en espoir. Lui n'en était pas à sa première aventure. Il avait fait la guerre ! La vraie, celle du Nicaragua, celle de Palestine, quand il accompagnait Médecins Sans Frontières ou la Croix-Rouge internationale. Mais aussi celle du droit à l'avortement, à laquelle il avait apporté sa contri-

1 Cf. en particulier Charpak et *al.*, « Rey-Martinez Kangaroo Mother Program : an alternative way of caring for low birth weight infants ? », in *Pediatrics*, vol. 14, n° 6, déc. 1994, p. 804-810.

bution comme médecin. Plus encore celle de la fécondation *in vitro*, puisqu'il est l'un des « pères » scientifiques d'Amandine, le premier bébé-éprouvette français. Mieux qu'un pionnier de toutes les nouvelles techniques de procréation dites à tort artificielles, il était connu comme un de ceux qui faisaient le plus avancer la réflexion éthique au sujet des procréations médicalement assistées (PMA). Je pouvais donc essayer de convaincre un homme, à qui la naissance semblait faire obligation d'innover, de tenter une expérience inédite.

L'approche s'est faite à petits pas. Ce fut d'abord une invitation à venir parler au staff du service d'un projet de travail en maternité. Puis ce fut une lettre me proposant de m'adjoindre à un groupe de réflexion des psychiatres et psychologues de l'hôpital. Enfin, la convocation à un entretien avec lui sur l'opportunité d'assister les nouveau-nés par la parole, duquel il ressortit qu'il fallait tenter l'expérience sur une période de trois mois. René Frydman décida bientôt de transformer cet essai en vacation, de façon à implanter officiellement ma pratique dans le service. Le jeu lui semblait en valoir la chandelle : s'il n'avait pas encore eu le temps de se convaincre de la validité de mes dires, du moins ce que le personnel lui en transmettait lui semblait favorable. Le combat n'était pas gagné pour autant, car il fallait trouver des fonds, et la Protection Maternelle et Infantile (PMI) avait refusé de subventionner cette activité. La politique des tutelles était sans doute alors moins hardie que ne l'était celle de l'hôpital. On me disait en substance que les nouveau-nés n'avaient besoin de rien, et que d'ailleurs ils n'avaient rien demandé ! Dans un premier temps, c'est donc comme médecin détaché de l'intersecteur pédopsychiatrique que je suis venue travailler à Béclère. Parallèlement à ma pratique clinique, j'y organisais des réunions avec les membres du service pour les sensibiliser à la spécificité de ma démarche. Puis l'intersecteur crut bon de me retirer son soutien, et c'est la maternité qui prit le relais.

Une place pour le psychanalyste

Que voit-on tous les jours dans les maternités, à Béclère comme ailleurs ? Des femmes qui sont en conversation avec leur nouveau-né. On pense bien sûr aux gazouillis des nourrissons répondant aux câlins maternels, mais, plus loin, on peut aussi évoquer le baby blues. Il touche presque toutes les mères, de manière plus ou moins prononcée. J'ai découvert au cours de mon travail à la maternité que non seulement la présence du bébé déclenchait le baby blues, mais encore que le baby blues appelait le bébé au langage. Autrement dit, contrairement à la pratique consacrée, un psychanalyste ne peut écouter l'un sans écouter l'autre, ni parler à la mère sans parler au bébé. Il en sera plus longuement discuté dans le chapitre consacré au baby blues. Mais on peut déjà poser que mère et enfant vont de pair(e). Si j'avais compris grâce à mon groupe de réflexion sur le baby blues qu'il y avait une demande des femmes de parler, si j'avais par ailleurs vu les effets bénéfiques d'une écoute psychanalytique sur des enfants très jeunes, la solution était maintenant de joindre les deux bouts. Il fallait accéder aux deux sans les séparer. Certes, il faut bien que mère et enfant se séparent un jour pour ne pas rester dans un lien pathologique : que chacun vive sa vie ! Mais pour celles qui justement ont du mal à établir une limite entre elles et le bout de chair qu'est leur enfant à leurs yeux, il s'agit en attendant qu'elles puissent négocier l'interdépendance des premiers jours.

Les nouveau-nés, une spécialité ?

C'est un péché mignon des professions qui touchent à la santé mentale que de découper l'histoire des individus en tranches : nous avons la psychiatrie infanto-juvénile, qui différencie la psychopathologie de l'enfant de celle de l'adolescent (et qui y rajouterait une branche nourrisson et une sous-section nouveau-né si on la laissait faire), une psychiatrie de l'adulte, une géronto-psychiatrie... Certains psychanalystes tiennent encore à marquer leur spécificité comme analystes d'enfants ou d'adultes, comme je l'ai dit. Il faut certes s'accommoder de tous les goûts des praticiens comme de tous les publics de « malades », mais pas au prix d'en oublier le continuum d'une vie d'être humain. Pour les enfants en très bas âge, il n'est pas question de séparer le dire de l'enfant de celui de la mère, ni d'ailleurs de celui du père. Béclère porte une trace, certes formelle et bénigne, mais réelle de cet état de fait : le département des suites de couches dépend administrativement du service d'obstétrique du professeur Frydman, quand l'unité kangourou ainsi que tous les pédiatres de la maternité dépendent du service de néo-natologie. Administrativement parlant, une mère et son enfant ressortissent donc en principe de deux unités différentes. Rien de grave, puisque le plus souvent ils seront hospitalisés ensemble au même étage ; mais la séparation reste inscrite. Les psychanalystes avaient déjà, depuis de nombreuses années, investi les hôpitaux. Jusque-là pourtant, il ne s'agissait pour eux que de travailler dans l'avant et l'après de la naissance. Avant, pour aider les femmes aux grossesses difficiles ou pour les PMA ; après, pour les problèmes soulevés en néo-natologie et en pédiatrie. Rien en suites de couches « normales ». La priorité était de s'occuper des mères, point des bébés. Très souvent, cette priorité incluait comme une condition sous-entendue que le symptôme du bébé était d'un autre ressort, médical et pédiatrique celui-là : on ne confond pas les torchons et les serviettes, ni les mères souffrantes et les bébés qui n'ont soi-disant rien à dire, et encore moins les choses sérieuses et les médecins de l'âme. Voilà maintenant quelqu'un qui prétend parler aux bébés... En fait, je proposais simplement de transposer ce que m'avait enseigné F. Dolto avec des bébés de quelques semaines à des nouveau-nés de quelques jours. Il s'agissait là de psychanalyse, soit d'une insistance à faire parole – comme on dit faire mouche – de tout symptôme articulé qui représente sa part de vérité inconsciente. En cela, elle ne questionne pas les sujets sur leur âge ou leur raison. Mais elle exige un protocole particulier, qui la différencie de la psychiatrie et de la psychologie. Pas exactement celui du cabinet d'un psychanalyste, puisqu'il s'agit de se déplacer au lit des personnes souffrantes, mais un cadre répondant à des critères psychanalytiques, assurément.

Prenons pour le comprendre la liste des maux auxquels nous avons affaire dans une maternité. Les nouveau-nés souffrent de troubles digestifs les plus variés : ils vomissent, régurgitent, ont des diarrhées ou sont constipés, ont des coliques – certains dans des proportions ahurissantes qui les mettent en danger. Ils font de l'anorexie, ils refusent obstinément le sein. Ils font de la boulimie, ou plus exactement ils réclament sans arrêt. Ils pleurent sans discontinuer, de jour comme de nuit. Ils sont victimes d'hypersomnie, ou la fréquence de leurs réveils est trop grande. Ils ont des troubles cutanés. Ils ont des troubles respiratoires, légers ou dramatiques. Ils sont hypotoniques, ils ont une courbe de poids qui ne se redresse pas au bout de trois jours comme il est normal, ils sont anormalement « éteints », ils crient, ils sont hyper-agités...
Les mères réagissent comme elles le peuvent en fonction

de leur état et de leur constitution. Les professionnels assurent. Sans défaillir. Que fait le psychanalyste ?

Le regard et la voix

Le psychanalyste doit ouvrir ses oreilles et tenter d'entendre le bébé, sa mère et son père. Ce disant, on n'a encore rien expliqué si on ne précise pas qu'il s'aide pour cela de ses yeux. Quand j'entre dans une chambre où une mère m'a fait appeler pour elle ou son bébé, je commence par arranger les lieux de façon à voir les deux protagonistes, ou les trois si le père est présent, et à être vue par eux. Le dispositif est différent de ce à quoi nous sommes habitués avec des adultes en cabinet, où l'analysant sur le divan échappe au regard de l'analyste et vice versa. Le premier organe de parole, ici, sera l'œil. Il s'agit d'installer par le regard cette scène où le nouveau-né est joint à l'espace de parole qui se met en place. Il s'agit d'être témoin. Regarder la mère, regarder l'enfant, être regardé. Le terme « regarder », qui ajoute un préfixe de répétition à « garder », dérive du terme germanique *wardôn*, qui signifie « attendre », « soigner ». C'est bien de cela dont il s'agit ici.
Le nouveau-né n'y verrait goutte, dit-on, handicapé qu'il est par une immaturité des récepteurs rétiniens. Qu'on veuille se reporter aux travaux expérimentaux sur le regard du nourrisson[1]. On y trouvera démontré que l'enfant lit d'une certaine façon sur les lèvres, qu'il entend mieux ce qu'il voit. On verra aussi qu'il sait imiter un adulte en tirant la langue et en ouvrant la bouche, qu'il singe les expressions de son visage souriant ou sévère. Simple conduite réflexe ? Ou comprendrait-il qu'en fronçant les

1 Voir D. Stern, *Le monde interpersonnel du nourrisson*, PUF, 1984, en particulier p. 69-90.

sourcils sa mère montre son inquiétude, alors que son sourire est de meilleur augure pour lui ? Tout indique que cette conduite implique chez l'enfant une représentation symbolique au-delà du regard. Pourquoi sinon les chercheurs insisteraient-ils pour dire qu'un enfant voit un nouvel objet comme du *déjà vu* ? Serait-ce qu'il y a une vie avant la naissance, que le nouveau-né a une histoire ? Laissons chacun s'interroger et satisfaisons-nous pour l'instant de prendre le regard des nouveau-nés pour argent comptant.

Le psychanalyste doit essayer de laisser s'épandre les voix. La sienne, celle du bébé, celle de la mère. J'ai des raisons personnelles pour penser cela, puisqu'une formation de chant m'a permis de saisir en quoi la voix est vraiment du corps naissant : une glotte, des cordes vocales, des résonateurs, des muscles et une soufflerie, mais aussi un corps au-delà de soi, qui va vers l'autre qui écoute. Mais allons plus loin.

Comme le démontre le psychanalyste Denis Vasse, quand l'ombilic se ferme, la bouche s'ouvre : c'est le même moment de la venue à la vie. Que le cordon soit coupé et que l'ombilic soit appelé à se fermer, et vient pour l'enfant le temps de vivre de son propre corps. C'est aussi souvent l'instant de son premier vagissement.

Que surgisse la voix de l'autre, et c'est une dimension autre qui s'ouvre : « désormais le corps à corps avec la mère se trouve médiatisé par la voix, celle du bébé aussi bien que celle de la mère ou celle du père. C'est en elle que viennent se signifier le contact rythmé des soins, en même temps que les accents les plus inconscients que provoque ce contact dans le cœur des parents[1] ». Autrement dit la voix

1 D. Vasse, *L'ombilic et la voix*, Seuil, 1974, p. 18.

est ce par quoi le bébé est symbolisé dans l'Autre, dès lors qu'il est représenté, parlé, *vocalisé* à l'adresse de l'autre. Par la voix d'autres hommes, le nouveau-né n'est plus seulement un corps, mais un être venu au symbolique. La voix est cette césure signifiante plus habile à l'amener à la vie que la coupure du cordon ombilical. Elle est ce qui nomme, qui distingue et qui célèbre le corps de l'enfant.
Cette capacité de la voix, en tant qu'elle est *entendue* par l'enfant dès ses premiers instants, le relie dès lors et pour la vie à deux ordres qui se conjoignent ; son corps et l'histoire qu'il véhicule : c'est le « moment » ombilical, et l'humanité, l'ensemble de ceux qui parlent, la société : c'est la nomination. C'est donc comme force de vie qu'il faut envisager la voix dans l'entretien avec le nourrisson.

Sur ce sujet du regard et de la voix, on citera un cas clinique de F. Dolto, qui évoque un problème trouvant son origine dans l'immédiat de l'après-naissance. Il s'agit d'un enfant abandonné à la naissance, Frédéric, qui refuse d'apprendre à lire et à écrire. Or, dans les dessins qu'il exécute pour l'analyste, il peint une multitude de figures qui ressemblent à la lettre *A*. Françoise Dolto s'étonne et s'interroge : s'agit-il de l'initiale du prénom de quelqu'un de la famille ? d'une maternante ? La recherche semble vaine, quand la mère de Frédéric révèle que le prénom de l'enfant était avant l'adoption Armand. F. Dolto explique alors à Frédéric que c'est la douleur de la séparation précoce qui se retrouve gribouillée dans les *A* de ses dessins. Là encore, elle n'en obtient aucun effet. C'est alors qu'elle a l'intuition d'appeler l'enfant à la cantonade, d'une voix de tête impersonnelle, « sans le regarder, c'est-à-dire en ne m'adressant pas à la personne présente par son corps devant moi, mais avec une voix élevée, de ton et d'intensité différents, ma tête tournant dans la direction de tous les points cardinaux, au plafond, sous la table, comme si j'appelais quelqu'un dans l'espace dont je ne saurais pas où il est situé : "Armand...! Armand...! Armand...!"[1] ». Un peu comme une des voix de maternantes inconnues qu'il avait dû entendre dans les couloirs de la pouponnière avant d'être adopté. L'enfant tend soudain l'oreille vers chaque coin de la pièce, sans regarder Dolto plus qu'elle ne le regarde, jusqu'à ce que leurs regards se croisent et qu'elle lui déclare : « "Armand, c'est ton prénom quand tu as été adopté." Là, j'ai perçu dans son regard une exceptionnelle intensité. Le sujet Armand, dénommé, avait pu re-nouer son image du corps à celle de Frédéric. (...) C'est cette retrouvaille dans le transfert sur moi, sa psychanalyste, d'une identité archaïque, perdue depuis l'âge de onze mois, qui lui a permis de dépasser, dans la quinzaine qui a suivi, ses difficultés à lire et à écrire. » Regard et voix : c'est dans les premiers contacts avec le nouveau-né que quelque chose se dispose à se dénouer.

Quelques jours pour écouter

Le premier travail à la maternité est de réaliser ce qui s'y passe. Ce n'est pas encore un travail de psychanalyste, mais c'en est le préliminaire : tenter de saisir les constantes dans l'éventail des situations. Or, que se passe-t-il ? Dans la mesure où « cela ne va pas bien » et qu'une femme convoque l'analyste pour l'écouter, il constatera qu'elle pleure, qu'elle réfléchit, qu'elle appelle, qu'elle demande, qu'elle tempête, bref qu'elle parle. Aucune crainte du « psy » ne tient face à cet afflux ; c'est la confirmation de la réponse des accouchées au questionnaire dont nous parlions tout à l'heure. Quand les puéricultrices et les sages-femmes

1 F. Dolto, *L'image inconsciente du corps*, Seuil, coll. « Points », p. 47-48.

s'asseyent un moment avec les parturientes pour parler un peu, elles en sont toujours pour leurs frais : il arrive qu'elles ne puissent plus sortir de la chambre tant les mères sont bavardes. Par bonheur, elles sont payées de retour parce que l'humanisation de leur relation avec les mères rend la communication plus facile et le travail plus efficace ; mais elles apprécient tout de même qu'un analyste puisse prendre le relais quand la nécessité s'en fait sentir. Ce réservoir de mots qui se débonde, c'est tout de même une histoire de qualité plus que de quantité. Les histoires évoquées par ces femmes, l'intimité comme la charge de douleur qu'elles recèlent, prouvent qu'affleure à ce moment quelque chose d'inconscient qui se révèle ou insiste avec force.
Cela pose un problème pratique : le temps manque, cruellement, pour les écouter. Une maternité comme celle de Béclère, pourtant souple, garde une accouchée quatre jours au plus, sept en cas de césarienne. Or, c'est au troisième ou quatrième jour que mère et enfant commencent à échanger vraiment. C'est souvent au quatrième jour que débute un baby blues. C'est la plupart du temps à ce moment que se révèlent des conflits, à l'occasion d'une visite de parents ou parce que le lait vient difficilement...
Il est quelquefois impossible dans ces conditions de travailler efficacement, même si des prolongations de séjour sont admissibles « pour raisons médicales », même si une mère ou un bébé peuvent consulter en ville après leur sortie. Autrefois les femmes restaient deux semaines en maternité « pour se reposer », maintenant elles ont moins de quatre jours pour se remettre debout. Certes le déficit de la Sécurité sociale menace, mais est-ce là la plus intelligente des réformes qu'ait apportée le progrès médical ?
Sur un plan plus général, je voudrais sensibiliser les responsables à l'idée d'un suivi du post-partum dans les maternités. Il y a une demande importante des femmes à

cet égard. J'en veux pour preuve le succès d'une consultation du post-partum que nous venons d'ouvrir à Béclère il y a quelques mois. Cette consultation, remboursée par la Sécurité sociale, s'adresse aux parents et aux bébés en difficulté dans les mois qui suivent la naissance. Elle vise justement à pallier l'effet de sorties trop précoces et à traiter les difficultés éprouvées par les familles après la naissance, qui n'ont pu l'être faute de temps. L'important est qu'elle soit ouverte dans la maternité afin d'éviter aux patients d'avoir à formuler une demande en service spécialisé de pédiatrie ou de pédo-psychiatrie. Il faut absolument réaliser que l'accouchement est un début et non une fin, et qu'on doit pouvoir assurer un suivi.

Léa, la petite fille à qui il manquait un prénom

Au-delà du regard et de la voix, en marge du moment intense que sont les suites de couches pour une mère, le plus important est la parole qu'on peut adresser à un nouveau-né. Je suis venue travailler à Béclère pour répondre à la question : les interventions auprès d'un nouveau-né ont-elles un effet ? Ou, pour le prendre sous l'angle d'une stratégie : comment créer les conditions pour qu'elles en aient ? Comment trouver la brèche pour parler au bébé ? Avant même de dire le pourquoi et le comment, il faut voir si c'est possible.

Je voudrais citer ici un exemple atypique, en ce qu'il ne se présente pas sous la face abrupte d'un symptôme massif, de la mère ou de l'enfant. Ce cas, néanmoins, provoquait un malaise sensible : non seulement pour le couple des parents, mais aussi pour l'équipe soignante. Quant à l'enfant, s'il ne disait mot, on savait qu'il ne pourrait consentir à ce qui se mettait en place.

Il s'agissait d'une femme qui venait d'accoucher par césarienne dans des circonstances un peu chavirées. Elle avait fait suivre sa grossesse, une grossesse gémellaire spontanée, dans une autre maternité. Or, on avait découvert durant la grossesse une très grave malformation de l'une des jumelles. Le pronostic la concernant se limitait à l'espérance d'une courte survie après la naissance. En tout état de cause, l'hospitalisation était indispensable. Les médecins avaient enjoint aux parents de prendre la décision d'interrompre *in utero* la vie de l'enfant ou de laisser les choses en l'état. Le couple, bouleversé, ne savait que penser. Ils avaient interrogé des amis qui s'étaient trouvés confrontés à un dilemme du même ordre. Ceux-ci leur avaient dit l'enfer qu'avait été pour eux le fait de voir leur enfant survivre quelques semaines dans les pires agonies. Horrifié, le couple s'était résigné à demander un fœticide sélectif sur la jumelle malformée, et ce quinze jours avant le terme. L'acte fut donc pratiqué tardivement. Quant à l'accouchement, ils avaient émis le désir qu'il ne se passe pas au même endroit. Il avait eu lieu, à Béclère cette fois, quinze jours plus tard. La mère avait réclamé une césarienne, elle l'obtint. Elle redoutait, par un accouchement naturel, de se trouver nez à nez avec l'enfant mort.

La césarienne fut donc pratiquée. Il faut savoir qu'en cas de fœticide tardif, le fœtus mort reste dans l'utérus jusqu'à la naissance. Pour éviter toute toxicité pour le deuxième fœtus, on ne fait pas de péridurale. Le choix est donc entre l'accouchement par voie basse sans anesthésie et la césarienne sous anesthésie générale. La mère n'avait aucune envie de rajouter à la douleur morale celle de l'accouchement. De plus, le fœtus mort devait se présenter en premier, et comme je l'ai dit elle avait peur de le voir. La demande de césarienne pouvait donc se justifier.

Cependant le malaise était bien là dans l'équipe soignante.

L'équipe ne jugeait pas cette mère, car ils ont appris la tolérance au contact des drames qu'ils ont vus se jouer si souvent à la naissance. Mais, à défaut de critiquer ce couple, ils avaient besoin de confier ce qu'ils sentaient monter en eux, et que je formulerais ainsi : « Qu'est-ce que c'est que cette dame qui exige une césarienne et qui ne veut rien savoir de son enfant mort ? Qu'est-ce que c'est que ce couple qui décide un fœticide juste avant le terme prévu ? Ne pouvait-on le laisser aller au bout ? » J'attirais tout de suite leur attention sur ce qui me paraissait le plus important comme mesure préventive : il fallait qu'ils puissent signifier à la jumelle vivante que sa sœur était morte et qu'elle ne la reverrait plus.

Eux étaient réticents, ils n'estimaient pas qu'il entrait dans leurs fonctions de devoir parler au bébé. Pour moi, il n'était pas question d'intervenir, car en tant que psychanalyste je n'ai pas à précéder la demande, et les parents ni le bébé ne me demandaient rien. Alors, que faire ? Le bébé, d'après ce que je sais des effets des chocs prénataux, pouvait être en danger ; les parents, sans se plaindre ouvertement, étaient dans le déni et le désarroi ; l'équipe soignante de l'unité kangourou avait du mal à travailler sereinement avec eux. Si l'on pouvait intervenir, c'était auprès du bébé, car lui seul ne pouvait se masquer le problème : il avait derrière lui plusieurs mois de compagnonnage avec sa jumelle, et celle-ci était soudain devenue inerte, puis avait totalement disparu de son contact. Pourtant, je devais m'interdire d'interférer sans appel de la famille.

Un autre problème, d'apparence mineure, avait alors surgi. Les parents n'arrivaient pas à se décider pour un prénom, qu'il fallait bien pourtant déclarer à l'état civil. La situation devenait différente, car les parents manifestaient par là qu'ils ne pouvaient sortir de l'impasse où ils s'étaient mis eux-mêmes. Je pouvais donc y voir un signe d'appel de leur part. J'ai alors proposé à la sage-femme de signaler mon existence et de proposer mon concours au sujet de cette histoire de prénom. Ils acceptèrent. Mon idée était qu'ils ne pouvaient nommer l'enfant faute d'avoir pu nommer sa sœur. Cette mort était une morte « à vivre », si je puis dire, et il leur fallait nommer les deux bébés.

Je n'ai pas eu à le leur dire. Entre le moment où ils ont sollicité ma venue et celui où je suis arrivée, une heure à peine s'était écoulée. Le délai avait été suffisant, et le problème résolu : ils avaient nommé l'enfant mort Sophie, et sa sœur vivante Léa. Léa, bien que venue très légèrement avant terme, avait la tête d'une grande prématurée. C'est à elle que je me suis d'abord adressée :
« Ta sœur Sophie, que tu avais auprès de toi dans le sein de ta mère et dont tu pouvais sentir les mouvements, est morte. C'est pour cela qu'avant la naissance tu as pu sentir qu'elle ne bougeait plus. C'est aussi pour cela que tu ne la vois plus maintenant, et que tu ne la reverras jamais plus. Tu peux bien sûr garder son souvenir vivant au fond de toi, mais elle ne sera plus jamais à côté de toi. »
Sa mère s'est étonnée que je lui parle ainsi. Avant l'IMG (interruption médicale de grossesse), elle avait posé aux médecins la question de savoir si l'enfant allait réaliser ce qui se passerait, mais leur réponse évasive l'avait laissée perplexe. Je l'ai assurée qu'il avait certainement perçu des sensations relatives à cet événement, et que c'était même pour cette raison qu'il fallait mettre des mots sur ses perceptions.
Quand je suis revenue les voir trois jours plus tard, la situation était tendue. Léa avait fortement maigri. Il avait fallu la gaver avec le lait de sa mère, mais elle régurgitait sans cesse et tout le monde était inquiet. Entre-temps, j'avais appris de la pédiatre qu'elle présentait une *syndac-*

tylie, deux de ses doigts de pied étant collés l'un à l'autre... Malformation visible et dérangeante, mais qui se soigne bien moyennant une intervention chirurgicale qui se pratique ultérieurement.

Au moment du second entretien, Léa n'était pas dans la chambre, on était en train de la nourrir dans l'unité kangourou. J'ai proposé aux parents que nous allions la retrouver et lui ai dit :

« Léa, j'ai l'impression que tu avais envie de naître mais que tu n'as pas encore tout à fait décidé de vivre, et que tu hésites à manger. Pour vivre, il faut manger. Tu as une malformation au niveau de ton pied, mais cela n'a pas du tout la même gravité que la malformation dont souffrait ta sœur. Tu ne peux pas en mourir ; simplement tu seras opérée plus tard, et tu auras alors un pied normal. »

Puis j'ai donné quelques conseils pour la prise en charge de l'enfant.

J'ai suggéré aux puéricultrices qu'on fasse goûter à Léa le lait de sa mère à la tasse. Faire boire un nouveau-né à la tasse est un « truc » que l'on utilise avec les prématurés qui n'arrivent pas encore à téter. Dans le cas de Léa, le propos était qu'elle puisse réellement *goûter* le lait de sa mère en sa présence. J'ai proposé à la mère de la mettre en peau à peau sur son ventre, pour qu'elle puisse entendre les battements de son cœur, retrouver sa chaleur et son odeur. Comme l'enseignent les haptothérapeutes, je lui ai fait mettre l'enfant sur le côté gauche avec la main sous le sacrum, de façon à lui donner un sentiment de sécurité qui lui permette de boire en confiance.

Léa était profondément déprimée, elle n'arrivait pas à se penser vivante du fait de sa jumelle morte. Il fallait lui faire retrouver ses repères anténataux – l'odeur et le goût de sa mère en l'occurrence – pour qu'elle puisse établir une continuité rassurante entre l'avant et l'après de la naissance.

C'était d'autant plus indispensable que la césarienne sous anesthésie générale l'avait privée des premiers instants avec sa mère, et qu'elle n'avait pu être assistée par elle dans sa découverte de l'inconnu. C'est en retrouvant ces sensations que la séparation d'avec sa mère lui avait brutalement fait perdre, qu'elle pourrait se penser vivante. À ce prix, elle pouvait faire du deuil de sa sœur une « chose de la vie », et non pas s'identifier à elle dans un élan mortifère.

Le lendemain, Léa a décidé de « sauver sa peau » : elle s'est mise à téter seule et en grande quantité, ce qui était remarquable eu égard à sa prématurité. Deux semaines plus tard, elle sortait de la maternité, ce qui n'a pas manqué d'étonner vu son poids de départ. Elle avait nettement repris les choses en main. Cet auto-sauvetage soulagea toute l'équipe qui jusque-là n'en menait pas large, et il eut aussi des effets sur les parents. Certes, ceux-ci restaient dans une forme de dénégation : « Tout ce qui arrive là est malheureusement normal, c'est parce qu'elle est prématurée ! »
Mais ils avaient retrouvé une énergie nouvelle pour s'occuper de Léa. Je me devais de respecter ces défenses, qui les protégeaient d'une trop grande culpabilité. Si j'avais mis en cause ce refus de voir la gravité des choses, j'aurais risqué de compromettre le tout nouvel équilibre de ces parents et de leur fille. Il n'est en effet pas évident d'attendre deux enfants et de n'en avoir qu'un. Maintenant que Léa leur avait fait retrouver une nouvelle assurance, l'avenir était devant elle…

Cette confrontation avec Léa avait été décisive, pour l'équipe comme pour moi. C'était du quitte ou double. Je n'avais pas travaillé comme à l'habitude, je n'avais pas évoqué avec eux l'histoire des parents comme je le fais souvent. J'avais misé uniquement sur les paroles dites à l'enfant à propos de ce qui lui était donné à vivre, et sur son entendement. Car si le silence de Léa faisait tant de bruit, il fallait arriver à le prendre au mot. L'enjeu était de vie ou de mort. Mais imposer la levée du voile sans y être conviée, c'eût été risquer de ne pas se faire entendre. Pour cette petite fille, comme on n'arrivait pas à l'appeler, on m'appela.

Le nouveau-né n'est pas un objet d'étude

Voilà où j'en étais au début de ma pratique à Béclère. J'avais eu si je puis dire sous les yeux les effets de la parole sur les nouveau-nés. D'autres en avaient été témoins avec moi. Les médecins qui s'occupent de l'enfance sont toujours étonnés de voir une psychanalyste appliquer son savoir-faire au monde dit préverbal. Pourtant, je dois le dire clairement, c'est au monde de la recherche et à celui de la médecine praticienne plus qu'à celui de la psychiatrie traditionnelle, que je dois d'avoir pu donner une suite à cette avancée. C'est pourquoi j'ai souhaité créer une association, La Cause des bébés, où ces mondes puissent croiser leurs points de vue avec ceux de la psychanalyse. Pédiatres, sages-femmes, puéricultrices, psychologues, psychiatres, assistantes sociales, mais aussi neurobiologistes, psychophysiologistes, obstétriciens, historiens et épistémologues, y exposent leurs pratiques et le fruit de leurs recherches. Tous ont en commun de s'intéresser dans leur travail à la sensorialité et à la sensibilité du bébé, avant et après la naissance. Tous questionnent la réification de l'enfant vu comme une sorte d'objet virtuel non identifié, objet de toutes les mises en scène expérimentales et de tous les voyeurismes favorisés par certaines recherches. Tous, en un mot, traitent de l'enfant dans sa dignité de sujet.

La psychanalyse a souvent donné l'impression de se tenir à l'écart de *la* science, et de montrer dans cet écart la mesure de ce que serait son mépris pour le corps humain. Il y a trente ans, aux beaux jours de la cybernétique, on accusait les psychanalystes de prétendre connaître le fonctionnement psychique sans accepter d'ouvrir la boîte noire du cerveau qui en donnerait la clé, comme les scientifiques s'y employaient. Aujourd'hui, on lui reproche de dénier l'origine organique voire génétique de telle ou telle maladie mentale, et on l'accuse de se voiler la face devant les découvertes de la biochimie. Il y a là un certain malentendu. La psychanalyse ne tourne pas le dos à la science. Elle récuse simplement qu'il soit conséquent de considérer l'être humain comme un objet, fût-ce un objet d'étude. Elle ne peut comprendre que le sujet humain soit ramené au *sujet aboli de la science* que stigmatisait Lacan en commentant Galilée, c'est-à-dire à un sujet pur de tout désir. Question de perspective. D'ailleurs, au moins depuis Einstein qui se serait bien vu plombier « si c'était à refaire », les scientifiques savent qu'eux-mêmes ne sont pas purs de tout désir. Pourtant les psychanalystes auraient mauvaise grâce à se plaindre. Car, au moins en ce qui concerne la périnatalité, le monde scientifique est un des appuis les plus sûrs de leurs avancées théoriques. Qu'il s'agisse de la sensorialité du fœtus et du nouveau-né, de l'acquisition du langage, de la mémoire, du lien entre le corps et la pensée, les espoirs de la pensée scientifique moderne rejoignent ceux de la psychanalyse. Mieux, ils lui permettent de questionner d'une façon nouvelle celles parmi ses hypothèses qu'elle tenait pour suffisamment définies. C'est cet effort de compréhension que la science exige de nous et pour lequel elle nous apporte sa contribution, qu'il faut évoquer maintenant.

On naît au moins deux fois

Il n'y a point de liberté sans loi (...). Un peuple libre obéit, mais il ne sert pas ; il a des chefs et non pas des maîtres ; il obéit aux lois, mais il n'obéit qu'aux lois et c'est par la force des lois qu'il n'obéit pas aux hommes.
Jean-Jacques Rousseau

L'enfant acteur et désirant

1905 : Sigmund Freud publie à Vienne ses *Trois essais sur la théorie de la sexualité*[1], où il amène au jour la sexualité de l'enfant. Il la fait surgir d'une façon qui la rend inacceptable pour beaucoup, car il donne à l'enfant en bas âge le rôle actif d'un être déjà indépendant, à défaut d'être autonome.

« L'enfant est un pervers polymorphe », écrit-il. L'expression a eu son succès. D'une part l'enfant concentre sa sexualité sur les différentes zones érogènes dont il tente de maintenir l'état d'excitation à un niveau supportable – la bouche, l'anus, le pénis : c'est la fameuse théorie des stades.

1 S. Freud, *Trois essais sur la théorie de la sexualité*, Gallimard, 1962.

De l'autre, ses « réponses » sexuelles à ces excitations font penser à des comportements qu'on appellerait pervers chez un adulte : l'enfant prépubère peut être tour à tour voyeur, exhibitionniste voire fétichiste, cruel ou à l'inverse masochiste, etc. Freud décrit un onanisme du nourrisson d'une façon étonnamment précise pour quelqu'un qui a reconstruit ses théories d'après les témoignages et souvenirs d'adultes qu'il avait en analyse. Il y associe un certain nombre de troubles du premier âge – troubles de la succion et de la régurgitation, troubles intestinaux, etc. – dans lesquels il voit un moyen masturbatoire pour l'enfant d'apaiser l'excitation des zones érogènes correspondantes – la bouche et le tractus en l'occurrence. Dans tous ces cas, l'enfant est vu comme une personne « agissant » sa sexualité, et non pas seulement comme le jouet passif de désordres corporels ou d'influences de l'environnement familial. Quand il parle de l'onanisme, Freud ne manque d'ailleurs pas de le décrire comme « l'exécution du fantasme, ce royaume intermédiaire, qui s'est inséré entre la vie selon le principe de plaisir et la vie selon le principe de réalité[1] ». Ce qui prime pour lui, c'est le fantasme sous-jacent, c'est l'élaboration faite par l'enfant de ses sensations, et les *théories sexuelles* qu'il échafaude. Quelle que soit la part d'erreur qui entache ces théories, dit-il, ce sont elles qui permettent à l'enfant de donner un sens à des excitations corporelles ou des perceptions qui le dépassent. Très exactement, c'est sa façon, dit Freud, de répondre à la question : d'où viennent les enfants ?

Cela se rapporte bien entendu à des enfants âgés d'au moins trois ans, et ne devrait donc pas concerner notre propos.

1 S. Freud, « Pour introduire la discussion sur l'onanisme », in *Résultats, idées, problèmes I*, PUF, 1984, p. 183. Voir aussi « Les théories sexuelles infantiles », in *La vie sexuelle*, PUF, 1969, p. 14-27.

Mais au-delà de ce problème d'âge, du contenu de ces deux thèses et des controverses qu'elles ont suscitées, se dégage le principe intangible que dès le départ il met en avant, à savoir que l'enfant réfléchit, élabore, agit sa vie, et d'abord sa sexualité. Il est actif et désirant dans cette affaire, et ne pas le lui reconnaître serait pire que de faire fausse route : ce serait n'aller nulle part. En ce sens, tous les psychanalystes sont des nains dressés sur l'épaule d'un géant. Les formidables avancées de ceux qui après Freud se sont occupés des premiers âges – Anna Freud, Melanie Klein, Donald Winnicott, Françoise Dolto pour citer les plus connus – n'auraient pas été possibles s'ils n'avaient pas eu cette exigence première de Freud. Le pas qu'il nous faut franchir maintenant est de reconnaître au nouveau-né qu'il est déjà né avant de naître, plus précisément que sa vie a déjà commencé depuis près de neuf mois, qu'il le sait à sa façon à lui, et que cela est porteur de sens pour lui dès le premier jour.

La sensorialité du nouveau-né

Raphaël, ou comment donner du sens à sa vie

Que le nouveau-né donne du sens à sa vie avec les moyens dont il dispose, que la première exigence pour un psychanalyste soit de le reconnaître, en voici un exemple parmi mille qui me sont venus aux oreilles à la maternité.

Raphaël, âgé de 3 jours à peine, souffre de diarrhées douloureuses. Le cas est fréquent chez les nourrissons, dont le système digestif n'est pas encore mature dans les premiers temps de la vie. Mais cette diarrhée-là résiste aux traitements. Elle le met dans un état de douleur, de pleurs et de cris insupportables même pour les membres du personnel, qui en ont vu d'autres, sa courbe de poids est dangereusement en baisse.

« Il n'y a rien à dire, tout se passe bien à l'exception de cette diarrhée ! » commente sa mère qui pourtant a demandé à me voir. Elle avait eu un temps des épisodes anorexiques, et la venue de la grossesse avait entraîné de sa part quelques contorsions. Régimes draconiens, nausées, fantasmes d'avortement provoqué, tout était bon pour garder à ses propres yeux un certain idéal de ventre plat. Elle avait pu maudire à certains moments cet enfant qui la rendait « énorme », malgré le désir et le soin qu'elle avait de ce bébé à venir. Ma discussion avec elle l'amena à ses propres problèmes d'identification comme femme et mère possible, mais ce qui importait d'abord était de prendre l'enfant à témoin.

J'ai donc dit en substance à Raphaël que, si sa mère avait pu avoir ces pensées de l'évacuer en quelque sorte, elle avait néanmoins renoncé à ces vœux ; qu'elle semblait même particulièrement heureuse d'avoir pu les dépasser pour l'accueillir. Et donc que, pour être pleinement accepté par elle, il n'avait pas besoin, lui, Raphaël, de se conformer à ce vœu en « s'évacuant » lui-même par ses propres moyens, comme s'il n'était qu'un déchet de sa mère et non un bébé. Ce message à lui seul ne suffit pas à expliquer que son symptôme ait disparu le jour même, car l'entretien a apporté d'autres éléments. Mais il a constitué la prise de contact qui a permis d'aller plus loin : sans cette reconnaissance préalable du sens qu'il donnait à sa présence et à son existence précaires, le dialogue ne se serait peut-être pas établi.

Le socle d'une pratique avec les nouveau-nés est celui-là : le bébé tente de donner un sens à ce qu'il vit, quelles que soient les conditions de sa naissance, alors même que tout est nouveau pour lui dans ce milieu aérien où il a encore du mal à prendre son essor.

Comment donner à ce sens la chance d'être entendu quand personne ne vient le reconnaître ? Comment faire pour qu'il trouve du répondant quand il vient à manquer ? Comment donner un asile à ces tentatives de communication du nouveau-né, quand l'environnement immédiat ne peut le lui fournir pour des raisons diverses ?

La réponse n'est pas simple, elle est même toujours en chantier du fait de l'évolution extrêmement rapide des connaissances scientifiques sur le fœtus et le nourrisson depuis une vingtaine d'années. La recherche a amené de nouvelles découvertes fondamentales qui, elles-mêmes, ont favorisé l'apparition de nouvelles techniques, lesquelles en retour ont favorisé l'émergence de nouvelles hypothèses théoriques. Pour ce qui est du fœtus, c'est particulièrement net : là où il n'y avait que conjectures dans les années soixante-dix, l'évolution de l'embryologie et de la génétique ont permis le développement de nouvelles approches anténatales, l'échographie a bouleversé les démarches diagnostiques et le suivi des grossesses, les recherches en psychophysiologie du fœtus et du nouveau-né ont favorisé de nouvelles mesures de prévention, les techniques d'assistance médicale à la procréation ont révolutionné le destin de nombreux couples stériles...

Nous sommes à la maternité Antoine-Béclère les témoins autant que les acteurs privilégiés de ces avancées. Le paradoxe est que ces progrès compliquent les choses en suites de couches. Plus on en sait au plan médical sur les fœtus, les nouveau-nés et les parturientes, plus leur prise en charge à l'hôpital est médicalisée, plus grand est le risque que ne soit laissée aucune place à leurs paroles. Je ne tombe pas là dans l'excès facile de prétendre que l'environnement hospitalier infantilise les patientes. C'est faux. Au contraire, la réflexion à ce sujet a beaucoup avancé en France, et je peux assurer qu'à Béclère de nombreux médecins, sages-femmes, infirmières et puéricultrices accomplissent leur tâche en en appelant à la dignité des accouchées et des bébés. Le problème est plus difficile à aborder parce qu'il est institutionnel.

Prématurés en manque de mère

Prenons l'exemple des accouchements prématurés. Les prématurés nés après 26 semaines de grossesse sont souvent viables d'un point de vue médical, mais nécessitent évidemment des soins permanents qu'on ne pourrait assurer dans le service où l'on s'occupe des suites de couches « normales ». Ils sont donc séparés de leur mère et placés en réanimation dans le service de néo-natologie qui se trouve dans une autre aile de l'hôpital. Leur poids peut être très faible (jusqu'à 400 grammes quelquefois), la maturation de leur système pulmonaire et neurologique est encore insatisfaisante, ils ont besoin d'une assistance de tous les instants dans un service où tout est rendu possible pour qu'ils poursuivent leur maturation en dehors du ventre maternel. Et les mères ? Les mères attendent, seules dans leur chambre à la maternité. Il arrive même qu'elles ne sachent pas exactement qui elles attendent, parce qu'elles ont accouché sous anesthésie générale et qu'on a transféré l'enfant en néo-natologie sans qu'elles aient pu le voir. Alors elles passent et repassent devant leurs yeux le Polaroïd défraîchi de leur enfant qu'on leur aura remis. Dubitatives ou inquiètes, elles essaient de rapporter cette image d'un être virtuel, envahi par d'étranges tuyauteries, au fruit attendu de leur chair. Bien sûr elles pourront rendre visite à l'enfant, mais il leur faudra attendre pour cela que leur état soit jugé acceptable. Pour l'instant, elles attendent, le pire ou le meilleur suivant leurs dispositions. On est frappé, quand on reçoit des mères de grands prématurés en entretien, de voir combien leur *préoccupation maternelle primaire* – selon le mot du psychanalyste D. Winnicott [1] –, combien le souci qu'elles ont de leur enfant est fort, mais tourne à vide. Elles imaginent, souvent à bon escient, les soins particuliers que nécessiterait de leur part la situation de leur enfant. Mais, faute de pouvoir effectivement les leur procurer dans ces instants de séparation, elles s'abandonnent et sont déprimées.

« Je suis une mauvaise mère, incapable de l'aider au moment où il a le plus besoin de moi. Vous qui êtes psychanalyste, vous savez bien que les premiers instants sont décisifs... », disait l'une avec dans la voix des sanglots d'impuissance.

« Je n'ai même pas été capable de le mener à terme... tout ça est de ma faute », s'indignait une autre.

« À quoi bon aller le voir et lui parler. On m'a dit qu'il a des tubes dans la bouche et le nez, comment pourra-t-il me reconnaître dans ce cas-là ? » se plaignait une troisième.

« Je ne ferais que gêner », disait encore une femme qui en était à s'excuser de son amour maternel, « d'ailleurs on m'a dit que j'étais moi-même très faible. Les infirmières en réanimation feront ça mieux que moi ».

À ces femmes et aux autres, qui étaient dépossédées de leur *préoccupation maternelle primaire* par la force de la technicité médicale, je répondais au début de ma pratique à partir de ce que je savais de la situation des prématurés. Je faisais de la « médecine d'éducation » comme disait F. Dolto. J'expliquais que ces enfants prématurés, encore plus que d'autres, avaient besoin de la présence de leur mère et de

1 Par la « préoccupation maternelle primaire », Winnicott désignait la sensibilité accrue de la mère à la fin de la grossesse et après la naissance. Ce degré aigu voire « anormal » d'adaptation aux besoins du bébé va décroissant à mesure que la mère se désidentifie de son bébé, permettant peu à peu à l'enfant de différencier la mère de son « soi ». Cf D. Winnicott, « La préoccupation maternelle primaire », in *De la pédiatrie à la psychanalyse*, Payot, 1969, p. 168-174.

leur père. Que plus encore que d'autres ils seraient sensibles à cette présence et la reconnaîtraient. Je racontais comment l'on avait prouvé que le nouveau-né reconnaissait la présence et la voix de sa mère parmi cent[1], pourquoi il avait une mémoire du timbre et de la fréquence basse de la voix paternelle, à quel point il discernait l'odeur corporelle de sa mère, la saveur de son lait... Je leur expliquais en quoi les paroles qu'elles donnaient à leur bébé faisaient lien pour eux, combien il était important qu'elles puissent le nommer, lui parler de ses frères et sœurs, lui raconter le contexte particulier de leur naissance et de la grossesse, bref tous ces signifiants nécessaires à l'enfant pour se construire. Bien sûr, elles auraient dit tout cela à leur enfant dans des conditions normales. L'enfant aurait été bercé par les paroles de sa mère, dans leurs dialogues de tous les jours ou au cours des visites de la famille. Ici, malheureusement, ce n'était pas possible. Quel que soit le désir qu'en avaient les parents, la séparation imposée par la nécessité médicale risquait de créer un vide de paroles, un trou de langage autour de l'enfant. Je leur proposais donc, sauf contre-indication pour raison médicale, d'aller le visiter le plus souvent possible pour combler ce manque ; de lui parler, de chantonner si l'envie les en prenait, de le caresser, à défaut de pouvoir lui donner des soins. Je leur apprenais à repérer quand le bébé ouvrait les yeux et recherchait la communication, quand au contraire il manifestait qu'il était fatigué et qu'on pouvait rester auprès de lui sans le déranger... En résumé, j'essayais de leur donner le maximum d'éléments pour pouvoir apprécier et respecter les

1 Lire sur ce sujet M.-C. Busnel, F. Morel, *Le langage des bébés*, éd. Jacques Grancher, Paris, 1993, et particulièrement le témoignage de F. Morel, « Écoute, mon bébé, c'est ta maman », p. 96-98, ainsi que l'article de M. Couronne, « Le prématuré, un bébé à part entière », p. 130-138. Voir aussi J.-P. Lecanuet, C. Granier-Deferre, M.-C. Busnel, « Sensorialité fœtale. Ontogenèse des systèmes sensoriels, conséquences de leur fonctionnement fœtal », in *Médecine péri-natale I*, Paris, 1989, p. 201-225.

possibilités de concentration de leur enfant, qui malgré tout sont faibles même si elles sont intenses.

De l'enfant imaginaire

Cette assistance de parole au nouveau-né prématuré n'est pas du goût de tous. Certains psychanalystes travaillant en néo-natologie pensent qu'il est plus urgent d'aider les mères à faire le deuil de leur « enfant imaginaire », sans lequel la séparation d'avec l'enfant réel leur resterait insupportable. Ils insistent, pour notre gouverne, sur la nécessité que nous aurions de renoncer par là à vouloir combler à tout prix l'irréparable préjudice causé par la prématurité.
Il n'est pas sûr qu'il faille situer le débat à ce niveau. Pour le psychanalyste, la priorité devrait être le nouveau-né : c'est pour lui que la séparation est porteuse des plus graves préjudices. La fonction de services comme celui de l'unité kangourou va dans le sens de parer à cet état de fait. Il s'agit pour les soignants de se déplacer vers les nouveau-nés, alors que dans un service de néo-natologie classique, c'est l'inverse qui se passe. Dans la protection du lien mère-enfant qu'ils entendent favoriser, il s'agit de privilégier tout ce qui peut amenuiser chez l'enfant l'état de déprivation sensorielle pathogène dans lequel l'aurait plongé une séparation prolongée.
Quant à l'idée pour la mère de faire le deuil d'un enfant imaginaire, quel sens faut-il lui attribuer ? Ne peut-on dire au contraire que l'enfant imaginaire ne meurt jamais ? C'est lui dont tel parent pourra encore dire, quand il se désolera que sa progéniture devenue adulte soit moins proche de ses espérances qu'il ne l'avait rêvé : « Tu sais, même à 60 ans, tu seras toujours mon bébé ! »
C'est cet enfant idéal, cet enfant qui à l'avance doit combler les plus chers espoirs qu'on porte en lui, qui servira de guide éducatif aux parents. Seront-ils souples ou tyran-

niques ? C'est de leur propre *idéal du moi* au sens freudien que dépendra leur plus ou moins grande ouverture aux surprises que ne manquera pas de leur faire l'enfant réel. Pour autant, quels que soient les avatars de leur rigueur pédagogique, l'acceptation de l'enfant réel ne suppose pas la mort de l'enfant imaginaire. Quant à lui, il « se fera un prénom » grâce à – ou en dépit de – cette étiquette qu'on lui aura collée. En plaquant sèchement le discours psychanalytique sur un problème qui est celui de tous, on pourrait dire : tout se règle dans la part que fera l'enfant dans les identifications que constitue son *moi idéal* comme dans les fantasmes qui règlent son *idéal du moi*, entre ce qui est de l'ordre de la Loi symbolique et de la dette de transmission et ce qui est de l'ordre du principe moral abusif et fantasmatique[1].

Pour revenir aux conseils que je donnais aux mères de grands prématurés, je n'étais alors que rarement témoin de l'effet qu'ils pouvaient avoir sur les bébés, car il était exceptionnel que j'aie accès à eux. Au mieux, j'entendais ce que m'en rapportaient les mères quand il m'arrivait de les revoir. Ce que je voyais en revanche à tout coup, c'était leur figure rayonnante à la fin de nos entretiens, leur soulagement de trouver une justification vivante à leur sollicitude maternelle. J'ai fini par me dire que ce type d'intervention n'était pas seulement de la pédagogie et que je ne devais pas me limiter à répondre à des demandes particulières.

Si le problème était pour ces parents : comment être mère (ou père) de prématurés ? comment faire du maternage et

1 Pour Freud, le *moi idéal* est construit sur le modèle du narcissisme infantile : il se constitue à partir de l'image du corps propre dans le miroir. L'*idéal du moi*, première exigence morale surmoïque, se forge sous la férule des modèles parentaux. Tous deux concourent aux identifications qui président à la constitution du moi. Si la genèse, voire la fonction de ces deux instances sont volontiers confondues par certains, leur nature n'en reste pas moins à distinguer : imaginaire dans le premier cas, symbolique dans l'autre.

du paternage identifié ?, alors c'était un travail de prévention systématique qu'il fallait entreprendre, sans déroger aux principes de la psychanalyse.
Pas seulement pour narcissiser des femmes qui ne se sentaient plus pour grand-chose dans la venue de leur enfant. Pas seulement pour les encourager à exercer leur *préoccupation maternelle primaire* quand elles ne savaient plus à quel bébé se vouer. Mais aussi et surtout pour l'enfant lui-même, pour ne pas le priver des éléments primordiaux qui assurent sa croissance, et ce en dehors de toute considération médicale. Maintenant, en accord avec les équipes, je vais voir systématiquement dans leur chambre les mères dont l'enfant est en réanimation. Je fais pour ainsi dire de l'information préventive, d'autant plus nécessaire je crois dans le service de néo-natologie de Béclère que les cas de ce genre ne sont pas rares.

Un nourrisson sensible

Si l'on peut combattre cet effet iatrogène de la séparation des nouveau-nés d'avec leur mère, c'est grâce à l'assurance que donne le travail des scientifiques sur le pré et le postnatal[1]. De ce point de vue, leurs résultats sont plus qu'encourageants. Pour eux, qu'on soit prématuré ou non, « le lit est déjà fait » à la naissance. La base de la sensorialité fœtale est là pour accueillir le monde nouveau.

1 De la bibliographie scientifique énorme sur ce sujet, on consultera avec profit, parmi les plus récentes parutions : J.-P. Lecanuet, « L'expérience auditive prénatale » et C. Fassbender, « La sensibilité auditive du nourrisson aux paramètres acoustiques du langage et de la musique », in *Naissance et développement du sens musical*, sous la direction d'I. Deliège et J.A. Sloboda, PUF, 1995, p. 7-38 et p. 63-99. J. Mehler et *al.*, « Discrimination de la langue maternelle par le nouveau-né », in *C.R. Acad. des Sciences de Paris*, t. 303, série III, n° 15, 1986. En anglais : M.-C. Busnel, « Pre- and perinatal audition and the relationship between mother and baby », *C.R Acad. Sc. New York*, 1992, et « Is there prenatal culture ? », *in* Gardner et *al.*, *The Ethological Roots of the Culture*, Kluwer Acad. Publish, Dordrecht Netherlands, 1994, p. 285-314.

La re-connaissance de la voix

Les nouveau-nés reconnaissent la voix de leur mère comme étant la même que celle qu'ils ont entendue, filtrée par la paroi abdominale et donc déformée, pendant la grossesse. Ils reconnaissent aussi celle de leur père ou de l'homme présent auprès de leur mère, pourvu que cet homme ait parlé près du ventre de la mère, ou qu'il se soit distinctement adressé à eux pendant la grossesse. Depuis T.B. Brazelton, un pionnier dans ce champ de la recherche sur l'hypersensibilité des nouveau-nés, tout le monde est d'accord là-dessus. M.-C. Busnel, pour donner un critère pertinent de vérification, s'est référée à la décélération des rythmes cardiaques des enfants pendant que la mère parle et – résultats encore plus probants – quand la mère *leur* parle. D'autres se sont fiés à l'augmentation des réflexes de succion non provoqués par la faim dans les mêmes circonstances. D'autres encore à la fréquence de leurs réponses motrices à la parole de leur mère (tourner la tête vers l'endroit d'où est émise la voix, ouvrir les yeux, bouger les bras).

Tous aboutissent à la même conclusion : l'enfant de quelques jours réagit aux stimuli langagiers plus qu'à d'autres types de stimuli, alors même qu'ils ne sont pas censés en comprendre un mot. Encore fœtus, il avait appris à distinguer la voix de sa mère du bruit de fond utérin, d'autres sources de bruits externes et même des voix d'autres personnes. Nouveau-né, il reconnaît cette voix parmi celle d'autres femmes, il la préfère, et il la reconnaît comme venant de la même femme que celle qu'il entendait *in utero*. De plus, après la naissance, il reconnaît la langue parlée par sa mère alors qu'il ne réagit pas à une langue qu'il n'a jamais entendue lors de la grossesse. Qu'est-ce à dire ? On a démontré, pour être précis, que le fœtus discrimine les syllabes de la langue maternelle. C'est comme si le nouveau-né avait à sa disposition un stock de phonèmes de cette langue entendue pendant la grossesse, et était comme « prémodelé » à la naissance pour cette langue. Ce prémodelage reste prégnant pendant environ six mois, période pendant laquelle il garde cette préférence pour sa langue maternelle. Le terme « maternelle » pour désigner cette langue est à prendre à la lettre. Cela ne l'empêche évidemment pas de garder la faculté d'apprendre un grand nombre de langues, mais il garde sa préférence.

Est-ce à dire qu'il parle notre langage ? Pas du tout, et aucun psychanalyste ni aucun chercheur ne s'aventurera à affirmer cela. Il parle, dirons-nous en forme de boutade pour renvoyer ce débat à un chapitre ultérieur de ce livre, il parle au moins comme un sourd ! Deux chercheuses venant d'un autre champ, deux psycholinguistes[1], ont en effet démontré que les bébés sourds profonds de naissance, enfants de parents eux-mêmes sourds, donc utilisant la langue des signes, commencent par *babiller des mains* avant de maîtriser la langue des signes. Elles ont comparé les activités manuelles de deux bébés sourds et de trois autres qui ne l'étaient pas, âgés de 10 à 14 mois. Elles ont pris soin de différencier leurs gestes ordinaires (ex. tendre les bras pour être pris) de leur « babil manuel », c'est-à-dire de gestes sans motivation apparente. Résultat : ce babil manuel représente plus de la moitié de l'activité des enfants sourds contre seulement 10 % de celle des autres, et il conduit par les mêmes étapes à l'apparition des premiers signes-mots. Les nouveau-nés, sourds ou non, ne sont donc pas muets, au sens où ils ont déjà en arrivant parmi nous un répertoire minimal, et où ils sont aptes à générer, construire un langage. Pour dire les choses autrement, ils

1 L.A. Petitto, P.F. Marentette, « Babbling in the manual mode : evidence for the ontogeny of language », *Science*, mars 1991, vol. 251, p. 1493-1496.

parlent avant de savoir parler, ils s'essaient à babiller avant d'avoir un répertoire sémantique et lexical *ad hoc*. Ne disons pas qu'ils comprennent ce qu'ils font, ni ce que nous leur disons : la tâche est rude ! Mais satisfaisons-nous pour l'instant de constater qu'ils ont de quoi entendre et émettre des messages, et que ceux-ci ont peut-être un sens. À nous de le découvrir !

Le chiffon qui sent bon Maman

Si la base sensorielle est déjà là à la naissance, si les fœtus et les nouveau-nés ont déjà un vécu sensoriel important, les jeux ne sont pas faits pour autant, car le nouveau-né a besoin de ses parents pour faire le lien entre ses sensations d'avant et d'après la naissance. La moindre rupture de ce lien démontre *a contrario* la difficulté à se construire sans lui.

Mme Perrier m'est ainsi signalée un jour parce qu'elle ne peut s'arrêter de pleurer depuis plusieurs jours, et qu'elle veut m'en parler. C'est une mère primipare, et ses pleurs n'entament en rien la joie d'avoir ce premier enfant. Elle ne se plaint de rien en ce qui la concerne. Il se trouve que sa fille Marie a un petit ictère qui nécessite un traitement photothérapique. Le traitement consiste à exposer l'enfant sous de fortes lampes pendant des séances de quatre heures, autant de fois qu'il est nécessaire pour que la « jaunisse » disparaisse. On le dépose, nu et les yeux bandés, sur une sorte de hamac, et on le laisse ainsi sous le feu de ces lampes. Rien de violent en soi, sinon l'ambiance lumineuse sans doute un peu déroutante pour une petite fille qui vient de passer neuf mois dans une relative obscurité. L'appareillage est un peu impressionnant, la nudité et le bandage des yeux sont relativement insécurisants. Il arrive donc que les bébés manifestent l'inconfort de leur position, bien que le traitement soit indolore et relativement banal. Or, Marie trouve ce traitement insupportable. Ses cris et ses pleurs ont pour effet de provoquer la panique de sa mère, qui, désarmée, ne voit comme solution que de pleurer de concert avec elle. Le tout est suffisamment perturbant pour que les soignants aient proposé à la mère de me rencontrer. Cette enfant est séparée de celle qu'elle a connue en premier. Là encore, il me suffit d'avoir en tête les protocoles expérimentaux pour comprendre qu'il lui manque quelque chose qui fasse le pont avec toutes les nouvelles sensations qui lui viennent de personnes inconnues et de situations inédites. Non, Mme Perrier n'est pas inconsidérément « sensible » au malaise de son enfant en pleurant sans cesse. Non, Marie n'est pas statistiquement anormale de mal réagir au traitement de l'ictère. Oui, elle a besoin de retrouver des sensations qu'elle connaît pour affronter des situations qu'elle ne connaît pas. C'est pour Marie et sa mère qu'il m'a fallu inventer une procédure de séparation, de telle façon qu'elle puisse se servir de sa sensibilité naturelle comme d'un repère, plutôt que, sans mot dire, la laisser devenir une source d'angoisse. Je lui ai donc proposé de prévenir sa fille de la venue du traitement, de lui en expliquer la raison et le déroulement, de lui nommer le soignant à qui elle allait la confier en lui permettant d'identifier sa voix, de lui indiquer qu'elle la retrouverait dans quatre heures.

Je conseille maintenant cette procédure à toutes les mères temporairement séparées de leur nouveau-né qu'il m'arrive de croiser. À quoi bon savoir que les rythmes cardiaques et respiratoires des nouveau-nés se modifient à la seule écoute de la voix maternelle au milieu de plusieurs autres femmes, à quoi bon savoir qu'ils recherchent cette voix en ouvrant les yeux et en tournant la tête, si on ne s'en sert pas dans des situations prophylactiques simples comme celles-là ?

Mme Perrier est allée voir Marie et, comme je le lui avais suggéré, a disposé un linge portant son odeur près du visage de sa fille. Nous connaissons en effet l'importance de l'olfaction chez le nouveau-né, depuis au moins les années cinquante. Le fondateur de l'éthologie moderne Konrad Lorenz l'avait théorisé chez les animaux, le psychanalyste René Spitz l'avait évoqué à propos des cas d'hospitalisme, F. Dolto le pratiquait déjà pendant la guerre, Schaal l'a prouvé expérimentalement à la fin des années quatre-vingt : les nouveau-nés ont un odorat particulièrement développé, dont ils perdront l'acuité plus tard. Ils ont de plus une mémoire olfactive importante, et la présence auprès d'eux d'un linge imprégné de l'odeur de leur mère est un moyen de réassurance puissant au cas où elle est absente. Marie a donc pu sentir ce linge près d'elle, voire se blottir contre lui. Cette petite fille, qui quatre jours plus tôt butait encore contre les parois du ventre de sa mère, se retrouvait maintenant dans le vide sous ces lampes, sans contact avec quoi que ce soit, sans repère. Or, elle n'est pas à un âge où on a une perception claire des limites de son propre corps. Ce simple linge a pu sûrement lui servir de bord, comme les bords d'un berceau servent au nourrisson à se « caler ». En tout cas, Mme Perrier est revenue me voir une heure plus tard, radieuse, pour me dire que la séance du jour s'était magnifiquement passée et que Marie dormait paisiblement dans son hamac.

Pourquoi l'olfaction a-t-elle une telle importance pour le nourrisson ? Sans doute en raison d'un substrat cortical particulièrement développé à ce moment de leur vie. L'importance du rhinencéphale, qui régressera plus tard, fait temporairement du nourrisson un surdoué de l'odorat.

Du point de vue neurophysiologique, c'est d'ailleurs une petite énigme. Posons-la comme telle : chacun a pu faire des rêves contenant des images plus ou moins fantastiques, des musiques entraînantes, des contacts physiques plus ou moins agréables ou des dégustations de mets étranges. Mais on ne connaît personne qui puisse se réveiller et évoquer le souvenir d'une odeur particulière dans son rêve, son moelleux ou son âpreté, sa force, sa suavité... Il semble en effet qu'à la différence des autres sensations l'odorat n'est pas traité et mémorisé par le biais de cette structure, le thalamus, qu'on tient pour le support principal d'une certaine mémoire affective.

Comment font donc les bébés, dont on sait qu'en fouissant dans le sein de leur mère ils cherchent autant à satisfaire leur faim qu'à humer l'odeur maternelle, celle de son corps et de son lait ? Ont-ils mémorisé ces odeurs qu'ils « goûtaient » en avalant le liquide amniotique pendant leur vie intra-utérine ? L'odeur de la mère, et les saveurs de ce qu'elle mange, passent en effet dans son sang et dans le liquide amniotique. Les nouveau-nés se comportent-ils comme des *nez*, ces professionnels qui élaborent des parfums et savent stocker en mémoire deux ou trois centaines de parfums différents, d'une façon encore incompréhensible pour la science ? Peut-on même, comme le romancier Patrick Süskind, voir dans cette hypersensibilité la marque d'une vie et de son génie ? Qu'on se rappelle le fabuleux Jean-Baptiste Grenouille de son roman *Le parfum*[1], né dans un étal à poissons dont la puanteur couvrait à peine l'odeur de cadavre du cimetière des Innocents ! On sait la destinée de fou amoureux de l'odeur des femmes et de l'essence des êtres que cette naissance particulière lui a promise par la fantaisie du romancier.

1 P. Süskind, *Le parfum*, Fayard, 1986.

Les neurophysiologistes trouveront la solution de cette énigme encore inexpliquée. Pour un psychanalyste, il faut considérer l'odorat du nouveau-né comme un des premiers liens à sa mère, avec celui de la succion/déglutition auquel on l'associe. C'est là, dans l'intimité de corps entre elle et lui, qu'il commence à se construire. Au sein-source de plaisir est lié son propre corps : de l'odeur de cette mère dépend sa propre idée de son corps, de sa bouche qui suce et qui émet des sons, de son nez qui sent, de ses lèvres qui tètent, de ses oreilles qui entendent la voix familière... Si la mère disparaît sans explication, l'assurance de son corps propre elle-même est mise en question. C'est pourquoi il est indispensable que des paroles viennent pallier cette absence, quelle qu'en soit la raison. Dans le cas de Marie, la chose est facile et l'effet rapide parce que c'est la mère elle-même qui a pu expliquer à sa fille la raison de son absence temporaire. Il est des cas où ce n'est pas possible, dans les circonstances d'un accouchement au secret, ou quand la mère a eu un accident ou est morte. N'est-ce pas ce à quoi F. Dolto pensait en évoquant une « blessure dans la relation du sujet à son corps propre, du fait que l'image du corps est amputée d'une zone érogène partie avec la mère, et qui était l'olfaction, la déglutition du bébé ? Cette image du corps peut lui être rendue si on lui ramène, si l'on peut dire, matériellement ou subtilement, l'odeur de sa mère qui est restée dans ses vêtements. Ce qui retrouve vie alors, c'est son corps. C'est son image de base, de corps propre ; c'est l'image de fonctionnement, la possibilité de succion ; alors que, sans l'odeur de la mère, il ne savait par exemple plus téter ni avaler[1] ». On comprendra dès lors la nécessité d'assurer à l'enfant une « continuité olfactive ».

1 F. Dolto, *op. cit.*, p. 212-213.

En cas de séparation

Mme Perrier était tellement satisfaite de mon conseil et des effets de son intervention auprès de Marie qu'elle voulait très sérieusement que je revienne avant chaque séance du traitement. J'ai évidemment décliné l'offre, car cela lui aurait laissé croire à un effet « magique » de telles interventions, alors qu'il était question pour elle de s'apercevoir qu'elle pouvait avoir la même efficacité.

C'est qu'une patiente a moins à attendre de la personne du psychanalyste que du fonctionnement du cadre psychanalytique. Elle peut attendre des lois, des procédures mises en place, des règles de fonctionnement, qu'ils libèrent de l'obéissance aux hommes (à la personne du psychanalyste en l'occurrence) pour permettre de n'obéir qu'aux lois, comme le disait Rousseau. C'est pourquoi une procédure comme celle-là a tant d'importance.

Cette procédure pourrait sembler un détail ou un rituel à certains. Tel n'est pas en tout cas l'avis des personnes de l'équipe soignante, qui en récoltent directement les effets bénéfiques, et le disent. D'après le psychanalyste Lucien Kokh, dont la réflexion théorique a été une grande aide pour l'élaboration des points cruciaux de ma pratique, une procédure de ce genre est « la condition *sine qua non* pour rendre la parole présente ». Sans elle, il est difficile de rétablir ces ponts coupés dans la communication entre le nourrisson et sa mère. Le cadre psychanalytique est là pour permettre à la mère de se souvenir, si on voulait le lui faire oublier, que parler est le moyen de communication humain par excellence : pourquoi s'en priver sous prétexte que son enfant ne serait pas mature ? Parce qu'on l'accuserait de s'adonner à un monologue radoteur ?

Dans le cas des visites systématiques que je fais aux mères d'enfants prématurés, nous n'avons qu'à nous louer de l'effet vivifiant que cette procédure peut avoir. Il est rare qu'après de telles visites elles restent déprimées ; dans ce cas, d'autres causes plus profondes sont en jeu. La plupart du temps, elles y retrouvent une ardeur qu'il faut même freiner quand elles veulent tout à trac débouler en néonatologie pour voir leur bébé, et que leur état nécessite quand même des précautions (pour les femmes césarisées en particulier). C'est ce désir de vie réhabilité chez elles qui soutiendra celui du bébé prématuré dans les difficultés qu'il doit affronter.

Le traitement des ictères a quelque peu évolué depuis l'aventure de Mme Perrier. On a mis en place des dispositifs d'insolation mobiles disposés dans les chambres des mères ; la mère est présente et les problèmes s'atténuent. Mais la procédure reste valable pour d'autres soins qui nécessitent une séparation d'avec la mère.

Ces procédures sont de fait des exceptions au protocole général de traitement de la demande dont nous parlerons plus loin. Ici, j'interviens systématiquement ; là, j'interviens à la demande. Dans les deux cas, le but est de maintenir la possibilité de cette relation sensorielle intrapsychique qui existait avant la naissance entre la mère et son enfant. Et d'empêcher que des raisons de fonctionnement normal d'un service hospitalier soient un obstacle pour que des paroles de la mère puissent comme compléter cette sensorialité du nouveau-né.

Quand on parle de procédure, de protocole ou de méthodologie dans le domaine scientifique, on évoque aussitôt l'évaluation qu'on peut en faire. La procédure est-elle reproductible ? Les critères retenus sont-ils pertinents ? Y a-t-il une corrélation suffisante entre l'objet qu'on étudie et les procédures retenues, entre ces procédures et les résultats obtenus ? Ce questionnement est destiné à éviter de fausses conclusions, voire des hypothèses de travail mal posées. Le refus de s'y plier amènerait des interprétations funestes ou drolatiques qui font le gros du répertoire des blagues estudiantines.

Faut-il qu'un psychanalyste procède à des évaluations des procédures qu'il met en place pour éviter de telles erreurs ? La tentation est grande de le penser dans un milieu hospitalier où la précision des méthodologies est la garantie de l'amélioration de l'état des malades. Et on n'a pas manqué, gentiment, de le faire remarquer. Répondons tout de suite pour lever toute ambiguïté. Quand il intervient auprès des bébés à la maternité, le psychanalyste n'est pas homme de science : il est praticien de la parole. Il reste fidèle au fait que la psychanalyse est, comme on le disait au temps de Freud, une *talking cure*. Ou, pour reprendre les termes de Lucien Kokh – extraits d'un enregistrement privé : « celui qui tient une position de praticien de la parole, celui qui exerce sa conception d'une thèse dans la pratique de la parole *ne peut pas être le même* que celui qui met en jeu une évaluation. Dans le cadre de l'inconscient, on ne peut pas être à la fois dedans [c'est-à-dire à l'écoute de ce qui est non dit dans ce qu'on nous dit] et dehors [c'est-à-dire tenter d'évaluer si ce non-dit a des raisons d'être dit ou s'il est nul et non avenu] ». C'est logique : on n'étudie pas un objet dont il faut dire quelque chose, on écoute un sujet parlant. Ce n'est pas le même métier. Ce faisant, on gardera à l'esprit ce que la psychanalyse doit à la création artistique, en pensant à cette phrase de Malraux rappelée à l'occasion de son entrée au Panthéon : « Ce n'est pas la passion qui détruit l'œuvre d'art, c'est la volonté de prouver. »

Pourquoi le psychanalyste n'essaierait-il pas de faire un métier de scientifique qui n'est pas le sien, et de chiffrer les résultats qu'il avance ? Parce qu'il raterait la possibilité d'entendre ce non-dit qui dépasse le sujet de toute part, et l'occasion de susciter les paroles qui manquent. En un mot, c'est pour la même raison que celle qu'on lui oppose : parce que l'amélioration de l'état de ses patients en dépend.

À se départir de ce principe de base, on tomberait dans le travers de vouloir, telle Pénélope, défaire d'une main ce qu'on fait de l'autre. On ne pourrait écouter les souffrances dont on vous parle sans du même chef se demander si elles sont valides ou si l'on ferait mieux de ne pas les entendre. Le psychanalyste n'est pas à l'écoute de vérités factuelles, mais de paroles vraies.

Cela n'empêche pas l'intérêt pour les recherches scientifiques les plus récentes sur les fœtus et les nourrissons, au contraire. Elles sont passionnantes et permettent de conforter ou de modifier l'approche psychanalytique. On en trouvera bientôt un autre exemple avec les trouvailles récentes des neurosciences sur la mémoire et le traitement des informations par le cerveau humain. Ce qui nous rapproche des chercheurs en neurosciences, c'est la curiosité. Ce qui nous sépare, c'est l'idée que le respect de la connaissance prime sur le respect de la personne. Nous renvoyons le lecteur aux déclarations définitives à cet égard d'André Green, écrites en réaction à un article du professeur Jean-Pierre Changeux[1].

La répétition

« Mais vous savez, je me sens très bien de vivre comme ça ! » me dit Mme Cohen en éclatant en sanglots.

Ce sont ses premiers mots après m'avoir saluée. Elle a accepté de me voir parce qu'un de ses fils est constipé, et

1 A. Green, « Un psychanalyste face aux neurosciences », in *La Recherche*, n° 247, vol. 23, octobre 1992, p. 1166-1174.

qu'aucun traitement ne vient à bout de cette constipation. Elle ne se sent pas si bien que cela apparemment, et elle me parle tout de suite de sa vie durant les derniers mois. Elle vient d'accoucher il y a une semaine de jumeaux. Quand elle a appris que sa grossesse était gémellaire, elle a réagi violemment : « Un enfant ça va ; deux... » Elle était elle-même jumelle et avait énormément souffert de devoir perpétuellement laisser le devant de la scène à sa jumelle que ses parents encensaient, alors qu'ils la dénigraient. L'histoire semblait se répéter, et c'était trop pour elle. Elle avait donc demandé un avortement. Puis elle avait réfléchi, avait changé d'avis, était revenue à sa première position, avait hésité encore. Finalement – est-ce la vue d'une échographie ? – elle avait décidé de garder ses deux enfants. Et, rigoureuse à l'excès, avait aussi décidé que, puisqu'elle avait fait ce choix, elle devait en être heureuse. D'où le contenu de sa déclaration contradictoire : je pleure mais je vais très bien.

Paroles en écho

M'est venu à l'esprit que l'enfant constipé dont il est question ne faisait que répéter cette dénégation de sa mère en mettant en jeu son corps, qui est alors son moyen privilégié d'expression. Il était en effet très serein malgré les désagréments que devait lui causer sa constipation rebelle à tout traitement, là encore, tout allait bien. Du coup, avec lui aussi un esprit de décision que rien n'entamait, il se refusait à boire et à donner ses selles. J'entrepris donc de le lui dire :

« Ta maman dit qu'elle se sent très bien de vivre comme ça et en même temps elle souffre. Toi aussi, tu sembles nous dire la même chose : tu es calme, tu vas bien, mais tu refuses tout échange avec ta mère. Tu ne lui demandes rien quand tu as faim, tu ne lui donnes rien quand tu es repu. »

À ces mots la mère s'aperçoit tout à coup qu'elle n'attend jamais que cet enfant lui demande à boire pour le nourrir. Son frère réclame, elle le nourrit, et elle en profite pour le réveiller et lui donner la tétée sans mot dire et sans qu'il ait rien demandé. Cette situation est fréquente avec les jumeaux – il est si fatigant pour une mère de se relever deux fois plus souvent la nuit –, mais ce n'est pas pour autant qu'elle déclenche comme ici un symptôme.
Que fait cet enfant ? Il *s'efface*, comme sa mère avait dû s'effacer autrefois. Non seulement il reprend à son compte la dénégation de sa mère, mais il rejoue le désir d'avortement qu'elle avait manifesté au tout début de la grossesse. Il n'y a de désir possible que pour un enfant unique, donc il cède la place. Il survit, mais il ne réclame ni ne donne rien ; il existe mais si peu, il ne grossit pas. C'est quelque chose de cet ordre-là qui se joue pour lui, me semble-t-il : « Ta mère a eu peur au début de sa grossesse d'avoir deux enfants et non pas un. Elle a pensé un temps ne pas vous garder tous les deux. Mais ça n'a pas duré, elle a changé d'avis. C'est bien pour ça que tu es né, tu n'as pas besoin de t'effacer... Tu veux peut-être faire comme ta mère avec sa sœur ? Mais tu n'es pas la sœur de ta mère, tu es son fils. »
Suivent des verbalisations d'autres éléments de son histoire familiale, dont je m'abstiendrai de donner le menu. Le principal est qu'elles permettent de lui dessiner les contours de son espace familial et de le démarquer ainsi des fantasmatiques parentales liées à la gémellité.
L'enfant a eu des selles une heure plus tard. Sans plus d'égards pour les fabricants de jus de pruneaux utilisés pour mettre en marche la motricité intestinale des nouveau-nés, et dont l'administration avait ici échoué !

Des résultats aussi nets impressionnent. Même quand on en a vu beaucoup de ce genre, ils laissent toujours pantois.

Pourtant, ils posent de redoutables questions. La première concerne le lien entre la vie psychique avant et après la naissance. Nous savons qu'il s'agit du même être « avant » et « après », mais la question est de savoir si lui-même porte trace de ce savoir. C'est-à-dire si des événements anténataux qui le concernent font partie de son bagage postnatal. Après avoir dit que l'enfant de Mme Cohen rejouait, en y accédant dans son symptôme, le désir de sa mère qu'il s'efface, il faut préciser le ressort d'une telle répétition.

Une contrainte inéluctable

La répétition, cette « même invariable complainte [qu'on] entend jour et nuit le vent redire sur le même ton[1] », est un problème qui hante l'histoire de la psychanalyse, et les cabinets de ses thuriféraires. Elle rend compte de cette étrangeté qui fait que les personnes en analyse auraient tendance à revenir aux mêmes impasses, aux mêmes comportements ou aux mêmes discours que ceux qui ont motivé leur consultation et qui les gênent.

Untel qui ne s'expliquait pas la gêne hautaine et distante qu'il éprouvait, à son corps défendant, à l'égard de son fils racontera qu'il se faisait un devoir de recevoir protocolairement chacun de ses enfants dans son bureau chaque samedi. Sans s'en rendre compte, il rejouait une scène mémorable de son enfance où son propre père l'avait déconsidéré aux yeux de ses frères et sœurs, dans son bureau. Il n'en oubliait qu'un ingrédient, que l'analyse de la répétition lui fit retrouver : c'est le mot de « mépris » que son père avait utilisé ce jour-là à son égard et la mise

1 S. Kierkegaard, « La répétition », *Œuvres complètes*, éd. de l'Orante, 1972, vol. 5, p. 27.

en quarantaine qui s'en était suivie, lui interdisant pendant quelque temps de partager les jeux de ses frères et sœurs. De ce mépris et de cette mise en quarantaine qu'il avait subis, subsistait, comme un écho assourdi, la vue hautaine et distante qu'il manifestait à l'encontre de son propre fils. Telle autre passe son temps à oublier ses clés d'appartement, jusqu'à ce qu'une question de son analyste la fasse soudain se souvenir qu'elle est née à l'hôpital Trousseau il y a fort longtemps et qu'on lui avait raconté l'avoir « égarée » dans les services pendant quelques minutes !
Les exemples les plus drôles et les plus tragiques illustrent ce phénomène de répétition. Tout se passe comme si ces personnes butaient sur quelque chose. Elles ne savent pas d'où provient cette compulsion répétitive et, au lieu de se souvenir de ce qui a pu la motiver, jouent un scénario qui s'en souvient pour eux. Freud voyait dans cette insistance un automatisme, une contrainte (*Wiederholungszwang*). Son caractère coercitif est d'autant plus marqué que ce retour du souvenir dans la répétition peut être contraint par la logique et l'automatisme de la langue elle-même. Ainsi, l'association *clés perdues-Trousseau-égarée* indique un chemin précontraint… à la clé de l'énigme. On pensera plus généralement aux situations où plus l'on cherche à fuir une idée, plus les mots qu'on emploie l'imposent[1].
Voilà pour l'automatisme de répétition. Mais la répétition est aussi le fruit d'une mauvaise rencontre. La rencontre d'un *réel* insupportable, d'une donnée inassimilable comme telle par le sujet. La déroutante rencontre d'un père dans son bureau, par exemple. Plus généralement, puisque Freud liait la répétition à la pulsion de mort, celle d'un

1 Pour une version humoristique de telles situations, on pourra lire ou relire Raymond Devos, « Les oublis », in *Matière à rire*, éd. Olivier Orban, 1991, p. 379-382.

fantôme qui se glisse furtivement à l'horizon des souvenirs oubliés. Nous avons introduit la *répétition* par les mots de Sören Kierkegaard, le philosophe qui en a fait un concept en lui attachant la figure allégorique du vent. Laissons le romancier Claude Simon filer la même métaphore pour nous faire apercevoir l'horizon qu'elle découvre : « Bientôt [le vent] soufflerait en tempête sur la plaine (...), force déchaînée, sans but, condamnée à s'épuiser sans fin, sans espoir de fin, gémissant la nuit en une longue plainte, comme si elle se lamentait, enviait aux hommes endormis, aux créatures passagères et périssables leur possibilité d'oubli, de paix : le privilège de mourir[1]. »

L'« horloge organique »

Cette thèse d'un inassimilable repris au travers du symptôme est très utile dans la pratique. Elle permet de saisir une idée suggérée à F. Dolto par sa clinique et par la lecture de Ferenczi, qui a semble-t-il trouvé peu d'échos dans la littérature scientifique. Cette idée, c'est la répétition chronologique, soit que le symptôme d'un nouveau-né à un temps *Tn* de sa vie postnatale puisse correspondre à un événement traumatisant du temps correspondant *Tn* de sa vie anténatale. Comme si l'enfant se souvenait d'un événement survenu par exemple au deuxième mois de grossesse et que, telle une horloge, il manifeste un symptôme qui évoque ce souvenir au deuxième mois de sa vie postnatale. Étant entendu que cet événement déclenchant le concerne, qu'il l'ait directement perçu au travers de sa mère ou qu'il ait été indirectement généré par son père.
Idée acceptable ? La raison dit non : aucune vérification expérimentale n'est venue la confirmer. La pratique dit oui pourtant, et le nombre de coïncidences de ce genre, si il

1 C. Simon, *Le vent*, éd. de Minuit, 1975.

semble trompeur à certains, n'en est pas moins patent. F. Dolto donnait quelques exemples d'« enfants-horloges organiques » de ce genre extrêmement précis. Tant que les scientifiques ne seront pas intéressés par cette thèse pour éventuellement l'amender, il est déraisonnable de mépriser un indice de ce genre quand on en a la connaissance : c'est neuf fois sur dix manquer l'occasion de délivrer le nouveau-né d'une répétition qui le menace. De la même façon, on peut dire que les trous de paroles marquant un nouveau-né peuvent réapparaître en « chapeau claque » (mot de F. Dolto) à l'adolescence. L'écoute psychanalytique des nouveau-nés est aussi une méthode de prévention des troubles de l'adolescence.

Du fœtus au nourrisson, une continuité

Certains, comme le psychanalyste Bernard This, demandent qu'on cesse d'appeler « fœtus » ce qu'il considère simplement comme des bébés humains avant leur naissance. Il voit là un risque de non-respect pour l'être humain qu'ils sont, renforcé par l'alibi d'un discours techniciste. Le rappel est d'importance, car il suggère de façon non équivoque la continuité de substance comme d'existence du sujet humain dès sa conception. On a vu que c'était vrai au niveau de la sensorialité. On s'attachera à montrer que cela touche aussi le lien établi par l'enfant avec sa mère. Nous continuerons néanmoins à parler ici de fœtus car, rappelons-le, la naissance n'est pas un simple déménagement écologique.

Sans recourir à la clinique psychanalytique, on peut discuter des répétitions anté/postnatales en se fondant sur les observations de fœtus et de nourrissons. Contrairement à ce qu'on pense, le bébé *in utero* et sa mère ne font pas corps. Trophoblaste et placenta, une paroi les sépare. Cela ne fait qu'une mince différence, de l'épaisseur d'une feuille de papier à cigarette ? Pas plus épaisse en effet que la limite qui sépare l'erreur de la vérité !

La prétendue fusion

C'est déjà assez pour qu'on puisse revenir sur quelques idées reçues. Il n'y a pas de *fusion* entre mère et enfant, pas plus physique pendant la grossesse que psychique après la naissance. Rien de ce qui se dit de cet ordre-là ne repose sur une réalité. À la fin de la grossesse, d'ailleurs, le fœtus et la mère ne vivent plus au même rythme[1]. Si au début de la grossesse ce sont les hormones ovariennes qui maintiennent le fœtus, dès le troisième mois le placenta est suffisamment mature pour prendre le relais. Comme le placenta fait partie de l'unité corporelle de l'enfant, il implique une première ébauche d'autonomisation de l'enfant par rapport à sa mère. Le fœtus est désormais seul à sécréter les hormones nécessaires à sa croissance. C'est si vrai qu'on peut faire porter une grossesse à une femme dépourvue d'ovaire, pourvu qu'on lui ait donné durant les premiers trois mois un traitement hormonal substitutif ; au-delà, le placenta désormais fonctionnel assumera la direction des opérations.
Le bébé-fœtus a déjà sa part d'autonomie. Une étude qu'on déplore de ne pas encore trouver en français a été entreprise sur ce sujet par la psychanalyste d'origine italienne Alessandra Piontelli. Ce travail, dense, passionnant, encore inachevé, tourt entier autour des rapports de continuité entre la vie intra-utérine et la prime enfance. Thérapeute d'enfants et professeur à la fameuse Tavistock Clinic de Londres, professeur invité du département de psychiatrie de

1 B. Cyrulnik, *Les nourritures affectives*, éd. Odile Jacob, 1993, p. 59 sqq.

l'enfant de l'université de Turin, elle a sa pratique privée de psychanalyste à Milan. En dehors de ce travail, elle a entamé un programme d'observation et de recherche sur l'avant et l'après de la naissance. Voulant se donner des moyens nouveaux et performants pour mener à bien cette étude, elle a choisi de suivre les mêmes enfants en utilisant la technique de l'échographie pendant la grossesse et la méthode d'observation mère-enfant d'Esther Bick pendant les cinq ans qui ont suivi leur naissance[1]. Ses travaux fourmillent de notes et de révélations extraordinairement déroutantes pour nos esprits cartésiens. Nous nous contenterons d'attirer l'attention sur deux thèmes développés par elle qui rejoignent notre questionnement sur la répétition anté/postnatale : le phénomène si mal expliqué de l'amnésie infantile, et l'étude des jumeaux.

S'agissant des jumeaux qu'elle a particulièrement étudiés, elle explique son attirance pour eux par une courte thérapie qu'elle avait pratiquée longtemps avant ses recherches, et qui l'avait profondément marquée. Il s'agissait d'un enfant de 18 mois, intelligent et sensible, que ses parents avaient amené à sa consultation parce qu'il dormait très peu et qu'il ne tenait pas en place dans la journée : il les rendait fous.

Dans le cabinet de consultation, A.Piontelli remarqua tout de suite qu'il s'était mis à fouiller dans tous les coins de la pièce, visiblement à la recherche de quelque chose qu'il ne trouvait pas. Ses parents confirmèrent qu'il passait son temps à de semblables investigations à la maison, de jour… comme de nuit ! Ils ajoutèrent que, chaque fois qu'il avait pu accomplir un nouveau mouvement – s'asseoir, marcher

1 On trouvera décrits sa méthodologie et ses résultats dans son ouvrage princeps : A. Piontelli, *From Fœtus to Child – an Observational and Psychoanalytic Study*, Tavistock/Routledge, Londres, 1992.

à quatre pattes, etc. –, il semblait l'avoir fait avec une intense frayeur, comme si, disaient-ils, il avait peur de « laisser quelque chose derrière lui ».

A. Piontelli nota un autre comportement répétitif de sa part, qui consistait à secouer divers objets qui se trouvaient dans la pièce, comme on secoue quelqu'un afin de le réveiller. Elle décida de parler directement à l'enfant pour lui dire ce qu'elle ressentait, à savoir qu'il semblait chercher un objet perdu qu'il désespérait de retrouver. L'enfant, dit-elle, arrêta brusquement son manège et la fixa longuement. Elle profita de son inhabituelle attention pour dire qu'elle avait l'impression qu'il secouait les objets comme s'il craignait qu'ils ne soient morts. À ces mots ses parents éclatèrent en sanglots, expliquant que cet enfant de 18 mois, Jacob, était en fait le jumeau d'un petit Tino mort *in utero* à quinze jours du terme. Jacob cherchait donc toujours Tino, et ne laissait aucun coin inexploré ! Avait-il secoué Tino dans le ventre de sa mère comme il empoignait les objets du cabinet de consultation ? Nous ne le savons pas. Mais A. Piontelli explique qu'un très grand changement s'opéra chez Jacob de ce moment, et qu'elle n'eut besoin que de quelques séances pour redire avec lui quelle intense culpabilité de la mort de son frère accompagnait chacun de ses actes. Quand aux parents, ce fut pour eux l'occasion d'enfin faire le deuil de Tino. Ils avaient certes tenu à le prénommer, signe que malgré sa mort précoce ils lui attribuaient une existence singulière à leurs yeux. Mais ils ne soupçonnaient pas jusque-là l'intensité de la douleur et la culpabilité qu'ils avaient éprouvées à sa mort. Comme dans le cas de Mme Lemercier cité au début de ce livre, l'enfant-d'avant-le-langage pointait le manque de paroles qui taraudait ses parents et le condamnait à une recherche sans espoir et sans répit.

Étrange redondance que celle-là, entre le cruel événement

qui affecte une grossesse et la fuite en avant à laquelle se condamne le petit enfant. A.Piontelli en garda un brûlant souvenir et mit par la suite beaucoup de soin dans ses recherches à noter les mouvements des fœtus, qu'ils soient jumeaux ou non. De ses observations qui portent certes sur un nombre limité de cas, il ressort des constatations très nettes. Premièrement : la motilité des enfants est déjà là avant la naissance. Mouvements des bras, de la tête, ciseaux des jambes, succion du pouce, voire témoignages d'une certaine activité sexuelle, apparaissent tous entre la neuvième et la vingtième semaine de grossesse, et sont du même type que ceux qui seront pratiqués après la naissance. L'initiative et le choix de ces mouvements en réponse à des stimuli existent aussi dès la huitième semaine, et seront identiques après la naissance. Rien ne change après la naissance, sinon la qualité et la précision de ces mouvements, ne serait-ce que sous l'influence plus grande de la pesanteur. Deuxièmement : les mouvements *in utero* d'un jumeau vers son alter ego sont visibles et peuvent faire penser à des comportements organisés. Les attitudes générales constatées à une séance d'échographie se retrouvent après la naissance : tendance de l'un à protéger l'autre, suivisme de l'un des deux vis-à-vis de son compère, etc. Si l'on dit que la vie commence avec la découverte de l'autre, les jumeaux (triplés...) seraient alors privilégiés. Il ne semble pas de fait qu'ils soient plus précoces à la naissance que des nouveau-nés « normaux ». Mais, si elle ne peut le prouver de façon certaine, A. Piontelli pense qu'on peut dans les deux cas parler de sensibilité et de réponses émotionnelles, et que celles-ci peuvent dépendre dans certains cas des états psychiques de la mère. Troisièmement : les enfants, particulièrement les jumeaux, retrouvent dans leurs jeux puis, quand ils parlent, dans leurs échanges verbaux des morceaux entiers de leur vie prénatale. Entre 2 et 4 ans, cela devient quasiment une obsession, comme si leur identité présente dépendait de ces morceaux de vie prénatale. Pour elle, il ne s'agit pas d'une simple reproduction de ce passé, comme le serait une bande vidéo, ni d'une répétition compulsive. Il s'agit d'une reconstruction de ce passé, d'un effort pour lui associer des émotions et lui donner un sens. Bref, d'une élaboration, d'une avancée symbolique.

On retiendra d'abord de ces travaux, au-delà de leur contribution à l'étude de la répétition, l'idée de continuité anté/postnatale. Ce qui semble primordial dans la pratique de psychanalyste avec les bébés, c'est de préserver des liens. Des liens avec la mère bien sûr, le père géniteur ou le « faisant fonction de père », des liens avec la société (par exemple dans les cas d'accouchement au secret), mais aussi des liens avec l'avant de la naissance. L'enfant naît dans un lien sensoriel à l'autre qui préexiste à sa naissance : F. Dolto l'enseignait, la science expérimentale incite à le penser, et l'observation d'A. Piontelli ou d'autres dont on parlera plus loin tendent à le prouver. C'est en cela que, vraiment, *le bébé est une personne.* Il y a une préhistoire, voire une protohistoire de l'enfant, comme je l'ai soutenu dans un précédent ouvrage[1]. Le petit d'homme naît d'un projet au destin plus ou moins contrarié, il vit symboliquement d'un bain de langage dans lequel il se construit. Tout cela est vrai. Résumons pour notre part les choses en disant que l'enfant est déjà construit dans le lien, et que c'est de la préservation de ce lien à la naissance que dépend son « éclosion ».

1 M. Szejer, R. Stewart, *Ces neuf mois-là*, Robert Laffont, 1994.

L'apport de l'haptonomie

Quand on veut manifester un lien à autrui, fût-il de pure convention, on le touche : on lui serre la main, on l'embrasse sur les joues ou sur les lèvres si l'on est russe... C'est la peau qui fait contact. Le toucher et la sensibilité cénesthésique, justement, sont une des premières qualités sensorielles à apparaître dans l'embryogenèse.

Bien avant qu'il ait un système auditif fonctionnel – il faut attendre le troisième trimestre de la grossesse pour cela –, l'enfant peut reconnaître et discriminer les vibrations acoustiques répercutées par le liquide amniotique. Les haptothérapeutes disent parfois qu'il « entend avec sa peau ». Cette « peau intelligente », comme le dit Catherine Dolto-Tolitch, permet par exemple au fœtus de s'approcher du côté d'où vient une voix connue et appréciée comme celle de son père ; de répondre aux invitations « internes » (sans contact manuel) de la mère ; de réagir au toucher, qu'il vienne de la mère, du père ou de l'haptothérapeute, qu'on y joigne une parole d'appel ou non. Le ballet utérin... renversant auquel il convie constitue, plus loin qu'une « enveloppe sonore du moi[1] », une première ouverture du corps au langage.

Parler de « peau intelligente » n'est pas simple façon de dire, elle suppose une vision plus large de l'être humain. L'haptonomie[2], telle qu'elle s'est développée depuis la guerre à l'instigation du Néerlandais Frans Veldman, aborde de manière originale les problèmes de la sensorialité fœtale, de la mémorisation précoce et de la relation parent-enfant avant la naissance.

1 Titre d'un article célèbre du psychanalyste Didier Anzieu.
2 Les réflexions qui suivent doivent beaucoup à C. Dolto-Tolitch, laquelle contribue au premier chef à la défense et à l'illustration de l'haptonomie en France. Ceux qui voudraient mieux connaître l'haptonomie peuvent se référer à ses articles : « Haptonomie pré- et postnatale », in *Journal de pédiatrie et de puériculture*, n° 1, 1991, p. 36-46 ; « Génération, espoir et souffrance », *Actes du colloque « Souffrances, quel sens aujourd'hui ? »*, Érès, 1992, p. 111-112. De Frans Veldman, on lira : *Haptonomie - Science de l'affectivité*, PUF, 1989.

L'accompagnement pratiqué par les haptothérapeutes pendant la grossesse amène à découvrir que tout événement physique, affectif, psychique ou émotionnel vécu par la mère a une répercussion immédiate sur l'environnement de l'enfant. L'enfant réagit à ce qui le concerne « authentiquement ». La mère trouvera là la possibilité d'une relation extrêmement subtile avec son enfant. Le père, si la mère l'y invite, pourra aussi entrer en contact et nouer avec l'enfant un lien « affectif », tactile et vocal à la fois. Par les gestes et les bercements qu'il prodiguera à la mère, c'est aussi l'enfant qu'indirectement il englobera dans une relation où celui-ci sera invité à se manifester comme sujet désirant.

Dans cette relation à trois (ou plus en cas de grossesse multiple) établie avec l'aide de l'haptothérapeute, l'enfant montre très clairement son plaisir ou son déplaisir, son envie de contact ou son besoin de repos et de tranquillité. Les haptothérapeutes disent que l'enfant, grâce à la « confirmation affective » qu'il reçoit, développe un sentiment de sécurité de base qui perdure bien au-delà de la naissance. En retour, par ses réponses, il « confirme ses parents affectivement » : signe d'une dynamique très particulière dans la triade parentale, et entre les jumeaux quand c'est le cas. Non seulement l'enfant dès la vie intra-utérine s'intéresse au monde extérieur, réagit aux voix familières et se déplace pour s'en approcher, mais il se manifeste en fonction du contexte affectif. Sans qu'on l'explique encore, il semble même mémoriser des mouvements de balancement qu'il propose en certaines circonstances précises. Là encore, point de fusion entre mère et enfant : la place d'acteur authentique reconnue à l'enfant modifie le vécu de la grossesse et de l'accouchement pour lui-même et ses parents.

L'haptonomie, qui conçoit l'enfant comme en quête de sens et de communication dès la vie intra-utérine, a une visée préventive. Par exemple, il est clair que les enfants « contactés » pendant la grossesse par l'approche haptonomique sont souvent plus présents que la moyenne après la naissance. Quelque chose de l'ordre d'un éveil a été anticipé pour eux par cette forme de dialogue anténatal à trois. Dans le cas de grossesses pathologiques, de maladie ou de mort de l'enfant, elle permet aux parents un accompagnement totalement différent de la douleur de l'enfant, du seul fait qu'il est délogé de sa place de victime potentielle passive. De même, l'enfant présent par ses manifestations en écho modifie les éventuels rejets, ambivalences, interdits et drames qui altèrent la relation entre ses parents et lui.

À la naissance, le maintien du contact « auditivo-tactile » est primordial. Il n'est pas toujours possible pour des raisons techniques, mais il reste nécessaire. Si le nouveau-né avait en milieu aquatique la liberté de se déplacer vers un son qu'il percevait, la tâche est beaucoup plus ardue à l'air libre. Certes, des observations ont montré qu'un bébé, dans les quatre premières heures qui suivent la naissance, cherche la voix de son père, et arrivera à tourner sa tête vers lui s'il lui parle. Certes, une étude du même laboratoire montre qu'un nouveau-né posé sur le ventre de sa mère à la naissance pleure significativement moins qu'un bébé amené directement dans son berceau, quels que soient les soins attentifs dont il est entouré. Mais il est tout de même très démuni.

D'ailleurs, dans les deux exemples cités, l'enfant ne s'y retrouve que par l'intermédiaire de la perception qu'il a de personnes connues, ses parents en l'occurrence. Autrement dit, quand nous nous demandions tout à l'heure si l'enfant

« avant » et « après » était le même être et se savait l'être, il faut répondre « oui », pourvu que le continuum sensoriel avec la mère et son compagnon soit maintenu. C'est la condition d'un confort nécessaire à ce que la naissance ne soit pas violence pour l'enfant qui naît.

Les sages-femmes de Béclère le savent bien. Elles ont à cœur, une fois constaté qu'après l'expulsion tout va bien, de s'éloigner au plus vite si bien sûr les circonstances et les parents le permettent. Elles sont bien entendu prêtes à intervenir à tout moment, mais elles restent à distance. Elles savent combien ces moments qui suivent la naissance appartiennent à leurs trois (ou deux) protagonistes, et que leur devoir en tant que personnel d'assistance médicale est de ne pas interférer de manière intrusive.

Il m'arrive aussi d'assister les naissances. Je me rappelle, une des premières fois où j'ai eu à le faire, avoir été frappée par la détresse du bébé séparé de sa mère pour les premiers soins. Pour l'amenuiser, j'ai proposé au père de parler à son bébé en lui tenant la main pour faire bord, pour lui donner la limite rassurante de sa chaleur. Le fait d'avoir vu alors ce bébé manifester et chercher son père « à la voix », alors qu'il restait complètement insensible à la mienne comme à celle de la sage-femme, m'avait interrogée. J'ai maintes fois vu ce phénomène se répéter par la suite.

Qu'on ne s'étonne pas trop de ma sensibilité à la violence de l'après-accouchement : les professionnels les plus blasés en ont autant à leur actif. Les premiers soins peuvent être très agressifs pour l'enfant. Qu'il s'agisse de désobstruer les cavités nasales, d'aspirer le reliquat de liquide amniotique et les glaires, aucun geste n'est anodin. Il faut tout le tact et la compétence des professionnels pour effectuer « en douceur » les prélèvements (anaux, nasaux, auriculaires, ombilicaux). Il faut une habitude et un doigté certains pour peser l'enfant, le mesurer en étirant bien les membres encore repliés comme dans l'utérus, instiller des produits plus ou moins irritants dans les yeux et dans le nez..., sans que ces soins ne soient autant d'agressions dans le vécu de l'enfant. Certes, si agression il y a, la chose est relativement bénigne. Mais elle aura d'autant plus de répercussions pour l'enfant qu'elle s'effectue alors qu'il est séparé de sa mère. Éloigné de sa principale source de perceptions connues, il a en effet perdu tout moyen de se rassurer.

Or le bébé cherche le *déjà connu*. Pour qu'il retrouve ce *déjà connu*, il m'arrive de conseiller aux mères que je vois dans les jours suivant la naissance de prendre leur bébé en « peau à peau » quand le fil entre eux me semble rompu ou endommagé. C'est le cas pour des femmes que le baby blues laisse désarmées. L'idée est tout simplement que le bébé puisse se reposer nu sur le sein de sa mère pendant qu'éventuellement elle lui parle. Ainsi, il reste en contact par le toucher, l'ouïe, l'odorat et la vue avec cet autre corps qu'il connaissait déjà et qu'il reconnaît maintenant. Cette proximité sensorielle est structurante en ce qu'elle réactualise le lien anténatal. Mais ce peau à peau, préconisé quelquefois par l'unité kangourou comme par moi, n'est souhaitable que si la mère se sent désireuse de le pratiquer. Dans le cas inverse, il ne peut être que préjudiciable pour les deux protagonistes de leur forcer la main. Pourquoi le faire d'ailleurs : il est tant de façons d'être mère, à chacune d'élaborer la sienne !

Le but reste de maintenir le lien sensitif entre mère et enfant, et cela suffit souvent à préserver un nouveau-né des effets de dépressions légères et passagères de leur génitrice. C'est encore, dans des cas plus sévères, l'occasion pour la mère de commencer à parler de son histoire, si douloureuse soit-elle. De toute façon, le maintien de ce lien est nécessaire et profitable à l'un comme à l'autre.

Maintenir les liens

De la pédiatrie nous vient, à travers le généreux ouvrage de Marie Thirion, un discours similaire sur le lien mère-enfant. « Pour vivre après sa naissance, écrit-elle, à l'exacte ressemblance des tout premiers jours après la fécondation où sa nidation utérine conditionnait immédiatement sa survie ou son élimination, un nouveau-né doit s'enraciner dans quelque chose qui vit, doit s'implanter dans une relation humaine[1]. » L'observation séduit, elle concorde avec ce que nous venons de dire. L'auteur ajoute quelques chapitres plus loin : « L'enfant séparé de sa mère brutalement au moment de la naissance, coupé de son odeur, de sa voix, des caresses sur son corps n'avait pas pu *créer des liens* [souligné par elle]. (...) lorsqu'elle l'a pris dans ses bras en lui parlant d'elle et de lui, et non plus en s'adressant à quelqu'un d'autre au pied du lit, l'enfant, épuisé, s'est endormi. Il avait créé le lien... »
Un psychanalyste pourrait reprendre cela à son compte, en changeant un seul détail, pour virer radicalement de bord : il ne s'agit pas de *créer des liens* mais de les *maintenir*. Il ne s'agit pas d'*attachement* nouveau au sens que lui donnait René Zazzo et la psychologie française, ni d'empreinte ou de lien au sens de Boris Cyrulnik et des éthologues, mais de maintien et de réactualisation d'un substrat perceptif et langagier préexistant.

En usant de métaphores propres à la scène, nous dirons que la vie intra-utérine est une *répétition générale* : y ont au moins assisté la mère comme metteur en scène, et un public choisi faisant partie de la compagnie, le père d'abord s'il était là, un compagnon ou un entourage proche. Le répertoire sensoriel y a été revu, les différentes voix enten-

1 Marie Thirion, *Les compétences du nouveau-né*, Ramsay, 1986.

dues, et l'intrigue de départ est déjà nouée. La naissance est une *première* ouverte au public inconnu, et c'est une aventure dont nul ne sait, les « producteurs » en premier, ce qu'elle durera et le succès qu'elle aura. Ce qui est sûr, c'est que le bon départ de la pièce à jouer dépend des liens établis pendant les répétitions. Reste maintenant à savoir comment les acteurs *infans* entendent et parlent le texte de la pièce, comment ils le mémorisent, et quel « moniteur » peut leur être utile pour se repérer en cas de problème.

Parole et langage chez le nouveau-né

La deuxième question que posent les entretiens avec les nouveau-nés, la plus évidente, est celle de la compréhension que le nouveau-né peut avoir de nous, et nous de lui. Écartons tout de suite les fausses pistes : le nouveau-né ne saisit pas la langue comme une personne ayant déjà fait l'acquisition du langage. Personne, scientifique ou non, ne peut perdre son temps à penser cela. Pas plus qu'on ne pourrait croire un thérapeute qui prétendrait que le nouveau-né, s'il ne comprend pas le sens de ce qu'il lui dit, obéit néanmoins à ses vœux qu'il aille mieux pour lui complaire.

La parole adressée au nouveau-né

E pur si muove ! Et pourtant elle tourne ! Malgré tout, l'entretien psychanalytique avec le nouveau-né a des effets sur son corps. Sur celui du psychanalyste aussi d'ailleurs, car la levée du symptôme peut donner de l'énergie, quand les complications épuisent. Alors, que faut-il penser à défaut de comprendre ?

F. Dolto avait une grande tranquillité d'esprit à cet égard, quand elle disait : « Cette blessure ne peut être réparée ou plutôt dépassée que par des paroles vraies, dites par quelqu'un que l'enfant connaît comme d'accord avec sa mère et avec son père, et qui lui parle de l'épreuve qu'ils ont vécue, lui et sa mère. (...) La parole seule peut, de façon symbolique, rétablir la cohésion interne de l'enfant (...) Les enfants, bébés, nourrissons, comprennent les paroles, c'est étonnant, nous ne savons pas comment, lorsqu'elles sont dites pour leur communiquer une vérité qui les concerne ; des paroles qui relatent ce que l'on sait des faits, sans jugement de valeur[1]. »

Nous ne savons pas comment, c'est exact. Mais nous le savons. Il n'est pas besoin d'être psychanalyste pour constater que les mères et les pères parlent à leurs nourrissons. Ils prêtent volontiers un sens aux différents babils et gazouillements de leurs enfants, quand ce n'est pas à leurs gestes. Si ce n'était là que bêtification, la santé mentale de l'humanité entière serait en danger.

On pourra nous opposer qu'un nouveau-né ne comprend pas la langue, et que ce qu'il perçoit de nos interventions, à la limite, ce sont nos intentions : le timbre de notre voix, la séduction de notre sourire, le ton que nous employons. Pourquoi pas ? Ces éléments que les linguistes appellent prosodiques – accent, ton – ajoutés à la complexion physique des interlocuteurs – à commencer par leur sexe –, font partie de la communication. Mais n'avons-nous pas d'autres indices qui nous laissent penser que ce que nous ne comprenons pas existe ? Il semble que nous ayons déjà plusieurs pistes d'investigation.

La première piste qu'on peut suivre est... magnétique. On sait que F. Dolto affirmait qu'un enfant à l'âge préverbal peut fonctionner comme une bande magnétique. C'est-à-

1 F. Dolto, *op. cit.*, p. 213.

dire qu'il est capable d'enregistrer des phonèmes voire des mots et des phrases qu'il ne comprend pas *stricto sensu*. Il sait les engrammer, les emmagasiner dans sa mémoire, de telle façon que ces mots et ces phrases peuvent réapparaître plusieurs années plus tard, dans des circonstances et avec une pertinence psychologiquement significatives pour lui. Qu'on se rappelle la mention qu'elle fait d'une de ses élèves analystes, cas particulièrement émouvant pour ce qu'il joint en une seule image le début et la fin d'une vie.

Cette femme était atteinte d'un cancer incurable à l'époque mais assumait encore tant bien que mal sa vie professionnelle et sociale. À ce qui se révéla être sa dernière séance, elle raconta un rêve de bonheur indicible qui, disait-elle, l'aurait consolée de tout s'il avait été durable : « Ce bonheur venait de syllabes que j'entendais [dans le rêve], de syllabes qui ne veulent rien dire[1]. » Trois jours plus tard, elle était devenue paraplégique. La mort l'emporta peu après.

Cette femme, d'origine anglaise, avait vécu de l'âge de 1 à 9 mois en Inde. Elle était gardée par une jeune Indienne qui la tenait perpétuellement dans ses bras et la berçait. L'adieu qu'elle lui fit, d'après ce qu'on lui a raconté par la suite, fut déchirant. F. Dolto eut l'intuition que les syllabes incompréhensibles du rêve pouvaient être des mots prononcés par cette femme. Après enquête, il apparut que c'était une phrase que toutes les nounous de cette contrée disaient aux bébés : « ma petite chérie dont les yeux sont plus beaux que les étoiles ». Ces phonèmes, « qui s'étaient accompagnés de ce plaisir narcissique indicible qui a nom bonheur », avaient servi de viatique à cette petite fille qui perdait sa nounou porteuse, ses jambes en quelque sorte.

1 F. Dolto, *Séminaire de psychanalyse d'enfants*, t. II, Seuil, coll. « Points essais », p. 174 sqq.

Resurgis des années plus tard, elles annonçaient la perte de ses jambes à elle cette fois, et un adieu au monde.

Bornons-nous pour l'instant à retenir de cet exemple qu'un enfant qui n'a encore acquis aucune langue entend, comprend et mémorise des morceaux de langage sémantiquement et syntaxiquement pertinents. Com-prendre est ici à entendre au sens étymologique de « prendre avec » : l'enfant emporte avec lui un message codé dont il n'a pas le chiffrage, et ce message fait corps avec lui. Mieux, il a des effets à son insu sur son corps. Dans le cas de cette femme, c'est comme si son corps s'en souvenait : elle en rêve. Elle en rêve à un moment où, comme le dit F. Dolto, apparaît la même sorte de rupture de son schéma corporel que lors du premier événement. Autrefois, c'était le moment pour elle de se voir comme un corps autonome à l'aube de marcher : elle allait être séparée de ce corps-nounou qui était comme collé à elle, qui marchait pour elle et avec elle. Maintenant, c'était l'annonce de la paraplégie et de la séparation d'avec le monde vivant. Rêve prémonitoire ? On s'intéressera plutôt au fait que le corps ait mémorisé la phrase énigmatique, que donc le corps lui-même est en quelque sorte le lieu du langage. Mais, puisque le message est indéchiffrable comme tel et que pourtant le corps s'en souvient, c'est que le message est doublé d'un sens oublié ou plutôt rejeté, forclos. Le corps est dans ce cas comme un palimpseste, un parchemin dont le texte recouvre le sens effacé.

Peut-on parler d'une sémantique du nouveau-né ?

Nous avons déjà dit que le nouveau-né était sensible à la voix de sa mère. Il faut aller plus loin, en cherchant à savoir à quoi il réagit en l'entendant. M.-C. Busnel, chercheuse à l'INRA en physiologie acoustique, a depuis vingt ans entrepris de nombreuses études sur l'effet de la voix de la mère sur son enfant. Dans certaines de ces études, elle a observé la fréquence et la variabilité des rythmes cardiaques : chez le fœtus, chez le nouveau-né, chez le bébé prématuré. L'idée était d'interpréter ces fluctuations comme autant de réponses aux stimuli de la voix de sa mère, en éliminant bien sûr tous les artefacts d'un autre ordre avec la mère. Sans rentrer dans le détail de ses protocoles, rappelons qu'elle a au moins prouvé quatre points fondamentaux.

Premièrement, le bébé reconnaît préférentiellement la voix de sa mère : il manifeste qu'il « l'entend » mieux qu'il n'entend d'autres personnes. Deuxièmement, le bébé réagit plus quand la mère lui parle que quand elle parle à d'autres, les expérimentateurs en l'occurrence. Troisièmement, le bébé comme le fœtus réagissent quand la mère pense à eux et communique avec eux… par la pensée, même si c'est dans des proportions moindres ! Quatrièmement, et là c'est un champ immense qui s'ouvre à nous : non seulement le bébé réagit beaucoup plus à une histoire ou une musique connue qu'à d'autres qu'il entend pour la première fois, mais il se manifeste d'autant plus que ce qu'on lui raconte est porteur d'émotions pour lui ou sa mère.

Nous laisserons à chacun le soin de décider si cela signifie que le nouveau-né a une sémantique et qu'il est doué d'une (bonne) mémoire. M.-C. Busnel elle-même ne se reconnaît pas le droit de faire le saut qui consisterait à dire que les réactions de l'enfant signifient qu'il comprend au sens strict. Mais c'est évidemment un démarquage essentiel de ce que dit la psychanalyse.

Par ailleurs, c'est aussi une indication de prévention, car M.-C. Busnel montre qu'une sur-stimulation des fœtus annule l'effet espéré, quand elle n'est pas même préjudiciable à l'enfant. Voilà qui décevra les convaincus du training forcené dès le premier temps de la grossesse. Quelques moments musicaux avec le fœtus ne nuisent pas, bien entendu. Mais, comme elle l'a rappelé récemment, c'est une obligation éthique pour les scientifiques de dire que l'application systématique d'un apprentissage au fœtus est odieux et inutile[1].

Elle l'imageait en rappelant l'expérience célèbre faite par l'Américain Gilbert Gottlieb sur des canards. On sait que le caneton a un besoin vital d'apprendre dès la gestation à reconnaître la voix de sa mère. Dès sa sortie de l'œuf, en effet, il devra la suivre à la voix s'il ne veut pas mourir. On a donc cherché à savoir si, en reproduisant artificiellement les stimuli de la vie aérienne nécessaires au caneton directement dans l'œuf, on faciliterait au caneton son apprentissage. On a donc ouvert des coquilles et fait entendre aux fœtus la voix de leur mère en même temps qu'on leur illuminait l'œil. Résultat : catastrophique ! Les canetons n'ont rien pu apprendre, comme si les deux stimulations s'étaient annulées plutôt que de s'ajouter. La vision apparaissant chronologiquement plus tard, c'est probablement elle qui est responsable de l'annulation des capacités d'apprentissage auditif. Si on donnait les deux stimuli en alternance, les canetons avaient un apprentissage très retardé par rapport à la normale. Si on illuminait l'œil sans donner la voix de la mère, l'effet était nul. D'où l'on saura qu'il n'est nul besoin de sur-stimuler « nos chers petits canards » !

La parole du nouveau-né

Presque tous les neuro-biologistes acceptent maintenant l'idée qu'il n'y a pas d'acquisition ni de mémorisation pos-

1 M.-C. Busnel, intervention au IVe Salon international Psychiatrie et système nerveux central, Paris, 19 oct. 1996.

sibles sans participation « émotive », c'est-à-dire sans le concours du système limbique et du cortex cingulaire antérieur. Certains vont plus loin et laissent penser qu'en « engrammant » une perception on engramme l'émotion correspondante. Chaque information stockée est doublée par l'information émotive qui la concerne. C'est le sens de l'hypothèse des *marqueurs somatiques* de A. Damasio [1], pour qui chaque stratégie de prise de décision est influencée par des états généraux du corps qui renseignent le cerveau sur la conduite à suivre. Ces marqueurs du corps fonctionnent comme des signaux d'alarme : par exemple, le fait qu'on salive à l'idée de manger du foie gras ou qu'on ait mal au ventre en imaginant un plat de topinambours. Les structures qui sous-tendent ces marqueurs somatiques sont d'une part le cortex préfrontal, qui organise le classement des données qui concernent le monde extérieur et les événements particuliers de la vie de chaque individu, de l'autre le cortex somato-sensoriel qui traite toutes les informations dont nous avons parlé dans les chapitres précédents. C'est d'elles que dépend notre apprentissage de la vie. Autrement dit, et nous lui emprunterons le titre de l'un de ses chapitres : Pas de corps, pas de représentation mentale !

Karina ou la peur de vivre

Si nous avons cité ces quelques données sur le lien du langage, de l'émotion et du corps, c'est parce que les nouveau-nés que j'ai à entendre ne me parlent que de ça. Sans doute Damasio dirait-il qu'ils n'ont pas encore eu le temps de fabriquer ces *marqueurs somatiques*, mais le corps de ces bébés de 3 jours est le siège de toutes les alarmes : atteinte de la sphère respiratoire, troubles du système digestif, anor-

1 A.R. Damasio, *L'erreur de Descartes – La raison des émotions*, éd. Odile Jacob, 1995.

malités de la courbe pondérale, troubles du sommeil, anorexie du nourrisson, refus du sein, infections..., tout se dit là. Langage d'organes, comme l'on dit ? Pas vraiment. Sinon je ne m'expliquerais pas comment mes paroles peuvent avoir un effet direct sur ces maux du corps.

Karina est une petite fille de 2 jours, hypotonique, qui ne mange pas et dont la perte de poids est alarmante. Une sage-femme me l'a même décrite comme moribonde ! Quant aux parents, on me dit qu'ils sont comme paralysés, sans réaction autre que de souffrance impuissante devant les malheurs de leur fille. Je me rends à son chevet.

« Vous comprenez, madame, j'ai perdu mon petit il y a cinq ans pendant l'accouchement, c'était affreux ; et maintenant, Karina... »

Cette femme avait longtemps souffert d'une stérilité, dont plusieurs tentatives de fécondation *in vitro* entreprises à Béclère avaient finalement eu raison. L'enfant attendu, un garçon, était mort avant sa naissance.

« ... On avait tout bien préparé, vous pensez. Un berceau, un landau, un Maxi Cosi, des jouets... La robe de baptême était prête. À quoi ça a servi ? On a jeté tous les vêtements sauf ceux qu'on nous avait prêtés, il a fallu donner le landau à ma nièce parce qu'elle au moins est jeune, elle saura faire des enfants. »

Elle a 44 ans, et cette petite Karina qui s'est annoncée est son premier bébé vivant. Elle l'a installée à sa place dans son lit et la veille comme on veille un mort, assise en pleurs à ses côtés. Elle ne voyait à travers elle que son fils mort, le sort de Karina était lié dès lors à celui de son aîné : comme si d'avoir un enfant vivant était interdit pour elle.

« Et puis maintenant Karina qui ne veut pas manger, elle meurt à vue d'œil, ce n'est pas possible... On n'est pas superstitieux, mon mari et moi, mais cette fois-ci on a juré de tout faire pour ne pas que cela recommence. On n'a pratiquement rien acheté pour elle, pour ne pas tenter le sort. Juste ce qu'il faut, un pyjama, quelques biberons. Même ça, cela n'a pas suffi. Maintenant on voit bien qu'elle a du mal. »

La mère, immigrée, me parle de l'isolement dans lequel elle se trouve, et commence à évoquer le projet d'aller présenter l'enfant à ses grands-parents qui résident à l'étranger. Quelque chose de vivant pointe là, et j'en profite pour parler à Karina de ce deuil non fait du premier bébé qui semble lui barrer l'inscription dans sa filiation :

« Tes parents ont eu tellement peur que tu n'arrives pas à vivre, comme ton frère, qu'ils ne savent pas quoi faire ni penser. Mais toi, tu es différente de ton frère et tu as décidé de naître. Je ne sais pas si tu as décidé de vivre encore. Si tu veux vivre, il faut que tu manges pour que tu puisses grandir. C'est à toi de choisir, mais sache que tes parents sont prêts à tout pour t'aider. »

Aucune réaction de l'enfant. Je conseille à la mère de prendre Karina en « peau à peau » contre elle, pour rétablir ce lien avec elle qui paraît aussi fragile que la foi qu'elle a en sa vie. Je lui explique que Karina peut retrouver par là le soutien et la sécurité dont elle a besoin, puis je prends congé.

Dans le couloir, je retrouve la pédiatre et la puéricultrice qui s'occupent de Karina. La première considère comme une urgence vitale de faire grossir l'enfant, et pense au gavage. La seconde propose de donner le biberon en dehors de la présence de la mère plutôt que de le gaver. Elle ajoute que la mère va si mal qu'elle risque de transmettre son angoisse à son enfant et de lui couper pour ainsi dire l'appétit. L'une et l'autre insistent pour ne pas différer.

Sans mépriser la nécessité d'intervenir rapidement, je demande cependant qu'on attende encore quelques heures. Il me semble de première importance que Karina choisisse

elle-même de s'alimenter, et qu'elle règle cela avec sa mère. Nourrir Karina à l'écart de sa mère serait prendre le risque d'authentifier cette mère au narcissisme si fragile dans un sentiment d'incompétence qui aggraverait les choses.
La pédiatre accepta de surseoir. Trois quarts d'heure plus tard, Karina avait réclamé et avalé 50 ml de lait, donnés par sa mère. Elle reprit du poids dans les jours qui suivirent, et ses parents vinrent me dire leur soulagement au moment du départ.

Mathieu, le petit rapporteur
On dira, comme le professeur Lebovici, que lire le Bottin à ce bébé aurait eu le même effet. L'objection a son poids, mais on l'admettra difficilement venant d'un psychanalyste de cette qualité. Il est un bébé, en tout cas, que cela aurait fait hurler. Ce bébé s'appelle Mathieu.
Je l'ai rencontré en chambre 37 à la maternité, parce que sa mère s'angoissait à l'idée des problèmes qui l'attendaient à sa sortie de maternité. Nous avons eu un long entretien tous les trois. Au détour d'une phrase, elle m'a expliqué qu'elle vivait chez un « monsieur » qui lui prêtait deux pièces dans son propre appartement, en échange de menus services. C'était comme une gracieuseté qu'il lui faisait, mais évidemment cela n'allait pas sans poser à cette femme des problèmes de commodité pratique et d'intimité. Ces assauts de bonté allaient bientôt tourner court de toute façon, car la venue du bébé était moins du goût du « monsieur » en question.
La discussion a changé d'horizons, quand soudain elle a reparlé de ce « monsieur », mais cette fois-ci en le nommant : « M. X ». Et là, Mathieu a hurlé. Quand à la fin de l'entretien sa mère m'a susurré : « en confidence, je peux vous le dire, mais ne le répétez pas : M. X est le père de Mathieu », je n'ai pas eu de mal à lui répondre que j'avais

cru le comprendre, parce que Mathieu me l'avait déjà signalé. Coïncidence ?
Peut-être rêvait-il au Bottin...
En tout cas, il a réagi comme un seul homme à ce pont-aux-ânes de la psychanalyse des dernières années : que c'est à la mère de nommer le père aux oreilles de l'enfant. La place du nom du père n'était plus vacante pour Mathieu dès cet instant. Si l'un ou l'autre des parents s'en sentent gênés aux entournures, parions que l'inconscient de Mathieu, moyennant une amnésie infantile caractérisée par exemple, pourrait bien plus tard en voiler pudiquement la statue. Un oubli diplomatique est si vite arrivé !...

On dira encore que la seule circonstance où il puisse être utile de parler au bébé, c'est dans le but de toucher indirectement ses parents qui supporteraient mal de s'entendre dire certaines choses *ex abrupto*. La remarque est élégante et habile, et dans certains cas on ne ferait pas autre chose. Mais n'est-il pas irrespectueux de s'en tenir à cette « ruse » ? Irrespectueux, non pas des parents, ni du bébé : mais de la vérité ?
Car si un praticien peut juger superflu de parler à un nouveau-né, il n'ignore pas qu'il arrive à l'enfant d'entendre quelque chose de ce que lui disent ses parents. S'il l'entend d'eux, pourquoi pas de lui ? Quant aux expérimentateurs qui enregistrent une bande vidéo d'un entretien qu'ils ont avec un bébé, en s'adressant à lui pour mieux la toucher, puis qui repassent la bande à la mère pour lui faire « entendre » de quoi il retourne, que font-ils ? Ils prouvent la validité de leurs hypothèses à la mère, et à nous lecteurs aussi sans doute. Et ils démontrent qu'ils savent convaincre. Nous applaudissons tous à tant de perspicacité déroulée devant nos yeux. Mais nous ne sommes plus là dans le champ de la psychanalyse ; nous sommes dans celui

de la pédagogie, laquelle ne paraît pas particulièrement appropriée au travail en maternité.

Dès que c'est possible, il vaut mieux rendre à César ce qui lui appartient : si les parents sont au centre du problème, c'est à eux qu'il faut parler. Si c'est l'enfant, que ce soit à lui qu'on s'adresse. Après tout, c'est lui le patient !

Maurice et le marabout

À l'inverse, il m'arrive de parler à une mère pour que son enfant entende. C'est le cas pour les bébés prématurés et, aussi, celui de Marie Perrier, que j'ai déjà mentionnée. Je parle à leur mère à défaut de pouvoir m'adresser à eux directement, dans l'espoir que sa mère le fasse, car je sais que ce ne sera pas sans effet. Je peux aussi m'adresser à la mère ou au père en présence du bébé, comme dans le cas évident où la solution dépend d'eux. C'était le cas pour Maurice.

Maurice, vieux de 6 jours, avait un problème de poids, lui aussi. Lui, c'était sa ligne qu'il n'arrivait pas à garder, déjà. Je dis cela en souriant, mais son grossissement était menaçant pour lui. Personne ne comprenait pourquoi il enflait comme cela, comme la grenouille de la fable. Ni les membres de l'équipe ni ses parents. Il était le cinquième de la lignée, né de parents africains on ne peut plus joviaux, avec une mère tendre et attentive comme on n'oserait en rêver. Mais le marabout que consultaient volontiers ses parents pendant la grossesse l'avait désigné comme « différent ». Ce mot sur le destin de l'enfant avait mis le père dans un état de panique intense. Ce dernier nous a alors parlé d'un ton très calme des cauchemars terrorisants qu'il avait faits à propos de l'enfant les derniers temps, ce qui eut pour effet immédiat de réveiller Maurice en sursaut et de le faire crier. (Au moins cet enfant entendait-il son père, s'il ne m'entendait pas moi ! Encore une coïncidence sans doute, qui fait qu'il réagisse avec frayeur à la voix familière d'un père qui parle en toute sérénité des rêves les plus horribles.) La mère partageait l'inquiétude de son mari sur un autre mode, je m'en suis rendu compte pendant l'entretien. Dès que le bébé se manifestait d'une quelconque façon, elle prenait peur, pensant à son inquiétante « différence ». Alors, systématiquement, elle le mettait au sein. D'ailleurs, comme elle me l'a dit, elle pratiquait la même stratégie pour le « calmer » depuis une semaine. D'où le grossissement. En croyant le « calmer », lui, elle se rassurait, elle. Comme Maurice était bon prince et fils intelligent, il tétait de bonne grâce. Assurant ainsi à sa mère qu'il n'avait pas du tout peur des cauchemars de son père, mais que, comme elle se l'imaginait, il avait faim. En tout cas, quand j'ai à mon tour rassuré les parents en leur expliquant qu'il serait peut-être « différent » à l'avenir, mais que pour l'instant c'était à eux de le protéger et pas l'inverse, il n'a plus eu autant faim, semble-t-il. Dans les deux jours qui ont suivi, les choses sont rentrées dans l'ordre et la courbe de poids de Maurice a repris un aspect normal.

Les dispositions du nouveau-né au langage

Acquérir le langage est une chose, avoir les dispositions pour le faire en est une autre. De même que comprendre une langue est une chose, la parler est une autre affaire. Sur ces deux points, psychanalyse et neurobiologie s'accordent : le bébé humain n'a pas acquis le langage, mais il a déjà en place des mécanismes qui lui permettent de le faire, à la différence des autres bébés primates. C'est du moins l'avis d'un groupe des plus importants et des plus novateurs en neurosciences. Dans un ouvrage récent[1], Edelman pré-

[1] G.M. Edelman, *Biologie de la conscience*, éd. Odile Jacob, 1992. Voir en particulier le chapitre 12, « Langage et conscience d'ordre supérieur », et l'épilogue, « L'esprit sans la biologie : postface critique ».

sente des thèses sur le langage qui, si elles peuvent sembler rebutantes au premier abord pour un non-spécialiste, donnent le plaisir de découvrir du nouveau.

Reprenons sa démonstration en la schématisant. Pour parler et comprendre le langage, et pour construire en nous un langage, il faut au moins deux étapes, dit-il. D'abord avoir une conscience qu'il appelle primaire des choses, c'est-à-dire être capable de sérier nos perceptions en fonction de nos expériences passées et des « coûts » qu'ils ont entraînés (satisfaction ou déplaisir). Il s'agit de réagir aux informations que voudra bien nous présenter la réalité du présent, et de les faire passer au sas de notre mémoire. Sans cette faculté, il devient problématique de parler. On peut citer à cet égard l'exemple de ce qu'on appelle « l'aveugle voyant » (*agnosie visuelle*). L'aveugle voyant est une personne qui a eu une lésion du cortex visuel primaire, qui voit toujours très bien, mais qui dit qu'il ne voit pas ! Par exemple, il peut très bien saisir une fourchette et s'en servir comme il se doit, mais si on lui demande ce qui est posé sur la table devant lui, il répondra : « Je ne vois rien. » Cette conscience primaire fait intervenir une première boucle (Edelman dit un premier *bootstrapping* perceptif) entre deux types de structures nerveuses différentes : le système limbique et le tronc cérébral qui traitent lentement les informations en fonction du plaisir ressenti, et le système thalamo-cortical qui analyse rapidement ce qu'il peut apprendre de la nouvelle situation. Jusque-là rien de trop compliqué, et après tout nous différons peu en ce sens de nos confrères chimpanzés. Dans ce système, nous sommes soumis à la seule tyrannie des expériences du présent, et nous sommes limités dans nos perspectives.

La deuxième phase consiste en ce qu'Edelman appelle une conscience d'ordre supérieur, laquelle conscience serait la caractéristique première de l'humain, et donc intimement liée au langage. Elle consiste, grâce au langage, à faire nôtres les sensations auxquelles notre conscience primaire a accordé telle ou telle valeur, à les « incarner ». Nous parlions tout à l'heure des nez dans la parfumerie, on peut aussi citer les taste-vins. Selon Edelman, leur talent « peut être considéré comme le résultat d'une passion fondée sur des sensations qui deviennent de plus en plus fines grâce au langage ». Du point de vue neuro-physiologique, cette conscience d'ordre supérieur est le fruit d'une deuxième boucle (*bootstrapping* sémantique) entre les aires corticales du langage, grâce auxquelles s'élaborent et se mémorisent les mots et les phrases, leur résonance, leur signification et leur syntaxe, et le cortex préfrontal responsable du classement des idées. En effet, pour parler, il faut émettre des sons, mais des sons en relation avec des idées qui ont un sens. L'intéressant est qu'Edelman fait de ces capacités l'équivalent, je cite, d'une *mémoire symbolique*. C'est-à-dire qu'on ne parle pas seulement parce qu'on veut dire quelque chose, mais on parle parce qu'on invente, parce qu'on imagine en parlant, et parce qu'on parle de soi face au monde en parlant de la pluie et du beau temps. Évidemment cette perspective réjouit le psychanalyste, parce que, au-delà de l'explication qu'on peut donner des fonctionnements cérébraux, elle attire l'attention sur la singularité de chacun. La création dans le langage, c'est une affaire personnelle ! C'est le fait de chaque être face aux questions qui hantent sa vie, c'est son parfum si l'on peut dire ! Comme psychanalyste, on ne s'intéressera que de loin à la question de savoir si la parole est une compétence *acquise* (sous l'influence de la communauté à laquelle on appartient) ou si le dispositif d'acquisition du langage est *inné*. Il importe plus de dire que le langage, comme les sensations, se construit avec l'autre, et d'ajouter grâce à la pratique avec les bébés que cette construction est plus précoce que l'apparition du langage parlé lui-même. Comme le dit Edelman : « L'attribution de signification aux symboles ne s'effectue pas de façon formelle ; au contraire, on suppose que les structures symboliques ont un sens dès le départ[1]. » Et plus loin : « Ce qu'il importe de comprendre, c'est que les modèles cognitifs idéalisés font appel à l'incarnation conceptuelle et que celle-ci s'effectue grâce à des activités corporelles antérieures au langage[2]. »

Il est d'autant plus intéressant d'entendre Edelman expliquer que, « lorsque les symboles [employés] ne correspondent pas directement à ce qui existe dans le monde, les êtres humains utilisent des métaphores et des métonymies pour établir des liens[3] ». Voilà qui rejoint tout un pan de la théorisation psychanalytique sur les thèmes de la condensation et du déplacement dans le rêve, traduits par d'autres sur le plan de la métaphore et de la métonymie. Ce n'est pas le lieu de les reprendre, sinon pour citer la boutade de Lacan à propos de la créativité du langage : si la métaphore, c'est prendre un mot pour un autre, alors les erreurs d'enfant sont créatrices. « Le chat fait oua-oua, le chien fait miaou-miaou... Voilà comment l'enfant épelle les pouvoirs du discours et inaugure la pensée[4]. »

J4 : le moment de se faire entendre[5]

Ainsi, le cerveau humain serait programmé pour la parole. Au moins pour émettre des sons. Un bébé, à la maternité comme ailleurs, cela gazouille, cela crie, cela pleure, cela sourit. Est-ce pour autant un langage ? On ne peut en tout cas refuser l'évidence que c'est une tentative de communication. Certes, la pratique quotidienne avec les bébés montre que ce n'est pas une communication ciblée comme un dialogue de théâtre. C'est plutôt de l'ordre d'un pavé lancé

1 G.M. Edelman, *op. cit.*, p. 315.
2 *Ibid.*, p. 322.
3 *Ibid.*, p. 315.
4 J. Lacan, *op. cit.*, p. 891.
5 On reprend là l'habitude professionnelle d'épeler par abréviation les jours qui suivent la naissance : J_1, J_2 ..., J_n.

dans la mare, d'un appel à la cantonade : à bon entendeur salut !

À la maternité, on entend d'abord des pleurs, évidemment, puisque c'est le mode d'expression vocal favori des nouveau-nés. Il arrive que le niveau sonore ou lacrymal dépasse le seuil de tolérance des adultes, et qu'on nous demande d'intervenir. Je me rappelle avoir pu interpréter à un bébé de 4 jours les raisons de ses pleurs qui duraient continûment depuis sa naissance. Une des puéricultrices de nuit m'avait fait savoir qu'elle ne l'avait plus entendu depuis lors. Elle avait ajouté : « Si j'avais su, je l'aurais signalé avant ; cela m'aurait évité trois nuits harassantes ! » À lui aussi sans doute... Si cette puéricultrice avait signalé cet enfant, cela prouve qu'elle savait que l'enfant disait quelque chose, et qu'un psychanalyste pourrait peut-être l'entendre.

On entend aussi des pleurs et des paroles de joie dans les services. Comme ceux de cette femme médecin accoucheuse, qui sautillait dans les couloirs qui jouxtent les salles de travail, en sabots et tenue de chirurgien, faisant des entrechats et criant entre deux hoquets qu'elle « avait fait un bébé comme elle les aimait ». Plus généralement, un service de maternité ressemble quelquefois à une salle de répétition où chacun s'accorde avant le concert : on racle les gorges ou la colophane des archets, on s'accorde, on fait ses gammes, ses essais de voix, tout cela dans la plus stricte indépendance de son voisin.

On crie aussi, dans les chambres de la maternité. Dans le meilleur des cas, on gazouille ! C'est courant, d'ailleurs, et cela donne à tout le monde de l'énergie. Ce n'est pas anodin. C'est même une des pistes qu'il nous faut suivre pour parler du langage, au même titre que l'hypothèse de F. Dolto sur la répétition chronologique et les hypothèses des neuro-sciences. Si l'on écoute Boris Cyrulnik, l'éthologue spécialiste des comportements humains, cris et gazouillis sont même comme un embryon de parole. La preuve ? Cyrulnik a enregistré des cris de nouveau-nés qu'il a étudiés à l'analyseur de fréquences. Il s'est aperçu que les histogrammes de ces cris n'avaient pas du tout la même forme suivant qu'ils étaient « entre eux » et se « répondaient » de berceau à berceau, ou que des adultes étaient parmi eux et se parlaient. Pour tout dire, dans un cas c'était cacophonique, dans l'autre, dès le quatrième jour, ça prenait une allure nettement mélodique[1]. L'expérience est décisive. Elle prouve que, comme les sensations dont nous parlions tout à l'heure, la parole (de l'un, le bébé) a besoin de la parole (de l'autre, l'adulte).

Un tel argument me permet de mieux comprendre le baby blues, qui comme on le sait apparaît vers le troisième-quatrième jour. Pendant les premiers jours, tout se passe comme si les bébés ne produisaient en fait de sons que des cris qui sont autant d'échos phoniques de leur état. Un discours froid et réaliste en somme. Ils crient pour constater leur manque : « j'ai faim », « j'ai froid », « j'ai sommeil et il y a trop de bruit », ou bien « je suis mal installé », « j'ai mal au ventre ». C'est une simple constatation de ce qu'ils ressentent, une sorte de psalmodie traduisant leurs sensations. Puis, d'un seul coup, un autre mécanisme intime et délicat se met en place entre la mère et l'enfant, du fait que l'enfant se rend compte que c'est elle qui pourvoit à ses besoins. Une nouvelle sorte de modulation langagière se fait entendre, qui varie en fonction de la mère et s'adresse à elle.

Si cette nouvelle communication vocale échoue, du fait par exemple d'une dépression trop forte de la mère, le nou-

1 B. Cyrulnik, *La naissance du sens*, Hachette, 1991.

veau-né pourra se rabattre sur un symptôme : ce seront par exemple, en lieu et place des pleurs, une forme de colique du nouveau-né, ou bien des régurgitations, ou encore des vomissements. On peut même à ce moment-là entrer dans un véritable jeu de Ping-Pong entre l'enfant et la mère, comme les pédiatres le savent bien.
C'était le cas de cette femme dont les deux enfants avaient souffert de coliques du nourrisson. Elle supportait tellement peu qu'ils digèrent mal que le moment de les nourrir devenait un supplice pour elle. Elle était angoissée parce qu'ils avaient mal au ventre, et on peut bien supposer qu'en retour ils avaient mal au ventre de sentir l'angoisse de leur mère ; c'était comme un puits sans fond. Au bout de trois ou quatre mois heureusement, leur système digestif étant devenu mature, ils avaient trouvé tout seuls une autre façon de fonctionner, avaient arrêté de régurgiter et d'avoir mal au ventre, et tout était rentré dans l'ordre. En fait, cette mère se sentait coupable de n'avoir pas allaité, et mettait sur le dos du lait artificiel les coliques de ses enfants. Précisons que l'argument est fallacieux et que les laits artificiels du commerce sont extrêmement bien tolérés maintenant. Mais pour elle, c'était la vraie raison. Jusqu'au jour où son père, la voyant s'angoisser devant les spasmes digestifs de son deuxième fils à qui elle avait donné un biberon, lui a glissé innocemment : « ... Ça se passe comme avec toi, finalement ; ils te ressemblent.
– Comment, mais moi j'étais au sein ?!?
– C'est vrai, mais tu avais tout le temps mal au ventre. On ne savait pas comment te soulager au début, ta mère et moi. Je me souviens, on marchait toute la nuit à tour de rôle pour te bercer ! »
Elle s'est mise à penser qu'on pouvait tout de même être une bonne mère quand on donnait des biberons ! Cette femme en fut comme soulagée. Ses enfants à venir en seront

d'autant plus à l'aise : peut-être auront-ils moins mal au ventre, ou peut-être s'autorisera-t-elle à les allaiter...

Le bain de langage et le premier sourire

Et les sourires ? Ah, la beauté d'un premier sourire... Eh bien, non, selon Cyrulnik, c'est une illusion d'optique ! Le premier sourire est la conséquence de la sécrétion d'un neuropeptide, et la mère ferait un contresens en l'interprétant comme un frais qu'on lui fait. Il a déjà été répondu à ce truisme, par une simple question : qui fait le contresens ? La mère, qui se contrefiche de savoir quelle sécrétion cérébrale est en jeu, ou le chercheur qui pense que la joie de la mère n'est qu'une conséquence annexe de la biologie ? Mais suivons Cyrulnik. Il prend le contre-exemple du baby blues, soit de ces femmes déprimées qui restent de marbre quand leur bébé sourit. Elles créent autour de lui ce qu'il appelle un « monde sensoriel froid » et compromettent par là son sommeil, et donc sa croissance future.

C'est assurément le risque dans les dépressions graves. Mais on n'observe pas cela dans le baby blues classique, dans cette dépression normale sinon nécessaire qui affecte la majorité des parturientes, à un degré ou à un autre. Au contraire, la lassitude de ces mères – « je ne sais pas m'occuper de lui, je n'y arriverai jamais » –, cette dépression légère semble être un appel *nécessaire* à l'enfant pour qu'il réagisse en humain. Sa réponse à lui signera le début de la communication orale.

Cette thèse demande à être étayée par des exemples cliniques, et, par souci de clarté, on se réserve d'en donner une explicitation plus détaillée dans le chapitre dédié aux limbes. Au-delà de cette petite divergence avec Cyrulnik, on reste comme lui persuadé de la nécessité du bain de langage que démontre tous les jours la clinique. Peut-être Cyrulnik nous jugera-t-il en cela fidèle à ce qu'il énonce plus loin :

« Non seulement il faut des pré-requis neurologiques pour que l'accès au langage soit ouvert, mais il y faut aussi des pré-requis affectifs ! Le système comportemental qui *supporte* la parole et la fait advenir suppose la présence autour de l'enfant de quelque autre être à qui parler, pour qui parler ; il faut qu'à la parole propre réponde une autre parole[1]. » Cyrulnik démontre l'existence de ce bain de langage à propos du processus de désignation, qu'il pense être le prodrome de l'accession au symbolisme et au langage. À la différence des autres primates, en effet, l'homme apprend *spontanément* à pointer du doigt pour montrer un objet, et à comprendre ce qu'un autre lui désigne du doigt. Il acquiert cette habileté vers 1 an, selon les observations de Cyrulnik. Ces observations ont fait l'objet d'enregistrements vidéo, et il a remarqué en visionnant ces bandes que l'apparition du pointage du doigt chez un enfant se double invariablement d'un autre comportement : l'enfant se met à regarder le parent ou l'adulte qui se trouve avec lui sur le lieu de « l'expérience » et tente d'articuler un mot à leur adresse. C'est pourquoi l'éthologue peut dire que « le langage (...) s'instaure non dans un face-à-face de l'enfant avec la chose qu'il désigne, mais à la faveur d'une double référence affective à la chose et à la personne d'attachement[2] ».

La disposition à syllaber

Quelques mots encore sur la communication *du* et *avec* le nourrisson. Nous les emprunterons à la neurologue et aphasiologue Gisèle Gelbert, dont la théorisation a ouvert une nouvelle approche clinique des troubles du langage d'une extraordinaire efficacité.

Pour elle, c'est parce qu'on parle à l'enfant, qu'il va parler

1 B. Cyrulnik, *op. cit.*, p. 57 sqq.
2 *Ibid.*, p. 55.

lui-même. Au début était le verbe ? Non, au début était la pensée, appuyée par cette « structure portée par l'enfant dès avant toute parole extérieure[1] ». Le cerveau humain est programmé par la parole, l'enfant est dans une « disposition à syllaber ». Mais entre entendre ou discriminer des sons et les reproduire, il y a un pas ; entre les reproduire et en créer, encore un autre. D'après Gisèle Gelbert, c'est l'apparition de « proposés oraux extérieurs » (de la mère par exemple) qui, par l'intermédiaire de modèles internes complexes qu'elle définit, vont permettre chez l'enfant des « proposés oraux propres ». Cette parole que l'enfant entend « va simultanément être écoutée et analysée ». La langue entendue deviendra *sa* langue.

Gisèle Gelbert choisit d'exclure de sa démonstration tout contexte psycho-affectif, préférant s'en remettre à d'autres pour ce faire. Les psychanalystes diront donc qu'il n'est pas de psychique sans affectif, et que le second structure le premier. Retenons des avancées de cette neurologue que l'enfant parle parce qu'on lui a parlé. Ce n'est pas là simple truisme, car cela implique d'une part que la langue dite maternelle se construit – avec – la mère, après la naissance, et de l'autre qu'elle prend appui sur du psychique qui existe – avant – la naissance.

Sur ce problème de « langage » des nouveau-nés, on aura compris que le terrain est encore en friche. On voit assez, dans les tentatives d'explications scientifiques, l'incertitude qui reste sur ce qu'ils « comprennent » et ce qu'ils « disent ». En quelle langue parlent-ils ? Nous ne le savons pas. Nous savons qu'ils ne comprennent pas au sens linguistique du terme : leur sémantique (sémiotique), leur phonétique et leur syntaxe ne sont pas les nôtres. Par

1 G. Gelbert, *Lire, c'est vivre*, éd. Odile Jacob, 1994.

contre, la clinique, appuyée par l'écoute psychanalytique, fournit la certitude qu'ils « comprennent » et qu'ils « disent ». Comment parlent-ils ? En version originale, singulière, sans sous-titre. On ne saurait le justifier autrement que par l'exposé de cette clinique, en essayant de faire entrevoir l'émotion qui peut être celle d'un psychanalyste quand un enfant s'adresse ou répond à telle ou telle de ses interventions. Prétendre dire plus serait présomptueux, ce serait risquer de tomber dans « un état bien dangereux : croire comprendre[1] », comme disait Valéry. « L'esprit clair fait comprendre ce qu'il ne comprend pas », ajoutait-il. C'est à cet idéal qu'il faut tenter de se tenir. Une façon comme une autre de se mettre à l'école des nouveau-nés en détresse. Car que font ces bébés, sinon tenter de faire comprendre à qui veut les entendre ce qu'ils ne comprennent pas, et qui les affecte dans leur chair ?

La mémoire

Edelman parlait de « conscience primaire » et de « conscience d'ordre supérieur »... *Quid* de l'inconscient dans tout cela ? La prise en compte de l'inconscient, curieusement, nous vient en cette fin de siècle de chercheurs qui s'intéressent à la mémoire. Rien d'étonnant finalement, si on part du principe que tout ce dont nous avons parlé, à savoir la sensorialité fœtale et précoce, la répétition, le langage, ont la mémoire comme condition commune.

Avec sa découverte de l'inconscient, Freud pensait amorcer une révolution au même titre que Copernic et Darwin. Avec Copernic, disait-il (encore que ce ne soit pas exacte-

1 P. Valéry, *Tel quel*, Gallimard, « Pléiade », p. 497.

ment lui le premier responsable), la Terre perdait le privilège d'être le centre du monde. Darwin avait fait perdre à l'homme sa primauté d'espèce. Et lui, Freud, venait annoncer que « le moi n'est plus maître en son propre logis », et que la conscience pouvait être débordée par une pensée insue. Pensait-il que cette blessure pour l'orgueil de la race humaine était l'aube d'une nouvelle ère ? Il serait déçu, car nous vivons à une époque qui semble tourner le dos à cette vérité, et à la force du symbolique. Dommage. Elle l'arrêterait sans doute dans sa course à l'image reine, à l'argent commandant suprême et au fait du prince médiatique.

Bien sûr, la littérature du XXe siècle continue à faire une place à l'inconscient ; ses plus belles œuvres en font foi, ainsi que les confidences de ces écrivains qui trouvent une nouvelle force dans le fait que l'écriture dépasse son auteur. La philosophie est plus timide sur le sujet, malgré la singularité de nombreux philosophes français. Derrida dénonçait encore récemment l'illusion de croire qu'« une fois assimilée ou domestiquée, la psychanalyse pouvait être oubliée. Elle deviendrait une sorte de médicament périmé au fond d'une pharmacie. Ça peut toujours servir en cas d'urgence ou de manque, mais on a fait mieux depuis[1] ». Il y voit une « dénégation inventive ou arrogante », dont il ne tient pas peu la psychanalyse elle-même pour responsable, mais c'est une autre histoire... En tout cas, heureusement pour elle, la psychanalyse n'est pas un médicament !

La démarche scientifique, elle, est des plus exigeantes sur la « vérité » puisqu'elle se donne pour principe de l'expérimenter et de la vérifier. Pourtant, elle a du mal à s'intéresser à la vérité inconsciente, car elle contredit l'idéal de maîtrise qui la caractérise. Nous avons cité Edelman, dont la volonté de bâtir une épistémologie fondée sur la biologie

1 J. Derrida, *Résistances*, éd. Galilée, 1996.

et intégrant l'inconscient est courageuse à défaut d'être satisfaisante. Sa tentative est précieuse pour le monde de la pensée. Si sa prudence et son humilité lui font honneur, on voit mal comment, en ce qui concerne l'inconscient, elle pourrait aboutir quand il dit : « [les] mécanismes inconscients bloquent et perturbent ce que nous considérons comme des suites de pensées transparentes et évidentes ». Pour un psychanalyste, l'inconscient n'est pas un blocage ni une perturbation en soi, encore moins une maladie. C'est de ne pas en tenir compte qui bloque et perturbe, et fait le symptôme. L'inconscient, c'est même la condition de « pensées transparentes et évidentes ». Pourquoi alors vouloir faire de l'inconscient une entité neuro-biologique, quand justement Freud n'a dû sa découverte et son invention de l'inconscient qu'au deuil qu'il a fait de ses recherches biologiques et neurologiques ?

Malgré tout, c'est des neuro-sciences que semble actuellement venir un étai possible aux positions de Freud. Le psychiatre et psychanalyste Daniel Stern, un des pionniers de l'observation des nourrissons, rappelle que la mémoire garantit pour le nourrisson la *permanence de soi*, qu'elle donne au nouveau-né un sens à la volonté de « continuer à être », comme disait Winnicott. Si les conclusions cliniques que D. Stern tire de ses hypothèses n'emportent pas toujours un accord unanime, ce nouveau développement est cependant particulièrement intéressant. Pour lui, la mémoire se construit avec l'autre, suivant les modalités de ce qu'il appelle des *représentations d'interactions généralisées* (RIG). Avec sa mère, le bébé apprend à distinguer, catégoriser et mémoriser « les *épisodes spécifiques* de sa vie (par exemple "cette fois-là, où Maman me mit au lit, elle était bouleversée et fit les rituels du coucher l'esprit ailleurs, et j'étais épuisé, et elle n'a pas pu m'endormir") et les *épisodes généralisés* ("ce qui arrive quand ma mère m'endort")[1] ». La base de la mémoire est par là même affective autant que perceptive. Il semble bien que la neurobiologie en vienne maintenant à démontrer cette thèse. Si le lecteur n'est pas rebuté par l'exposé de théories scientifiques, il en trouvera plus loin des aperçus éclairants.

Une mémoire créative

De quelle mémoire parlons-nous ? D'une mémoire bien singulière, fidèle et incorrecte à la fois : humaine, trop humaine. Ainsi, il y a des événements qu'on n'oublie pas en général, comme les morts de ceux qui nous sont proches. Les nouveau-nés n'oublient pas non plus. Nous avons cité l'enfant reçu par A. Piontelli qui cherchait en tout lieu son jumeau mort *in utero*. J'ai malheureusement vu beaucoup de cas similaires à Béclère, où le nombre de grossesses gémellaires ou triples est bien supérieur à la moyenne. Cela s'explique par la particulière qualification du service du professeur Frydman en matière de procréations médicalement assistées, lesquelles génèrent encore de nombreuses naissances multiples. À cela, il faut ajouter l'élaboration du réseau hospitalier qui fait de cette maternité un pôle de référence en mesure d'accueillir les grossesses à hauts risques – pour la plupart des grossesses multiples – transférées d'autres maternités.

Parmi les jumeaux à qui il est arrivé cette funeste aventure et qui sont signalés parce qu'ils pleurent trop, qu'ils ne mangent pas ou que leur mère est déprimée, pratiquement tous retrouvent leur équilibre quand on parle avec eux et

1 D. Stern, *Le monde interpersonnel du nourrisson*, PUF, 1989, p. 227.

leurs parents du deuil à faire de leur frère ou de leur sœur disparus. C'en est au point qu'on peut en faire un motif de prévention systématique à l'instar des naissances prématurées ou des séparations d'avec la mère. Les sages-femmes viennent d'ailleurs spontanément dans des cas épineux comme ceux-là et me disent : « Mme X a eu un enfant dont le jumeau est mort à un mois du terme. Il pleure sans arrêt. Que fait-on ? » ou « Cette dame avait une grossesse triple, mais l'un des trois est mort ».

En général, les parents informent spontanément leur bébé de la douleur qu'ils ont à affronter. Il arrive néanmoins qu'un symptôme nous signale qu'ils ont peut-être besoin d'un coup de pouce.

Ce coup de pouce consiste une fois de plus à parler aux nouveau-nés. Pourquoi leur parler ? Parce que, encore une fois, c'est une façon de faire le pont entre les sensations de ces enfants dont on sait qu'ils ont vécu la mort de leur compagnon de grossesse et la souffrance qui en porte comme l'écho désespéré après la naissance. Le deuil périnatal est toujours à prendre en considération.

Tout se passe en effet comme si ces nouveau-nés se remémoraient l'événement *à faux*, mais non pas *à tort*. À faux parce que leurs symptômes peuvent sembler insensés, sans limite « raisonnable ». Mais à raison dans le sens où la douleur postnatale dont ils proviennent est parfaitement motivée. Si on prend comme exemple le cas extrême des nouveau-nés qui non seulement se rappellent un deuil, mais un deuil qui n'est pas le leur, on comprendra pourquoi nous parlons de se souvenir *à faux*, mais non pas *à tort*.

La dame en noir

Il s'agissait d'une femme qui avait eu la douleur de perdre sa sœur puis, au cours de sa grossesse, sa mère. Appelons-la la dame en noir, car dans son lit d'accouchée elle semblait encore drapée de l'horrible linceul. « Économie, économie ! » Pour elle comme pour Hamlet, « les rôtis des obsèques ont garni de viandes froides les tables nuptiales ». Cette femme était triste à l'extrême, mais elle cherchait à faire bonne figure à son enfant. Le rapport qu'elle mettait entre la mort et cette naissance, c'était sa désolation que sa mère ne puisse voir sa petite-fille Éva. L'enfant, elle aussi, pleurait, mais de pleurs terribles, gutturaux, insoutenables. Pour moi qui aime l'opéra, j'y entendais le grain de voix qui fait d'un cri une douleur incarnée. Elle pleurait de souffrance, alors qu'elle ne manquait ni de sommeil, ni de nourriture, ni de soins et de consolations : c'était au-delà du manque et du besoin. Je parle d'opéra, parce que ses pleurs étaient publics : elle avait pratiquement phagocyté la réunion avec les nouvelles accouchées que nous avions ce jour-là. Elle avait pleuré en continu durant cette réunion, et l'assistance, loin d'être agacée, avait été gagnée par la peine que cette enfant psalmodiait.

On dit que les pleurs d'un nouveau-né déclenchent chez sa mère la montée de lait[1]. Je donnerai plus loin mon avis sur cette question. En tout cas, pendant l'entretien qu'elle eut avec moi, la dame en noir se plaignait de ne pas avoir de lait, et y voyait la raison des pleurs de son bébé. En fait, il ne mourait pas vraiment de faim, c'est pourquoi l'équipe hésitait à lui donner un substitut du lait maternel de peur de bloquer la montée de lait. Elle avait bien eu une montée de lait un peu retardée ; mais de là à en inférer qu'elle faisait mourir de faim son enfant, comme elle le pensait… Le lait est venu dans les deux heures qui ont suivi notre entretien, ce qui certes correspondait au terme attendu,

1 Sur la question du rapport du bébé à sa mère pendant la tétée, lire A. Naouri, « La bouche et le vœu tu », in *Revue de Médecine psychosomatique*, sept. 1987.

mais laisse à penser que cet entretien eut un effet cathartique.

Par ailleurs, plus elle était sensible aux pleurs de son enfant, plus elle se sentait impuissante. Du coup elle le pensait inconsolable. C'est elle qui l'était. Comme je l'ai dit, la mère de cette femme était morte pendant qu'elle était enceinte. Ses rapports avec elle avaient toujours été difficiles, et si jamais il y avait eu tendresse maternelle dans cette famille, ce serait celle de la dame en noir elle-même, qui s'occupa de sa sœur comme s'il s'agissait de sa fille. Pourtant, quand la grossesse s'était déclarée, sa mère s'était rapprochée d'elle. Dans un moment de tendresse qu'elle ne lui connaissait pas, elle lui avait confié qu'elle était sûre qu'elle serait une bonne mère. Elle l'avait soutenue, épaulée, assistée, comme jamais elle ne l'avait fait. Comme disait la dame en noir : « J'avais enfin une mère ! » C'est cette nouvelle mère-là dont la dame en noir portait le deuil : cette mère qu'elle avait enfin trouvée, et aussitôt perdue, qui l'assurait de sa confiance. La perdant, elle perdait aussi l'assurance de pouvoir être une « bonne mère », et même d'avoir assez de lait pour nourrir son enfant. Elle s'imaginait que son bébé en payait l'addition.

Je pense que le bébé ne payait rien ; il comptait les points. Il avait enregistré les changements « humoraux » et le stress de sa mère à l'annonce de la mort de sa grand-mère, les avait mémorisés, et pleurait lui aussi cette mort, mais sans savoir vraiment pourquoi. Sa mère était tellement prise par le deuil, avait tant de mal à lui donner de la vie, qu'elle n'avait pas pris le temps de lui parler. L'enfant pleurait parce qu'il croyait être la cause de la douleur de sa mère. Comme il se sentait incapable de la consoler, il pleurait de plus belle : c'était une façon de l'« occuper ». C'est ce cercle infernal qu'il me fallait rompre, en disant au bébé qu'il pouvait bien se rappeler la douleur éprouvée par sa mère pendant la grossesse, mais qu'il n'en était pas responsable ; à la mère, que la mort de sa propre mère n'était pas le mauvais oracle qui ferait d'elle une mère incapable de nourrir son enfant. C'était peu, c'était assez : les pleurs de l'enfant cessèrent, et la montée de lait qui se produisit dans les heures qui suivirent acheva de rassurer la dame en noir et son enfant.

Les cartes neuronales

On va nous accuser de prendre l'effet pour la cause, de confondre un trouble émotif avec le dérèglement cérébral ou somatique qui l'a engendré. Vraiment ? Alors parlons du cerveau et de sa mémoire.

Premier point : aucun être humain n'a le même cerveau que celui de son voisin, fût-il son jumeau. Il n'y a donc pas de fatalité génétique absolue en l'espèce. Pourquoi ? Parce que, comme l'explique Rosenfield[1], la différenciation des cellules au cours du développement embryonnaire n'est pas la simple application d'un programme génétique. Qu'une cellule devienne un neurone, une cellule hépatique ou dermique dépend aussi... de l'emplacement de ces cellules et de leur mouvement au cours de l'embryogenèse. Corollaire : il n'y a pas de grand architecte génique qui aurait dessiné le système d'organisation cérébral à l'avance. On a affaire à des morceaux qui se mettent en place, bougent, s'ajustent les uns en fonction des autres. Ces « morceaux » sont des groupes de cellules liés par un ciment qu'Edelman appelle des *CAM* (*Cell Adhesion Molecules*, molécules d'adhérence cellulaire). Par exemple des N-CAM spécifiques des neurones qui s'agrègeront à d'autres N-CAM en prenant bien soin de ne pas s'acoquiner avec des CAM spécifiques de cellules du foie ou de la peau : chacun son

1 I. Rosenfield, *L'invention de la mémoire*, éd. Eshel, 1989.

territoire ! Ce sont ces *CAM* qui définissent les limites d'emboîtement ou de séparation des différents ensembles. Donc, il y a d'un côté un background génétique qui garantit à tous les cerveaux humains un air de famille. Bâties sur ce background, les CAM, en fonction de la topologie cellulaire, de leur parcours et de ses aléas, sont le rempart des variations individuelles. Et ces variations sont largement tributaires du contexte.

Deuxième point : le système d'organisation neuronal est en place pendant l'embryogenèse, seul le degré de connexions changera après la naissance, en fonction des stimulations extérieures. Ces variations aboutissent selon Edelman et Rosenfield à de véritables cartes neuronales, elles-mêmes composées de sous-groupes neuronaux tels que définis plus haut.

Troisième point : à l'intérieur de ce système, la mémoire n'est pas à proprement parler un processus localisé. Certes, il faut bien que les souvenirs soient stockés quelque part dans le cerveau, mais comment se fait-il qu'il nous soit quelquefois si difficile de les raviver ? Serait-ce qu'on n'arrive pas à retrouver leurs aires de stockage ? Il semble plutôt que la mémoire puisse être considérée, depuis les travaux de D. Marr, comme un processus inventif. C'est-à-dire que, comme des magiciens, nous ré-inventons notre passé. Ou, pour le dire comme Frederic Bartlett cité par Rosenfield : « La remémoration n'est pas une réactivation d'innombrables traces inanimées et fragmentaires. C'est une reconstruction ou construction imaginative, que fonde notre attitude face à une globalité active, composée de réactions passées ou d'expériences, en relation à un petit détail saillant, qui apparaît généralement sous forme d'image ou à travers le langage. Ainsi, le souvenir n'est que rarement fidèle, même dans son expression la plus élémentaire, où ce qui est répété a été appris par cœur, et peu importe qu'il en soit ainsi[1]. »

Le processus de mémorisation

Ce sont, à quelques détails de style près, les mêmes arguments que nous tenions tout à l'heure à propos de la répétition. Le souvenir n'est que rarement fidèle... Pour ceux qui en douteraient, nous prendrons l'exemple du rêve, dont personne ne contestera qu'il fait appel au souvenir mais que pour le moins il le déforme. Dès la seconde moitié de la grossesse, le fœtus rêve. On peut même dire que mémoriser, pour lui, c'est rêver. Il alimente ses rêves avec les informations perçues pendant ses rares heures d'éveil, et ses rêves lui servent en quelque sorte à interpréter ces données sensorielles, et à les engranger à sa convenance. C'est là, pour Cyrulnik, ce qui signe la naissance de la vie psychique intra-utérine[2]. Mais comment stocke-t-il ses informations *via* le rêve ? Il est d'autant plus important de le savoir que les neurophysiologistes ne peuvent pour l'instant expliquer que la mémoire à court terme, disons celle qui se maintient entre quelques minutes et trois jours. Or, le rêve est un lieu où les souvenirs sont « stabilisés » de façon à pouvoir se maintenir à long terme.

Traitement mnémonique lent et rapide

En schématisant, disons que l'hypothèse actuelle la plus audacieuse veut que l'information à mémoriser emprunte deux autoroutes principales. Elle passe par un premier circuit somato-sensoriel, qui pour atteindre les aires perceptives primaires du cerveau (aires visuelles, auditives...) tra-

1 I. Rosenfield, *op. cit.*, p. 177.
2 B. Cyrulnik, *Les nourritures affectives*, éd. Odile Jacob, 1993, p. 61.

versent l'échangeur du thalamus, lequel thalamus distribue les différentes données perceptives vers les aires cérébrales capables de les traiter. C'est l'autoroute obligatoire sur le chemin de la mémorisation. Il est tellement obligatoire, comme l'autoroute du Sud un 1er août, qu'il est passablement encombré : à lui seul, il représente près de 99 % du trafic des informations à mémoriser. Malgré cela, tout le monde cherche à aller vite : le temps de passage d'un bout à l'autre de la chaîne, *via* les synapses des neurones, y est inférieur à 300 ms. C'est le circuit du traitement rapide de l'information.

En parallèle, l'information emprunte un deuxième circuit neuro-végétatif qui a pour axe central l'hypothalamus, lequel met en correspondance le cortex préfrontal (lieu de la « conscience d'ordre supérieur » d'Edelman) avec le système limbique (« siège des émotions »). Cet axe secondaire est beaucoup moins fréquenté, et les limites de vitesse y sont mieux respectées : il ne représente que 1 % du trafic total, et la durée de voyage de l'information y est supérieure à 400 voire 500 ms. C'est le circuit du traitement lent de l'information.

C'est là que gît le nœud du problème. Car ce second axe apparemment mineur est décisif. Imaginons que nous soyons sur l'autoroute du Sud et que nous soyons perpétuellement suivis sur une voie annexe par un peloton de la gendarmerie qui nous obligerait à freiner quand nous nous laisserions aller. C'est ce qui se passe avec ce circuit de traitement lent de l'information. Par une modification enzymatique et non plus électrique, il contrôle la vitesse de circulation de l'information, et peut donner l'ordre de changer de route et de ralentir. Puis, il disparaît en laissant l'information revenir sur l'autoroute principale. Ce jeu de « stop ou encore » est réglé par les neurones modulateurs monoaminergiques (neurones délivrant la dopamine, la sérotonine ou la noradrénaline), ceux dont on a commencé à parler à propos de la maladie de Parkinson et dont de nombreux produits psychotropes utilisent la fonction modulatrice. Ces neurones sont chargés de ralentir l'information, ou plutôt d'extraire des informations issues du premier circuit pour les retraiter plus posément. Comme si nos gendarmes nous invitaient à repasser sur leur voie à vitesse limitée, le temps pour nous de... réfléchir. Nous renverrons pour une compréhension plus précise et moins métaphorique de ces phénomènes aux articles de Jean-Pol Tassin, neuropharmacologue au Collège de France et auteur de travaux sur cette question[1]. Laissons la parole de l'artiste faire écho au discours du scientifique, celle du romancier Pascal Quignard en l'occurrence : « Il se trouve que la difficulté que présente la fonction de la mémoire n'est pas celle du stockage de ce qui s'est imprimé dans la matière du corps. C'est celle de l'élection, du prélèvement, du rappel et du retour d'un unique élément au sein de ce qui a été stocké en bloc. L'oubli n'est pas l'amnésie. L'oubli est un refus du retour du bloc du passé sur l'âme[2]. » Freud le disait déjà : l'artiste précède toujours le scientifique dans le dévoilement de la psyché.

La mémoire du rêve

Une bonne illustration du rôle des neuro-modulateurs est le sommeil. À l'endormissement correspond une relative inhibition des neuro-modulateurs, mais le rêve est au contraire le moment où ils sont réactivés de façon intense, quoique brève.

Les travaux de Jouvet sur le rêve, depuis les années soixante-

1 J.-P. Tassin, « Peut-on trouver un lien entre l'inconscient psychanalytique et les connaissances actuelles en neuro-biologie ? », in *Neuro-Psy.*, vol. 4, n° 8, 1989, p. 421-434. « Schizophrénie et neuro-transmission : un excès de traitement analogique ? », in *L'Encéphale*, 1996, supplément III, p. 91-98.

2 P. Quignard, *Le nom sur le bout de la langue*, POL éd., 1993.

dix, ont intéressé autant la communauté scientifique que le grand public. Jouvet a montré la corrélation entre une phase d'activité électrique du cerveau qu'il a appelée « sommeil paradoxal », et le rêve. Comme les gens qu'il réveillait en plein sommeil paradoxal racontaient un rêve, il en concluait que le sommeil paradoxal était le centre du rêve. On a fait depuis un pas de plus. On a montré en effet qu'il existait des phases de micro-éveil pendant le sommeil lent, c'est-à-dire entre les différentes phases de sommeil paradoxal. Ces périodes de micro-éveil correspondent au moment où les neuro-modulateurs sont soudain terriblement activés, alors qu'ils étaient au repos jusqu'alors. Toute information faisait jusque-là l'objet d'un traitement rapide pendant le sommeil, et tout à coup les neuro-modulateurs la font passer en traitement lent. Brusquement, en arrivant à l'éveil et à la conscience, le cerveau ralentit l'information et fabrique un rêve en 300 ms, même s'il faut une demi-heure pour le raconter. C'est ce système « lent » de mise en cohérence des informations qui permet l'organisation du récit. Pour dire les choses comme elles sont, affirmons avec J.-P. Tassin : c'est parce qu'on est réveillé qu'on rêve !

Les bassins attracteurs de la mémoire

Reprenons notre cheminement. Le traitement rapide de l'information peut être dit *analogique* : il consiste à sélectionner des éléments saillants analogues et de les mémoriser sous forme de *bassins attracteurs.* Ces bassins « attirent » vers eux tout nouvel élément perceptif similaire aux éléments qui constituent leur mémoire. Ils le comparent aussitôt à leur stock. Cette vérification faite, l'élément nouveau est identifié par extrapolation à la forme globale connue. Ainsi, quand on reconnaît d'un clin d'œil un visage, c'est qu'on a inconsciemment repéré trois ou quatre éléments saillants dans le visage. Puis, à partir de ces quelques éléments, on reconstitue en un éclair le visage. De même, le nourrisson reconnaît le visage de sa mère, que celui-ci soit souriant ou triste, crispé ou détendu. Il peut aussi reconnaître le profil d'un visage qu'il n'a vu que de trois quarts (expérience de Fagan citée par D. Stern). Ce traitement est rapide, et il est source d'erreurs pour cette raison. Si on nous présente deux visages qui ont les mêmes caractères saillants tout en étant différents, il est possible que nous confondions les deux visages pour peu qu'ils ne nous soient pas très familiers : les deux seront attirés dans le même bassin et seront confondus. Si l'on nous présente un damier dont une des cases blanches a été noircie, nous « reconnaîtrons » quand même le damier sans être perturbés par cette petite différence. Au contraire, le traitement lent est un traitement *cognitif*, logique. Dans l'exemple du damier, il permettra de maintenir le damier en mémoire, puis de constater, en analysant chacun des éléments, qu'il y en a un qui est devenu noir.

De l'avis de J.-P. Tassin, le traitement rapide, ou du moins l'équilibre sans cesse changeant entre traitement rapide et traitement lent, pourrait être assimilé à la base neurobiologique de ce que Freud a appelé l'inconscient. Qui sait ?... L'hypothèse est courageuse venant d'un scientifique de haut niveau. Il ajoute que le fœtus et l'enfant d'avant le langage n'ont majoritairement accès qu'au traitement rapide, en raison principalement de l'immaturité de leur cortex pré-frontal ; le traitement lent n'apparaîtrait que plus tard, parallèlement au développement cognitif.

Se pourrait-il cependant qu'en parlant aux bébés dans le contexte du post-partum on leur livre du traitement lent « déjà-prêt », vu qu'ils ne peuvent le fabriquer seuls ? C'est l'hypothèse que propose Tassin pour expliquer les constats de la clinique. Rien dans ses thèses ne semble s'opposer à ce qu'on dise que le nouveau-né peut traiter en analogique une information de type cognitif qu'on lui donne, et se trouver plus tard armé pour la retraiter lui-même en cognitif. On s'en remettra à la sagacité des scientifiques pour vérifier expérimentalement la véracité de cette thèse.

Extraire et ralentir l'information

Tout est encore un problème de pertinence des termes : qu'est-ce que mémoriser ? Pour J.-P. Tassin, c'est *extraire* l'information de son traitement rapide pour la *ralentir*. Qu'est-ce qui décide à *extraire* ? Il ne peut le dire. Mais il affirme que ralentir l'information ne permet pas de la stocker. Chaque fois qu'on a accès à quelque chose, on pourra l'analyser, mais il va ensuite falloir le restocker en analogique. Le traitement cognitif va ainsi modifier son propre stock analogique, et favoriser l'émergence de nouveaux bassins attracteurs. Il y aura donc à ce moment-là, paradoxalement, des événements à la fois « rapides » et « lents », des éléments cognitifs dans le stockage analogique. Ces informations passées par un traitement cognitif et restockées en analogique constituent pour J.-P. Tassin l'inconscient psychanalytique : on peut théoriquement y avoir accès et les réactiver, sauf si certains éléments douloureux, ou trop agréables, y sont incorporés. C'est alors le refoulement ou le déni. Refoulement d'ailleurs nécessaire, car sans refoulement on aboutit à l'enfer de l'hypermnésie. Comme ce patient décrit par Luria, qui ne pouvait strictement rien oublier de ce qu'il vivait : ligoté dans les souvenirs auditifs et visuels de ses premières années, il était totalement incapable de vivre le présent, *a fortiori* d'imaginer des projets d'avenir.

L'amnésie infantile

Il semble extrêmement difficile de se remémorer des souvenirs de la prime enfance. Chacun a pu être frappé par ce

phénomène si mal expliqué de l'amnésie infantile. Certaines personnes ayant fait une psychanalyse ont cependant pu prétendre retrouver des souvenirs clés de leurs deux premières années. Aussi bien, des personnes revenues du coma et de la « mort » disent en avoir vu défiler les images. Les neurophysiologistes rétorquent qu'il s'agit au mieux de souvenirs-écrans, au pire de constructions imaginaires. J.-P. Tassin le dit à sa manière : on ne peut réactiver consciemment, c'est-à-dire en traitement lent/cognitif, des systèmes précoces qui n'ont été traités qu'en rapide/analogique, parce que les éléments saillants retenus pour la discrimination mnémonique étaient trop primaires.
Conséquemment, un nouveau-né qui ne travaille qu'en analogique ne pourrait pas « ralentir » son mode de traitement au sens où il n'est pas capable d'en faire part. Autrement dit, il ne sait pas parler, et il n'est pas utile de lui parler. La boucle est bouclée. Dès lors, comment interpréter ne serait-ce que les pleurs de la fille de la dame en noir ? Comment expliquer l'hypermnésie décrite par Luria ? Comment comprendre l'assurance d'A. Piontelli qui affirme dans ses observations que les émotions anté-natales refoulées ne sont pas pour autant sans effets au-delà de l'amnésie infantile ?

Comme nous l'avons dit, A. Piontelli a complété ses investigations prénatales durant les échographies par des entretiens avec les mêmes enfants dans les cinq années qui ont suivi leur naissance. Tout lui prouve que les enfants entre 2 et 4 ans reproduisent leur passé prénatal par leurs jeux. On admettra facilement que le petit humain est un animal social, ses jeux le démontrent. Comme dit D. Stern, l'autre est pour le nourrisson un « autre régulateur de soi », c'est à travers lui que l'enfant construit sa subjectivité. Mais, en rejouant leur passé anténatal, les enfants dont parle A. Piontelli cherchent à lui donner un sens et à exprimer les émotions qui y sont liées. Ils ne répètent pas simplement ce passé, ils l'élaborent. Elle cite le dessin qu'avait fait Fabrizio d'un oreiller qui avait une bouche et deux yeux, et qu'il commentait ainsi : « Les oreillers, ça bouge. Je n'ai jamais pu avoir la paix même la nuit. » L'allusion était transparente pour qui « connaissait » sa vie intra-utérine, car il se trouve qu'il avait partagé avec son jumeau Giorgio la même poche amniotique. Cette bizarrerie avait comme conséquence qu'il avait eu en effet pour oreiller un frère avec une bouche et deux yeux, et que cet oreiller bougeait sans cesse.

Vers 4 ans et demi environ survient l'amnésie infantile. Là, semble-t-il, les jeux ou les histoires de ces enfants reflètent encore les expériences prénatales, mais par la bande, sans qu'ils en soient à aucun moment conscients. Ce sont plutôt des mythes où se mêlent les souvenirs anténataux, réduits à des lapsus ou actes manqués, et les projections de leur vie actuelle. Ainsi Marisa et Béatrice, ces jumelles qui avaient l'habitude, avant comme après la naissance, de se battre. Passé l'âge de 5 ans, elles ne laissaient plus passer le souvenir de leur combat ancestral que sous forme de dessins ; et encore, sans avoir l'air d'y toucher. L'une représentait sa maison en y inscrivant scrupuleusement tous les noms des membres de sa famille sauf bien entendu celui de sa jumelle. L'autre dessinait une maison où était inscrit « hors de chez moi ! », et une autre maison qu'elle disait être la sienne, en précisant qu'elle ne pouvait contenir plus d'un enfant.

A fortiori, concluait Piontelli, les souvenirs précoces sinon anténataux retrouvés par des adultes en analyse relèvent plus de la reconstruction que de la réalité historique. Par amour de la rigueur, elle mettait son espoir dans l'affinement des techniques échographiques pour reconstituer ces souvenirs.

Nous ne la suivrons pas jusque-là et nous en resterons à ses précisions cliniques sur le fait que, si trauma prénatal il y a, il reste inconscient. Si une mémoire non dite, analogique si l'on veut, existe chez le nouveau-né, il faut qu'elle puisse être dite : par les parents et grands-parents ou les amis s'il est possible ; par le psychanalyste si cette parole est interdite. Le rôle d'un psychanalyste qui travaille avec les nouveau-nés est de nommer cette mémoire si elle ne l'a pas été, de mettre de la parole là où il n'y a encore qu'un sens non dit, qu'un « trou de langage ». Les paroles dites à l'enfant, ou l'interprétation faite à l'enfant des contenus inconscients de ses parents qui entravent son épanouissement, se justifient en ce qu'ils libèrent quelque chose qui restait coincé dans le symptôme postnatal.

Nous souffrons tous de manques de mots. Quand ils viennent à manquer, c'est dans l'histoire qu'on peut les trouver. L'histoire, elle, a besoin d'être dite à quelqu'un, par ses protagonistes si possible. Avant même de penser à parler aux bébés dans un contexte psychanalytique, il faut ménager un espace pour que cette histoire puisse être dite à un autre, en l'occurrence le ou la psychanalyste. En ce sens il n'est pas forcément besoin d'interprétation : la présence du psychanalyste peut parfois suffire à permettre qu'en lieu et place des trous de langage viennent des mots, de la part de la mère par exemple. Mais ce ne sera possible qu'au travers d'un dispositif qui garantisse cette possibilité : les séances psychanalytiques.

Un protocole psychanalytique

Un sage-femme – car nous avions bien à Béclère un homme qui remplissait cette fonction [1], et des plus compétents – me fait appeler un jour pendant un accouchement.
Le travail durait depuis si longtemps qu'il pense qu'un blocage psychique empêche la mère d'accoucher. J'étais occupée à ce moment-là et je ne suis arrivée qu'au moment de l'expulsion, qui se présentait mal. Après les salutations d'usage, je m'adresse tout de suite à la parturiente : « Bonjour, je viens vous aider à accueillir le mieux possible votre bébé. » Elle me regarde avec des yeux ronds et... accouche du même élan !
On dit que certaines candidates à la grossesse qui souffrent d'une stérilité peuvent tomber enceintes du jour où elles rencontrent le patron du service. L'histoire fait même l'objet de gaudrioles dans nos milieux. Mais là tout de même, un changement de cap si soudain ! Je ne suis ni homme ni patron et je ne connaissais ce couple ni d'Ève ni d'Adam, c'est le cas de le dire. Pourtant l'accoucheur m'a bien confirmé que toute la dynamique de l'accouchement avait changé du moment où j'étais entrée dans la pièce. La parturiente m'en a donné la raison : « Vous m'avez estomaquée ! Vous n'avez rien suivi de toute cette histoire et vous arrivez là comme un cheveu sur la soupe pour vous occuper d'un bébé qui n'est même pas sorti ! »
Je tiens son discours pour une interprétation littérale de ce qui s'est passé. Car si mon arrivée et ma courte phrase ont déclenché quelque chose, c'est la possibilité pour elle aussi de sortir de son giron. J'étais extérieure à l'affaire, et je lui ai permis de venir accoucher à mes côtés si je puis dire,

1 La profession de sage-femme s'est en effet ouverte aux hommes depuis peu, mais le terme les désignant reste au féminin. Il est vrai que tant de mots dénommant des médecins spécialistes n'ont pas de féminin...

c'est-à-dire de s'extraire de ce cercle intérieur qui l'unissait à son enfant. Ce faisant, « vu de l'extérieur », son enfant pouvait lui apparaître comme un être différent d'elle, et elle pouvait dès lors le laisser pointer son nez au-dehors. Où l'on voit qu'il ne suffit pas de surveiller le monitoring pour prévoir l'imminence de l'accouchement, mais qu'il faut encore recourir à des limites et des repères, et marquer la fonction de chacun : au bébé d'entrer dans la vie, à la mère de sortir de la grossesse !

Le cadre

À la maternité comme en ville, tout le monde ne doit pas recourir à la psychanalyse. Non pas que les psychanalystes ne puissent faire face à l'exposé des souffrances de leurs contemporains, mais ils ne peuvent répondre qu'à ceux qui (le) leur demandent. Règle arbitraire, dira-t-on ? Règle arbitraire en effet, mais salutaire et réfléchie. Un thérapeute a toujours le droit, s'il en a la force physique, de se prendre pour « SOS-santé psychique » et de voler au secours de toutes les chambrées. Il faut craindre pourtant que jouer les bons samaritains quand les familles ne demandent rien ne produise l'effet inverse. En effet, situer la place du désir inconscient qui régit un sujet ne peut se faire qu'en fonction de la demande et de ses effets : c'est le B.A.-Ba du travail du psychanalyste.
Pour moi, il m'arrive de lire le dossier médical d'un nouveau-né comme je le ferais en tant que psychiatre ou psychologue ; je l'évite cependant autant que faire se peut. Il ne s'agit pas d'inconscience professionnelle, mais de ne pas soumettre au préalable d'un dossier l'écoute « neutre et bienveillante » que je dois avoir d'un patient. Dans 99 % des cas, les éléments qui figurent dans le dossier se trouvent dans la relation que m'ont faite les soignants. Il y a une

grande différence entre entendre dire et lire dans un dossier, car il s'agit déjà d'une parole vivante, chargée de tous les effets qu'a produits chez le soignant qui m'en parle la demande du patient.

Le cas des nouveau-nés est un peu particulier. Ils sont sous tutelle et leur demande passe par la reconnaissance qu'en auront ou non leurs parents. S'ils se refusent à faire part de la souffrance de leurs enfants, je n'ai pas à intervenir. Cette demande se renouvellera peut-être, dans d'autres lieux et en un autre temps, et trouvera alors à être entendue : il n'est pas question de fermer la porte à cette éventualité en s'imposant au cours du post-partum.

À ceux qui trouveraient ce raisonnement « cruel », je tenterai de répondre comme je le fais aux membres de l'équipe qui sont frustrés que je n'intervienne pas quand eux trouvent un cas alarmant mais que les parents ne demandent rien : il faut accepter de ne pas pouvoir changer quelque chose à la vie des gens ni à leurs drames. S'en mêler sans leur accord serait pire que l'indifférence. Ce serait un manque de respect, irresponsable et voué à l'échec en tout état de cause, car il consiste à refuser dès l'abord de prendre en compte ce qui motive la souffrance des sujets : le désir inconscient. La liste de ceux qui « font cela pour votre bien », « qui vous veulent du bien », est trop noire pour qu'un psychanalyste accepte de s'y inscrire. C'est là une des particularités de sa pratique.

En résumé, c'est la demande des parents, relayée par les membres de l'équipe, qui me mettra en position de psychanalyste. Puisque mon métier est de faire place à la parole souffrante, je ne dois en répondre que devant elle, quelles que soient les nécessités réelles ou imaginaires du service.

Il faut donc une limite à ces interventions. Une limite semblable à cette ligne qu'on avait tracée entre les deux pièces de la Maison Verte, avec interdiction aux enfants de passer outre en vélo ou en voiture à pédales. La ligne de séparation en question était destinée à protéger les plus petits du bruit et des bousculades. Mais enfin, pourquoi l'avoir tracée ici plutôt que là ? Nul ne le savait plus : le règlement était idiot autant qu'inexorable, de l'aveu même de F. Dolto. Dans son arbitraire même, cette limite avait pourtant une fonction d'humanisation de première importance pour ces enfants. D'abord, leur énoncer la règle et leur permettre d'en discuter leur permettait… de la comprendre. Lapalissade ? Pas uniquement. Pour un enfant qui n'a même pas idée que, quand il enfourche un tricycle, c'est lui qui dirige – il est ahuri quand on lui dit que le tricycle a dépassé la ligne parce que ses pieds l'ont poussé au-delà –, comprendre est une révélation ; ce dialogue de F. Dolto avec un tout-petit, extrait d'un enregistrement vidéo inédit l'illustre :

« "Cette ligne, c'est parce que de l'autre côté les bébés sont par terre et rampent... Si ton papa vient avec sa moto ou son auto, il n'aura pas le droit d'aller dans l'autre pièce non plus.

– Si, si mon papa vient, il viendra avec son auto et il passera là-bas.

– Ah tu crois ? Moi je ne crois pas. Tu n'as qu'à lui en parler ce soir."

Et le lendemain :

"Alors, tu lui en as parlé ?

– Il a dit qu'il ne viendra pas en auto. Mais maman a dit qu'à la maison je pouvais passer dans le salon avec mon tricycle.

– Chez toi, ça n'est pas pareil. Ici, c'est la Maison Verte, et ici, on n'a pas le droit. C'est valable pour toi, mais c'est

aussi valable pour moi, pour ta maman et tous les gens qui viennent ici.
– …" »
L'humanisation de l'enfant, dans ce cas, c'est aussi le plaisir de jouer avec la règle, de feindre de passer outre et d'éclater de rire quand il voit qu'on l'a compris, de rebrousser chemin parce que finalement, ce qui compte le plus pour lui, c'est la Maison Verte et qu'il aime y rester. Bref, pourvu qu'on l'assiste dans ce jeu, qu'on fasse attention à sa personne, le plaisir de la transgression se mue en complicité.

C'est dans le même esprit que j'ai dès l'abord établi une limite à mon travail à Béclère. Car « avec la limite, dit Denis Vasse, on ne réprime pas, on ne se protège pas, on ne fait pas peur. Avec la limite, on parle[1] ». C'est le but du protocole général de la demande que j'ai institué : il est fait pour qu'on puisse parler, pas seulement pour soigner. Soigner, dans ma position, ce serait me juger responsable du comportement de ces mères et de ces bébés, et les gratifier de mes bons conseils ou de mes prescriptions, au mépris de cette histoire qu'ils pourraient dire. Ce peut être utile en cas d'urgence, mais il y a souvent mieux à faire.

Khader et le mauvais œil

Charivari au premier étage de la maternité : une voix d'homme qui tonne, qui crie et qui tempête, ce n'est pas courant en ces lieux. La voix est forte et bien timbrée, tout l'étage est au courant. Le mari de la patiente de la chambre 32 est là depuis un quart d'heure, et met tout le monde en émoi. Il traite sa femme de tous les noms ; le bébé est terrorisé, il hurle et pleure à grosses larmes, ce qui

1 D. Vasse, *Se tenir debout et marcher*, Gallimard, coll. « Sur le champ », 1995, p. 248.

est peu courant à 4 jours. Qui plus est, le père sort de la chambre et morigène tous ceux qui passent : sages-femmes, puéricultrices, médecins, jeunes mères. Il faut faire intervenir un infirmier pour que les choses se tassent. On calme le père comme on peut, on rassure le bébé à force de douceur, on réconforte la mère. La vie reprend son cours tranquille à l'étage, mais la chambre 32 a tremblé. Le lendemain, une des sages-femmes me raconte les émois de la veille et me propose de voir le bébé à qui, dit-elle, cela ferait du bien ; la mère est d'accord. Je me rends donc à la chambre 32.

« Bonjour, je m'appelle Myriam Szejer, on m'a dit que vous aviez demandé à me voir à propos de votre fils ? Que se passe-t-il ?
– Vous voyez, il pleure tout le temps. Il est malade : il avait une jaunisse, et depuis ce matin il a une conjonctivite. Moi, ce n'est pas pareil, je pleure parce que je suis fatiguée.
– Comment s'appelle votre fils ?
– Il s'appelle Khader. Enfin, non, il s'appelle Azzedine, mais les parents de mon mari trouvent que c'est mieux pour un bon musulman de s'appeler Khader.
– Ils sont croyants ?
– Oui, surtout ma belle-mère. Ils font très attention à ces détails-là, ils ne plaisantent pas avec la tradition. C'est comme ça dans mon pays d'origine, c'est la famille du mari qui décide ; et avec eux, il ne faut pas filer de travers. Pourtant, je préfère Azzedine comme prénom.
– Cela s'est toujours passé comme cela avec eux ?
– Oui, d'ailleurs ils ne m'aiment pas, ni ma famille. Ils disent que mon frère et mon père sont des moins que rien, que je ne saurai pas élever mes enfants comme une bonne croyante…
– Et votre mari ?
– Je l'adore. Lui aussi, comme il est au chômage, son père

dit qu'il est un moins que rien et qu'il doit l'écouter et faire comme il dit. Mais ce n'est pas vrai. Il est traditionnel, mon beau-père. Quant à ma belle-mère, elle est très possessive : mon mari est son seul fils, alors vous pensez... J'ai fini par en avoir assez, et je suis partie de chez mes beaux-parents. Mon mari était d'accord. Maintenant, j'ai peur qu'ils enlèvent Khader pour l'éduquer dans la tradition au pays. Mais mon mari et moi, on ne veut pas, on veut le garder auprès de nous. »

Khader semble dormir. Je m'adresse à lui pour lui parler de ses prénoms et de l'enjeu familial et culturel sinon politique qu'il représente. Khader s'agite. Je lui parle alors de la scène de la veille :

« Tu t'es agité et tu as eu très peur hier je crois, quand ton père a crié...

– Non, non, mon fils n'a pas eu peur, même si mon mari a crié un peu fort. Un bébé, cela n'a pas peur. »

À ces mots, Khader a un spasme violent et raidit ses quatre membres. Il finit par se détendre et se rendort. J'enregistre la simultanéité des deux phénomènes, et je poursuis avec la mère :

« Que s'est-il passé hier ?

– Eh bien, mon mari est venu donc, mais il a amené deux amis avec lui. Il sait bien pourtant que pendant le premier mois on ne peut pas montrer un nouveau-né à des étrangers, sinon on attire sur lui le mauvais œil. Chez nous, on voile les bébés dans un drap quand on sort, sinon on sait qu'on risque de lui porter malheur. Alors, je me suis fâchée, j'ai dit à mon mari qu'il aurait dû me prévenir et que j'aurais caché l'enfant devant ses amis. Il s'est fâché à son tour, et puis cela a dégénéré. »

Je pense aussitôt à la conjonctivite qui n'atteint chez Khader que l'œil droit, et je m'adresse alors à lui :

« Khader, tu n'as pas besoin de porter le *mauvais œil* dans

ton corps. Tu es né en France, comme tes parents l'ont souhaité. Et ici, rendre visite à un nouveau-né, c'est lui faire honneur, ce n'est pas lui porter malheur. Ton père et ta mère sont respectueux des traditions de la famille, mais ils trouvent normal de pratiquer les mêmes usages que tout le monde ici. Tu peux aussi, comme tes parents, te plier aux mêmes règles sans te sentir obligé de te rendre malade.
– Vous avez raison, mais il y a autre chose, madame : Khader dort tout le temps et il ne réclame jamais à manger. Je ne comprends pas pourquoi. »
Khader n'a pas laissé sa mère finir sa phrase. Il s'est mis à bouger à cet instant précis, s'est réveillé et a entrepris de téter le sein de sa mère.
« ... Vous voyez, il sait encore demander ce qu'il lui faut...
– Tant mieux si je me suis trompée...
– En tout cas il vous a entendue ! »
J'ai clos l'entretien sur ces entrefaites, et je suis sortie un peu perplexe de cette histoire d'œil qui pleure et de mauvais œil. S'agissait-il de croyance, de superstition ou de tradition ? Avais-je eu raison de lier le symptôme de la conjonctivite de Khader à celui du mauvais œil qui effrayait la mère ? Devais-je en faire part à l'enfant devant sa mère, laquelle ne voyait en son mari que le maillon d'une famille persécutrice ? Après tout, je ne partage pas leurs traditions ; qui étais-je pour me mêler de cette affaire ? Je suis partie de Béclère à moitié rassurée ce jour-là, un peu hantée par mes propres souvenirs de ces jeux d'enfant où l'on se jetait « pour rire » des sorts entre compagnons d'infortune.
Heureusement pour tout le monde, la pédiatre, de même origine qu'eux, a pu longuement discuter de cette affaire avec la mère. Elle connaît bien l'environnement culturel des parents de Khader, et la discussion a paraît-il été très chaleureuse. De retour dans le service deux jours plus tard,

je suis revenue le voir. On m'avait glissé que Khader allait mieux et que sa mère avait changé de ton.
« C'est formidable, docteur, Khader n'a plus de problème avec ses yeux. Il ne pleure plus, il a les yeux secs, et il ne crie plus. C'est incroyable ! »
La mère câline Khader et lui parle à l'oreille pendant quelques minutes.
« J'ai vu la pédiatre, elle dit que tout est rentré dans l'ordre. On a parlé un peu, elle est très gentille.
– Elle vous a rassurée ?
– Oui, elle m'a dit comment ça s'était passé pour elle quand elle a eu son premier enfant en France, comment c'était difficile d'expliquer à la famille que son mari s'occupe de lui…
– Un peu comme pour vous, en fait ?
– Oui, mais ça va aller. Mon mari est en train de bricoler une table à langer pour Khader, il m'a fait un dessin, il m'a même expliqué qu'il fallait faire attention pour la monter à… à je ne sais plus quoi, je n'ai rien compris, mais c'était drôle. Ses parents, bon, c'est ses parents. Mais lui, il m'aide bien. Quand je rentrerai, je vais tout ranger parce que je le connais, cela ne doit pas être nickel à la maison. Pendant ce temps-là, il s'occupera de Khader. Et après, on fait la fête. »

Tout rentrait effectivement dans un certain ordre. Khader ne pleurait plus et mangeait. Sa mère ne s'inquiétait plus et faisait une nouvelle place à son mari ; elle avait trouvé quelqu'un digne de parler avec elle du pays et des difficultés de l'expatriation ; elle se sentait prête à protéger son enfant comme elle avait su se protéger elle-même jusque-là. Son père s'affairait. Et moi j'oubliais mes frayeurs d'enfant au jeu du lancer de sorts ! En somme, il s'agissait de remettre la parole en circulation, celle-là même qui surgissait comme une éruption de la gorge du père, et qui se voilait dans l'œil du fils. Cette remise en circulation de la parole permettait une redistribution des rôles : « toi, tu es le père et tu n'es pas seulement le représentant et la victime de ta famille » ; « toi, tu es la mère et c'est à toi de protéger ton enfant » ; « toi, tu es le fils de tes parents, et il ne faut pas que les craintes de tes parents t'empêchent… d'y voir clair ! ».

La demande

Pour que de telles paroles adviennent, il faut un protocole qui permette qu'elles soient réellement entendues, et non pas seulement lancées à grand bruit dans les couloirs ou notées dans un dossier médical. Il faut une qualité d'écoute qui rende possible un dépistage par les membres de l'équipe, ajoutée au cadre d'une séance psychanalytique qui permet écoute et interprétation, et de plus une prise en considération du contexte, ici culturel. La clairvoyance des sages-femmes, le métier des puéricultrices, le talent des pédiatres, l'interprétation du psychanalyste : rien de tout cela ne suffit à soi seul pour le garantir. C'est de la collaboration qu'un effet réellement soignant peut surgir. Pour régler cette collaboration, là aussi, il faut que les rôles soient clarifiés. Le protocole est là comme un moniteur ou un script que l'on consulte sur un plateau de télévision pour savoir où l'on en est ; plus qu'un souffleur, donc – on ne souffle pas un texte à une personne souffrante qui en a seule la mémoire –, un registre, un conducteur qui rappelle qui est qui et à quel moment de l'action en sont les acteurs. J'ai dit qu'il m'avait fallu batailler pour faire accepter ce protocole. C'est tout à fait logique. Mon idée était de transposer ma pratique de psychanalyste en cabinet à l'hôpital, en m'inspirant du travail imaginé par F. Dolto avec la pouponnière d'Antony. La chose était nouvelle à Béclère, personne n'avait de raisons de comprendre *a priori* la nécessité de ce protocole, et il m'a fallu expliquer. Les réunions préliminaires avec chaque catégorie de personnel furent l'occasion d'en parler.

En discutant, nous avons construit quelque chose, car tout cela était inédit. Jusque-là, comme tous les psychanalystes, j'avais affaire en ville ou au CMP à des demandes de personnes qui étaient en état de les poser, et qui faisaient l'effort de consacrer une part de leur budget à leur cure. Que ces demandes soient recevables ou non, que les personnes aient eu la chance ou non de découvrir le désir inconscient qu'elles masquaient, c'est une autre histoire. Mais ils étaient auteurs de cette demande qu'ils me faisaient. Au CMP comme à mon cabinet, je recevais par ailleurs des enfants placés en famille d'accueil que m'envoyait l'Aide Sociale à l'Enfance. On comprend que la responsabilité, pour mieux dire la tutelle en cause, était cette fois celle de l'institution, et non plus celle de la personne demandeuse. Mais, à l'hôpital, il ne s'agissait plus ni de cure psychanalytique privée ni de consultation en CMP, mais d'une consultation psychanalytique interne à l'institution. Pour structurer un cadre où la parole pouvait être entendue sur le mode analytique, j'avais maintenant affaire à un problème double : d'une part, qui était demandeur à la maternité ? et qui, dans le service, pouvait servir de médiateur à ces sujets demandeurs, comme l'ASE servait d'intermédiaire aux enfants placés en famille d'accueil ? Quelle demande dois-je entendre, ou si l'on préfère, qui dois-je aller voir ? Le bébé, ou la mère et le père ? Je dirais : les trois, à tout le moins la mère et l'enfant si le père n'est pas là. Je ne peux pas m'adresser à l'un sans parler à l'autre, je ne peux entendre l'un sans écouter l'autre. Ma réponse

n'est pas sibylline comme on pourrait le croire, je veux simplement dire que les choses sont intriquées de façon très intime dans cet espace de la périnatalité et des suites de couches.
Le lieu du symptôme est tripartite, on l'a vu avec l'histoire de Khader. Le père crie, c'est le signal d'appel ; le petit garçon a une conjonctivite, c'est le symptôme à strictement parler ; la mère est en plein conflit familial et culturel, c'est le nœud du problème. Le lieu du symptôme, ce peut être l'enfant, la mère, le père, ou les trois à la fois. Quand un signalement m'est fait, tout se passe dans l'intimité des trois. J'ai parlé à Khader directement et cela a eu pour effet de faire disparaître son symptôme, mais aussi de changer la position de la mère par rapport à son mari et son enfant. Pour Karina, j'ai d'abord parlé à la mère, lui permettant de s'identifier à sa propre mère et de devenir mère à son tour, de faire tomber l'interdit. Est-ce l'effet de cette parole sur la mère qui a permis à l'enfant de boire, ou sont-ce les paroles adressées à l'enfant, et entendues par la mère ? Je ne peux ni ne veux répondre à cette question, comme on me pousse à le faire. Il y a cependant une exception à cette indétermination, c'est l'accouchement au secret. Là, seules comptent les paroles dites à l'enfant, encore que ces paroles soient celles de la mère : soit qu'elle les lui dise directement, soit que, se refusant à voir l'enfant, elle me demande de les lui transmettre. Je considère que le symptôme fonctionne dans la triade père-mère-enfant. Il touche parfois l'intégrité du corps de l'enfant, mais le déclenchement peut en être aussi bien les pleurs d'une mère, un père qui se casse la jambe ou qui fait une crise de nerfs. L'enfant peut être aussi signalé comme un enfant qui ne mange pas, qui pleure, etc.

« Psychanalyste pour les bébés »

Bien sûr, je suis la « psychanalyste pour les bébés », c'est ainsi qu'on me présente quelquefois aux mères. Mais, comme j'ai insisté pour le montrer, je travaille avec les nouveau-nés en ayant à l'esprit le continuum affectif et sensoriel dans lequel ils se trouvent à la naissance. Cela dit, les professionnels me donnent de nombreuses étiquettes quand ils signalent mon existence aux mères. Ces dénominations sont plus ou moins justifiées, selon qu'il s'agit de nouvelles recrues ou de membres de l'équipe qui me connaissent bien. Je suis tantôt « la psychiatre », tantôt « la psychologue », ou bien « quelqu'un qui s'appelle Myriam qui pourrait vous aider », « la pédo-psy »... Ils ont une certaine résistance à parler tout simplement de « psychanalyste », parce que dans leur esprit cela aurait une connotation de traitement de longue durée ou de folie avérée (« on ne va quand même pas leur dire qu'eux ou leur bébé sont fous ! »). Et pourtant : les mères restent au plus une semaine à la maternité, je ne passe que deux fois dans la semaine à Béclère. Une, deux ou trois séances au plus peuvent être tenues. Je ne dis pas que la mère et l'enfant sortiront toujours de nos entretiens le cœur léger, mais une à trois séances suffisent souvent à tous pour sortir de quelque chose qui grevait l'avenir dès la naissance. Libre à qui veut d'entreprendre une psychanalyse par la suite si des problèmes de structure gravement invalidants se sont révélés à cette occasion. J'oriente à ce moment-là les parents qui me le demandent vers des praticiens en qui j'ai confiance. L'important est en effet que leur demande puisse se reformuler dans un autre cadre, en dehors de la maternité.

L'équipe médiatrice de la parole

Qui peut remplir cette fonction de médiation entre le demandeur et le psychanalyste, comme les tutelles institutionnelles le font dans le cadre des consultations d'enfant ? Les sages-femmes, les puéricultrices, les pédiatres, les infirmières, les assistantes sociales, les médecins accoucheurs ou gynécologues, autrement dit tous ceux qui sont en contact permanent avec les bébés. Ce sont eux qui « signalent », qui sentent, qui tâtent le pouls des chambrées pour savoir si « ça va » ou s'il faut signaler aux parents que je peux aider leur bébé en détresse, et qui me transmettent les desiderata de ces parents. Ce sont eux les gardiens du protocole.

Les sondes vivantes

À la différence des gardiens des portes de la loi du *Procès* de Kafka, ils sont là pour faciliter l'accès à la parole. S'ils m'interpellent en me disant que Mme Une telle est d'accord pour me voir, je vais voir Mme Une telle. Si, fait rare, ils me disent que la dame de la chambre 8 aurait à leur avis besoin de mes services mais qu'elle refuse de me voir, je n'y vais pas. De même quand quelqu'un d'extérieur me signale un bébé ou une mère mais qu'aucun membre de l'équipe n'a cru bon de le faire : je ne me déplace qu'après avoir pris la précaution de faire demander à la mère si elle souhaite me rencontrer. Nous sommes liés eux et moi, il n'y a aucune hiérarchie qui interfère dans cet échange entre nous. Ils le savent et, si dans cet échange nécessité fait loi, la confiance que nous nous faisons est la condition de notre collaboration.

Bien sûr, ce pivot essentiel de mon travail n'a pas fonctionné au premier jour comme s'il était naturel. Il m'a fallu sensibiliser les gens à ce que j'avais envie de faire. Mon discours était nouveau pour eux, quelquefois dérangeant parce que certains pouvaient s'imaginer qu'il leur faudrait « jouer au psy » en plus de leur charge de travail quotidienne. Mais leur finesse m'a stupéfaite. J'avais peur au départ qu'ils ne m'adressent des mères qui n'en auraient pas eu réellement besoin, ou qu'ils le fassent contre leur gré, pire encore qu'ils ne me signalent personne. Aussi, j'avais d'abord institué deux étapes au signalement : ils me parlaient des bébés qu'ils pensaient que je devais voir, et j'arbitrais pour dire si c'était de mon ressort ou non ; à ce moment-là seulement, ils proposaient aux mères que je vienne. Très vite, nous avons grillé une étape, car ils ont très habilement su jauger les besoins. Ils ont suffisamment repéré ce qui me concernait pour s'autoriser d'eux-mêmes à demander directement aux gens s'ils voulaient me voir. J'arrive le matin, on me dit qu'Un tel ou Une telle m'attendent, et j'y vais. Il peut arriver, exceptionnellement, qu'on me signale quelqu'un pour qui il n'y a manifestement pas lieu de le faire ; j'ai pour principe dans ce cas-là d'y aller, afin de respecter la demande des mères qui ont demandé à me voir. Il y a aussi un problème de rotation de personnel : il faut périodiquement ré-expliquer le sens de ce travail ; des discussions personnelles, des entretiens de couloir avec les « anciens » ou quelques écrits suffisent en général à intégrer les « nouveaux » à notre équipe.

Les sages-femmes préfèrent en général travailler en salle d'accouchement qu'en suites de couches, pour l'émotion que cela procure, l'esprit de responsabilité, sinon le côté « sportif » que cela suscite. La joie de mettre au monde un enfant n'a aucun équivalent en effet, et la richesse d'émotions qu'elle suscite n'est jamais épuisée. Pourtant, beaucoup de celles qui ont fait marcher ce protocole avec moi m'ont témoigné qu'elles trouvaient un agrément différent à ce nouveau travail en suites de couches. Leurs interventions ont un je-ne-sais-quoi d'humain qui leur rend le travail plus léger et plus intéressant. De l'humanité et de l'efficacité dont elles font preuve dépendent la mienne et le bien-être des nouveau-nés. En ce sens, elles (et ils, car nous avons aussi quelques professionnels hommes) sont de véritables *sondes vivantes* travaillant auprès des patients, comme le dit Lucien Kokh.

L'intelligence du contexte

Cette fonction de médiation engage le talent et la sensibilité de chacun. Elle ne marche que grâce à l'intelligence que les gens de l'équipe ont du contexte. Car, pour faire un tri entre ce qui est souffrance anormale et ce qui est déprime passagère due à la fatigue, il faut plus que du « flair ». Il faut comprendre comme ils le font que la détresse du baby blues est structurante, parce qu'elle permet l'installation de la relation mère-enfant : qu'il faut donc la respecter et l'écouter si elle demande à l'être. Ils savent discerner le baby blues anodin des situations où cela « grince » du côté du nouveau-né ou des parents.

Ils savent aussi, comme je l'ai dit plus haut, qu'il est des cas où je n'interviendrai sous aucun prétexte, par exemple quand la mère refuse mon intervention. Qu'est-ce que veut dire le fait qu'elle refuse ? Certainement pas qu'on lui a mal expliqué le sens de mon intervention, car les membres de l'équipe sont très sûrs à ce sujet. Les parents ont toujours de bonnes raisons de refuser de me voir après qu'on le leur a proposé : soit que ce ne soit tout simplement pas le moment, soit qu'ils veuillent inconsciemment que le bébé reste le lieu du symptôme. C'est alors aux pédiatres d'intervenir pour soulager l'enfant ; à moi de soulager l'équipe et de leur faire entendre que leur demande n'est pas forcément celle du patient.

Tout cela nécessite beaucoup de constance et de ténacité

de la part de tous, eu égard aux résistances que l'on peut provoquer. Il peut arriver par exemple qu'un médecin d'un service voisin, qui n'est pas prévenu de ces pratiques, se dise consterné : il a demandé que je vienne voir une parturiente, et je refuse parce que la patiente ne le souhaite pas. On imagine les quiproquos. De plus, dans un cas comme celui-là, mieux vaut ne pas voir la patiente en question, sous peine qu'elle n'ait à pâtir de conflits de compétence et de pouvoir dans lesquels elle n'est pour rien. La plus sympathique des résistances, parce que la plus intelligente, est celle qui se laisse défaire par l'humour. Ainsi cet obstétricien qui, me croisant un jour dans le service, m'avait demandé de voir une de ses patientes de 50 ans. Il restait évasif sur les raisons de cette demande, expliquant que cette femme avait bénéficié d'une fécondation *in vitro* en Angleterre et était revenue accoucher ici. Tout s'était merveilleusement passé, elle était radieuse et épanouie et l'enfant allait bien. Cela se passait à l'époque des premières médiatiques du Dr Antinori – « comment, ce scandaleux médecin qui fait des bébés aux grands-mères ! » –, et ce genre d'accouchement sentait le soufre. Mon confrère se posait donc tout un tas de questions sur ces parturientes d'un nouveau genre, et se proposait sans doute de les éclaircir en me demandant de voir sa patiente « à titre iconographique ». Ce confrère est unanimement révéré à l'hôpital Antoine-Béclère pour sa compétence et son goût de la recherche, et je l'estime hautement moi aussi. J'ai cependant refusé poliment de voir sa patiente, en arguant du fait que son état paraissait excellent d'après ce que j'avais pu en apprendre auprès de l'équipe entre-temps, et qu'elle n'avait visiblement besoin de rien. Comme je connais aussi cet homme pour son esprit, je me suis interrogée à haute voix devant lui sur la question de savoir si ce n'était pas

lui le demandeur. J'ai ajouté que, si c'était le cas, j'étais ma foi à son entière disposition. Il a ri de bon cœur.
L'intelligence du contexte, c'est aussi le contexte socio-culturel dans lequel chacun des intervenants baigne. Et là, aucune neutralité pseudo-psychanalytique n'est de mise. Chacun sa compétence et sa spécificité bien entendu, mais il est important de ne pas masquer le type de lien social dans lequel on s'inscrit soi-même si l'on prétend aider à inscrire des enfants dans un lien social naissant. Les discussions entre nous sont toujours informelles. Je ne convoque aucune réunion, je préfère les couloirs où, comme dans les congrès, il se dit toujours les choses les plus importantes. Les propos personnels ne sont jamais refusés au nom de je ne sais quelle discrétion professionnelle. Les demandes de certaines sur tel ou tel de leurs problèmes personnels, non plus.
C'est une condition minimale, de bon sens et de bonne entente, pour qu'une collaboration puisse servir les nouveau-nés. Je peux ainsi affirmer que, dans le cas de Khader, c'est la collaboration de la pédiatre et de la psychanalyste qui a permis de redonner sa place à chacun dans cette famille.

Dans le cadre de la maternité, c'est par le biais du protocole que la psychanalyse opère. Le premier effet notable, qui surprend tout le monde dans le service, à commencer par moi, c'est, comme je l'ai déjà dit, la quantité de matériel impressionnant qui survient en suites de couches. Aucune des femmes qui y travaillent n'avait soupçonné l'avalanche de confidences qu'elles recevraient en prenant le temps d'écouter : chaque fois qu'elles s'assoient cinq minutes dans une chambre, on ne les laisse plus partir. Certaines se sont rendu compte petit à petit que ce matériel les fascinait autant qu'il les agressait. Elles le redoutaient, mais elles ne se sentaient pas la force d'y mettre le holà. Elles se sont bientôt senties soulagées à l'idée qu'elles allaient pouvoir me passer la main quand elles atteindraient les limites de leur disponibilité et de leur compétence. Nombre d'entre elles ne voyaient que bénéfice à ce que ces mères en souffrance ne soient pas plantées là avec leurs paroles sans écho, et qu'elles puissent me les adresser : de la curiosité initiale, elles sont passées à la coopération.

On comprendra peut-être mieux pourquoi ce livre est un témoignage. Il se veut une mémoire de ce qui s'est construit avec les équipes de Béclère, et qui a rendu possible un réel exercice de la psychanalyse en maternité. La conjonction de leur savoir-faire et de leur intelligence du contexte d'une part, et ma compréhension des travaux scientifiques et mes exigences éthiques de psychanalyste d'autre part, a permis une expérience inédite avec les nouveau-nés. Les échanges, voire les « transferts de savoir-faire » entre nous (comme on dit transfert de technologie) entretiennent la vivacité de cette expérience. Ils ne peuvent faire l'objet d'une théorisation univoque : ce serait pure fiction que de le prétendre. Ce sont des liens de qualité humaine qui conditionnent pour chacun son *temps pour comprendre*, et permettent tous les jours l'exercice de la psychanalyse *via* le protocole. Je n'ai aucune vérité à asséner à leur propos, mais un hommage à leur rendre. Ils m'amènent naturellement à mon propre *moment de conclure* sur ce qu'apporte la pratique psychanalytique avec les nouveau-nés. Quand et pourquoi l'interprétation peut-elle survenir, quelle est son urgence et quels sont ses effets : sur le baby blues, sur la prévention, dans les accouchements au secret ? Quand et pourquoi peut-on dire que le bébé est un sujet ? Qu'apporte cette pratique avec les bébés à la psychanalyse d'adultes ? Ce sont ces questions auxquelles il nous faut répondre maintenant.

De la naissance aux limbes de la vie

Tous ceux qui m'ont connu, tous sans exception me croient mort. Ma propre conviction que j'existe a contre elle l'unanimité. (...) Cela seul suffit – non certes à me tuer – mais à me repousser aux confins de la vie, dans un lieu suspendu entre ciel et enfer, dans les limbes, en somme.
Michel Tournier

La période de trois ou quatre jours qui suit la naissance est une période incertaine, parce que doit s'y décider la naissance à la vie symbolique. Appelons-la période des limbes, pour signifier l'espèce de seuil sur lequel elle retient l'enfant au bord de la vie. Elle est, on le verra, le moment d'un choix pour le nouveau-né comme pour ses parents. Choix de faire place à son désir inconscient pour l'enfant, choix de reconnaître cet enfant désirant et singulier pour ses parents. Quand pour une raison particulière les parents ne sont plus là à la naissance, quelqu'un doit signifier à l'enfant qu'il reconnaît son histoire comme la sienne pour qu'il puisse assumer son désir. Ce moment critique des limbes se montre dans toute sa clarté clinique à travers le *baby blues* et l'*accouchement au secret.* Si le premier est aussi fréquent que le second est rare, tous deux soulèvent la question cruciale du lien et de la communication entre le nouvel être et ceux qui l'ont engendré. Cette question contient en germe toute la problématique de l'acceptation de la vie par l'être humain.

Naître à la vie

L'enfant est né, l'enfant est là. Deux, trois jours sont passés depuis l'accouchement. La mère se remet doucement de ses émotions et de sa fatigue. Le père baisse sa consommation de cigarettes. Les cicatrices éventuelles (épisiotomie, césarienne) tirent bien un peu, mais la présence du bébé aide à les supporter. Le bébé est une merveille, on ne se lasse pas, même groggy, de le regarder. Il perd un peu de poids, mais les médecins disent que c'est la norme.

Et puis, pour un rien, sans savoir pourquoi, on ne supporte plus. Ou plutôt, on change d'humeur à tout moment. On est joyeuse pendant une heure, et puis, subitement, rien ne va plus : on a ressenti des douleurs dues à la montée de lait, et on pense aussitôt qu'« on n'y arrivera pas » ; le bébé est gêné par un problème de digestion ou de régurgitation, et on y voit un signe qu'on est incapable d'en prendre soin ; on se dit qu'on a « tout pour être heureuse », et cette seule pensée rend désespérément triste. Alors on pleure. Pas une petite larme : une cataracte ! Le bébé, sensible aux contrariétés de sa mère, se met à faire écho. Elle, se croyant confirmée dans son idée qu'elle fait vraiment tout pour que cela ne se passe pas bien pour lui, redouble. Bref, on a le blues, et on le chante en solo et en duo.

Ce baby blues, le personnel le connaît bien. Au staff du matin, on entend régulièrement des phrases du genre : « j'en ai neuf qui pleurent, mais à part cela il n'y a rien de grave ». Ou bien, on vient me dire : « Mme Dos Santos pleure trop », « Mme Durieux pleure d'une façon très particulière », « La conduite de Mme Taulay avec son enfant me laisse penser que cela ne se passe pas très bien, elle ne répond pas vraiment en fonction des demandes du bébé », etc.

Un mal des plus communs

Rien de tout cela n'est vraiment alarmant. J'irai même plus loin, et je m'en expliquerai : c'est légitime d'un point de vue physiologique, et sans doute même souhaitable. Le baby blues « standard » est très fréquent en tout cas, il touche 70 à 90 % des accouchées, suivant les estimations. De plus, il apparaît toujours vers le troisième ou le quatrième jour.

Pourquoi à ce moment-là ? Probablement parce qu'il correspond à un rythme, à un cycle humain naturel : du côté du bébé, c'est le moment où le type de communication qu'il a avec sa mère change. Ses cris, qui jusqu'alors semblaient comme une réaction immédiate à ses perceptions internes, deviennent une ébauche de dialogue : l'observation de Cyrulnik que nous avons relatée dans le chapitre précédent le prouve. Il s'adresse déjà, sinon à un autre constitué, du moins à des entités différentes de lui-même, et différentes entre elles. De son côté, la mère a eu le temps de constater que cet enfant n'est pas réellement une partie d'elle-même. Si elle l'espérait encore au travers de ses mots amoureux – « mon tout petit », « mon bébé »... –, le soin qu'on prend de lui, les mots de la famille et des amis qui lui sont réservés, tout cela peut lui donner l'impression qu'on la laisse un peu sur le flanc. Elle est donc à l'aube de reconnaître que son enfant et elle font deux ! Cette vérité, qu'elle connaît bien sûr intellectuellement, la déprime parce qu'il s'agit de la vivre dans son corps, dans ses perceptions et dans ses pensées. D'ailleurs, la transformation de son corps, et particulièrement la montée de lait qui apparaît aussi vers le troisième jour, se fait en relation avec son enfant. C'est le début, là aussi, d'un échange.

Ce baby blues commun se résout de lui-même, et le personnel s'en mêle peu, sinon pour faciliter un contact intime entre la mère et son enfant. Cependant il ne faut pas confondre ce baby blues avec des dépressions plus marquées.

Psychiatriquement parlant, c'est le cas de la dépression du post-partum au sens strict, qui apparaît plus tard. Elle intervient plus souvent une fois la mère revenue chez elle, alors que curieusement tout se passait bien à la maternité. Ce peut être aussi un baby blues classique qui s'éternise.

C'est aussi le cas de la psychose dite puerpérale, état mélancolique grave de la mère, aux tonalités délirantes, qui là encore peut survenir en dehors de tout baby blues apparent, ou au contraire apparaître comme la dégradation inquiétante d'un baby blues. On l'observe le plus souvent chez des sujets déjà connus pour leur fragilité, mais elle peut se déclarer à l'occasion d'un premier accouchement, voire constituer comme une rechute lors d'une seconde naissance. Sa fréquence tend heureusement à diminuer grâce à la plus grande précocité des prises en charge médicamenteuses et psychologiques.

Dépression mélancolique, psychose puerpérale, psychose du sevrage, il s'agit de cas extrêmes qui peuvent être en relation avec un drame de la mère : son histoire et son passé de souffrance sont alors en cause, beaucoup plus que le présent du nouvel arrivant. Néanmoins, ils peuvent mettre l'enfant en position d'entrer lui-même dans la psychose. Comme l'a dit F. Dolto, une telle décompensation de la part de la mère est pour le nouveau-né « un fantastique appel qui le provoque à redonner sa propre vie (à sa mère) pour se sentir plus tard le droit de la lâcher et de s'en aller. (C'est) un cercle vicieux dont ne peuvent s'échapper les psychotiques, parce que, pour lui échapper, il leur faut d'abord regonfler leur mère. Une fois que c'est fait, ils lui sont fusionnellement accrochés sans plus pouvoir s'en séparer (...) Si on pouvait expliquer aux nouveau-nés ce qui s'est passé, pour eux, pour leurs géniteurs, ils ne feraient pas de dépression [1] ». Le psychanalyste peut intervenir pour qu'entre la mère et l'enfant cette histoire s'explique *a minima*, et commencer à défaire ce lien pathogène.

Pourrait-on dire : à chacun son baby blues ? Ou, pour poser la question autrement : il n'y a pas de mère qui ne fasse un baby blues ? Sans doute y en a-t-il, mais c'est qu'elle l'aura probablement anticipé et prévenu durant la grossesse.
Des anthropologues nous disent que de nombreuses sociétés africaines échappent à ce phénomène. Dans ces sociétés où il existe un rituel hautement symbolique d'accueil de la naissance et de prise en charge de la maternité, le baby blues n'existerait pas. Notons qu'il s'agit de sociétés qui d'une part prennent le tabou de l'inceste très au sérieux et de façon très concrète, que d'autre part la socialisation y est marquée par des rites d'initiation très rigoureux, particulièrement pour les hommes. L'idée de ce qu'est le lien de parenté y est donc transmise de façon bien différente qu'il ne l'est ici, et l'encadrement social y joue un rôle stabilisateur qu'on ne lui connaît plus en France.
Ainsi, une importance particulière est donnée aux frères, aux sœurs et aux pairs du clan en général, dans l'éducation

1 F. Dolto, *Séminaire de psychanalyse d'enfants*, t. I, Seuil, coll. « Points », p. 170.

d'un petit dernier. La chose est moins fréquente sous nos cieux. Elle est pourtant d'une tout autre portée identificatrice pour l'enfant que le champ de bataille individualiste où nous pataugeons quelquefois : quand l'idéologie du « chacun pour soi » s'impose aux « filles-mères », comme l'on disait autrefois dédaigneusement, elles se retrouvent seules contre tous, et leurs enfants ont pour tout référent les préposés de la Caisse d'allocations familiales !

De même, il est courant en Afrique noire qu'une femme porte son enfant jusqu'à ce qu'il atteigne l'âge de 2 ans ; si les circonstances le lui interdisent, une autre femme du clan maternel prendra le relais. L'enfant est constamment porté, on lui parle sans arrêt, il est fatalement moins victime de ces « trous de parole » qui affectent tant les premiers âges. Au contraire, dans une famille française de notre fin de siècle, on voit beaucoup moins de femmes, parentes ou alliées, assister les nouvelles accouchées. Les solidarités d'antan semblent moins jouer. Les mères se « retournent » alors vers leurs compagnons qui, sans doute pas mieux ni moins bien qu'autrefois, ne savent faire face aux problèmes d'une accouchée.

Les hommes, qui sont certes bien plus présents dans les premiers moments, ne sont finalement reçus dans les maternités qu'en tant que maris ou compagnons des mères, non point comme pères. Tout est fait dans les services pour les mères, leur ventre, leurs cicatrices, leurs seins..., et toute approche du nouveau-né n'est tolérée qu'en fonction d'elles. La paternité, elle, ne naîtra véritablement qu'au retour à la maison, quand les mères lui demanderont d'approcher le bébé, de le langer, etc. : ce sont elles, et le bébé, qui les feront pères.

Il n'est pas question de nier que le baby blues puisse faire défaut pour telle ou telle, et que ce soit grâce à une assistance particulièrement solidaire de l'entourage. Reste que ce baby blues, si fréquent, survient à un moment fondamental pour les trois partenaires – père, mère et enfant –, et qu'il leur pose une question essentielle sur ce qu'est la filiation. Il arrive que cela excède en intensité la normale. C'est-à-dire que l'un des trois manifeste qu'il souffre trop, et qu'il n'arrive pas à s'en sortir seul. Ce peut être la mère ou l'enfant, mais ce peut être aussi le père, car le père peut faire un baby blues. C'est dans ces cas que, *via* le protocole, je demande aux pédiatres, aux sages-femmes, aux infirmières et aux puéricultrices de leur proposer une rencontre avec moi. Si nos emplois du temps ne coïncident pas, ils auront encore le recours d'un rendez-vous à ma consultation.

Le bébé donne le la

Pour décrire les pleurs sans rimes ni raison des mères au quatrième jour, on parle de baby blues, de blues du bébé. Faut-il l'entendre au sens subjectif ou objectif ? S'agit-il de blues dû au bébé, ou de blues qu'il met en marche ? Autrement dit, s'agit-il d'une dépression de la mère ou d'une dépression du bébé ? On peut répondre dans un premier temps : cette dépression relève des deux. Ce n'est pas suffisant. Il faut ajouter : c'est le nouveau-né qui déclenche le baby blues chez sa mère. De la même manière que la montée de lait est suscitée par les pleurs de l'enfant, au moins par sa présence, la dépression du baby blues est provoquée par l'enfant.

Envisageons maintenant le cas où la mère n'a pas son enfant auprès d'elle. Cette absence lui évite-t-elle le baby blues ? Prenons les femmes dont l'enfant a été transféré à la naissance en réanimation néo-natale pour des soins particuliers. Ces femmes ne font pas de baby blues le quatrième jour. Elles sont bien inquiètes et déprimées à cause de la situation pour le moins triste de cette séparation immédiate. Elles sont déprimées d'avoir à faire le deuil de ce qu'elles avaient imaginé être les premiers liens avec leur enfant, premiers liens qui n'ont pu avoir lieu après la naissance. C'est là une dépression réactionnelle au vrai sens du terme, une dépression en réaction à une situation difficile qui leur a été imposée. Mais cela n'est pas la même qualité de dépression que le baby blues, et cela n'en a ni la tonalité ni le « goût ». Ces femmes ne disent pas comme dans le baby blues : « je pleure et je ne sais pas pourquoi, j'ai pourtant tout pour être heureuse, mais je ne suis pas capable de m'occuper de mon enfant ». Elles disent qu'il est affligeant d'être séparé de ce qui fut sa chair, et de ne rien pouvoir faire pour l'aider quand il souffre parce que les circonstances le lui interdisent. À la rigueur, elles peuvent se reprocher de n'être pas capable de quelque chose, mais ce sera de n'avoir pas fait un enfant sain, ce qu'une femme en plein baby blues ne se reprochera qu'exceptionnellement. Rassurons le lecteur : même les femmes dont l'enfant est parti en néo-natologie à la naissance font un baby blues, mais plus tard. Elles attendront... les retrouvailles ! Le plus souvent, ces femmes se mettent à pleurer, et pas seulement de joie, au retour de l'enfant à leur côté. La présence de l'enfant les réveille à la nécessité de fêter ces retrouvailles par un baby blues en bonne et due forme. Le bébé, lui aussi, ne manquera pas de donner de la voix car, nous le rappelons, il a été démontré dans une récente statistique qu'un bébé qui a été immédiatement séparé de sa mère à la naissance pleure beaucoup plus en quantité que celui qu'on aura pu mettre sur le ventre de sa mère. Dans le cas où l'enfant est mis sur le ventre de la mère, il fait la connaissance du monde extérieur – avec elle –, ce qui est tout différent de la situation où on l'a écarté quelques instants

pour lui donner les premiers soins. Il a dans ce cas moins de raisons de pleurer.
De la même façon, on connaît bien le cas de ces femmes adoptantes qui, trois ou quatre jours après l'arrivée au domicile de l'enfant adopté, se mettent à pleurer et à chanter la complainte bien connue : « Je ne sais pas pourquoi ça ne va pas. C'est idiot, je pleure alors que l'on a attendu cet enfant si longtemps et qu'on l'a tellement voulu, mais je ne peux pas m'en empêcher. Ne me dites pas qu'il est mignon, je le sais bien et cela me fait encore plus pleurer... »
Le baby blues ne serait pas seulement une question d'hormones, comme certains feignent de le croire. Cet état trouve certes un renfort dans la fatigue et la déstabilisation hormonale, mais cela n'en fait pas pour autant un symptôme médical.

Le baby blues est l'histoire d'un petit être de chair et de sang médicalement inachevé et dépendant, réputé immature sur bien des plans, qui décide pourtant que c'est à lui de jouer. À lui de déclencher par sa présence un processus d'échange avec la seule femme qu'il connaisse bien, sous la forme de ce que les gens matures, indépendants d'esprit et d'une culture achevée appellent le *baby blues* de la mère. Il est, sinon la cause, du moins la condition de cette dépression. Sans lui au côté de sa mère, point de dépression. Il faut voir la dépression de la mère comme un mouvement d'aspiration qu'elle ferait du besoin actif de communication de son enfant. Ce faisant, et en retour, elle le sollicite en cette place spécifiquement humaine d'être un *autre* qu'elle tente de reconnaître, serait-ce en l'occasion avec quelques pleurs et grincements de dents. C'est là une dimension spécifiquement humaine, et le moment du baby blues en est un des premiers pas. La manière dont l'enfant répondra à la dépression de sa mère signera le début de la communication active. Jusque-là, encore une fois, il pleurait pour exprimer sans médiation son malaise corporel. Une psalmodie vocale sans commentaire, comme on lirait les pages d'un annuaire. C'est bien comme cela qu'on l'entendait autrefois dans les maternités. Les pleurs servaient d'avertisseur, d'interprète automatique et en simultané de sa santé ; pour vérifier qu'un nourrisson allait bien à la naissance, on claquait légèrement ses fesses pour le faire pleurer. On a évolué depuis. Avec le baby blues, la psalmodie devient intentionnelle et « jouée » aux accents de ces émissions modulées dont nous parlions tout à l'heure. Que cette tentative de communication échoue, et ce sera le corps entier qui deviendra lieu du langage, *via* ses symptômes.

Cette tentative de communication tourne par exemple autour de la lactation, soit dans cette zone d'étayage des pulsions orales sur la satisfaction des besoins de nourriture dont parlait Freud. S'agissant de la lactation et du baby blues, on l'a dit : quand le moral tombe, le lait monte ! Qu'on se rappelle *la dame en noir* dont j'ai parlé au chapitre précédent. On m'avait signalé cette femme à cause de la tristesse inconsolable qui l'avait envahie, mais le point d'appel aurait tout aussi bien pu être sa fille Éva qui pleurait de souffrance. Sa mère reportait sa culpabilité sur la montée de lait qui ne se produisait pas – « je ne suis même pas capable de nourrir mon bébé ». Ce dont il s'agissait, c'était plutôt de mettre des mots sur ce qui se jouait entre le deuil, la naissance, et l'absence de lait. Ces mots pouvaient provoquer la montée de lait et faire cesser les pleurs parce qu'ils remettaient d'aplomb une communication engagée « de travers » entre Éva et la dame en noir. D'avoir pu enfin faire place à l'enfant comme autre, lui qui jusque-là était masqué par le souvenir omniprésent des morts, la dame en noir s'était (re)trouvée mère nourrissante, et Éva accueillie.

Le lieu tripartite du symptôme

Il arrive souvent que le nouveau-né pointe le père ou la mère comme celui ou celle à qui il faut parler. C'est là un signe très clair de ce que le nouveau-né est actif dans le déclenchement du baby blues. C'est un peu l'équivalent de ce qu'on rencontre chez des enfants plus âgés avec le paiement symbolique[1]. Il m'est arrivé de recevoir dans mon cabinet un enfant de moins de 2 ans qui avait son paiement en main, mais qui cependant refusait de rentrer dans la pièce. J'ai bien sûr accepté qu'il n'ait pas sa séance comme il me le manifestait de façon détournée, et je me suis donc adressée à sa mère pour le lui dire. À peine ai-je commencé à lui parler qu'elle s'est mise à pleurer et à entamer une longue narration de son propre trouble... L'enfant, en quelque sorte, a refusé le paiement symbolique pour que j'écoute sa mère et non pas lui. Cet « obstacle » une fois franchi, le travail a repris son cours avec lui aux séances suivantes.

L'enfant peut pointer précisément dans le discours du parent « là où cela lui fait mal ». On m'a un jour demandé de voir une femme pour qui la grossesse avait été particulièrement difficile. Cette femme était tombée dans un état dépressif au deuxième mois de grossesse, et une rubéole s'était déclarée au sixième mois, mettant en danger la santé de l'enfant. La raison de son effondrement au deuxième mois était la suivante : elle avait réalisé que l'homme avec

1 Le paiement symbolique est une pratique instituée par F. Dolto, et qui consiste à demander à des enfants qui ne sont pas en âge d'assurer leur vie matérielle de payer néanmoins leur séance d'un marron, d'un caillou, bref de tout objet sans signification particulière qui puisse tenir lieu d'argent. Par là même, malgré sa dépendance financière, il devient à même d'exprimer son désir d'avoir une séance ou de la refuser en ne payant pas.

qui elle avait conçu cet enfant n'était pas « fait pour elle » : pour tout dire, il était « en dessous de tout ». Elle s'était rendu compte à ce moment qu'en vivant avec lui elle avait renoncé à tout ce qui fait une femme : toutes ses aspirations à la séduction, à la jouissance sexuelle, à la complicité, avaient été déçues, confiait-elle. Par ailleurs, alors que très peu de temps après elle était partie se reposer, sa mère, la grand-mère de l'enfant, avait fait une tentative de suicide. Tentative que ma patiente avait tout de suite interprétée comme une peur de la grand-mère que sa fille, ayant un enfant, ne lui échappe. Cette grand-mère semblait en effet toute-puissante, exigeant tout et son contraire de sa fille, et la considérant comme son « bébé ». La mère était attristée, et encore plus désemparée par l'acte de la grand-mère : elle devait échapper à la tutelle de sa propre mère, elle ne pouvait plus être son « bébé » si elle voulait être la mère du sien. Elle m'avait ensuite parlé de son père : une « chiffe molle », un « propre-à-rien », incapable de procurer de la joie à quiconque…

Chaque fois qu'elle énonçait une louange de cette sorte à l'adresse de son père, son enfant ponctuait d'un geignement. Le bébé réagissait à propos de l'idée que sa mère se faisait de son grand-père comme pour indiquer où le bât blessait ! Le plus drôle est qu'il avait bien raison, et qu'il savait de quoi il retournait. Sa mère, entendant probablement ce qu'il disait, en fut tout ébaubie :

« Mais alors, finalement, je traite mon mari comme mon père ? La chiffe molle, c'est mon père, pas mon mari ?

– Il faudrait que vous puissiez faire une place à ce père que vous avez choisi à votre enfant…

– Oui, c'est ça, pas la place de *mon* père ! »

De fait, le père n'avait rien du grand-père, loin de là. En fait de « chiffe molle » et de personnage « en dessous de tout », il était apparu comme le comble de la virilité osten-

sible et de l'autorité brutale aux membres du service où il s'était rendu lors d'échographies. Préoccupé de tout, n'acceptant rien sans trouver à redire, venant même à un rendez-vous à la place de sa femme, il avait plutôt eu l'allure d'un superman conquérant, au dire du personnel soignant. Mais, pour cette femme, l'homme qu'elle avait choisi ne pouvait qu'être semblable en tout à son père, au mépris de toute vraisemblance.
Quand j'ai revu une deuxième fois cette femme à sa demande, le poids de la répétition était devenu perceptible pour elle, et la condamnation s'était muée en plainte : « Que faire avec un mari qui n'assume pas concrètement sa paternité ? » Cet homme n'avait en effet aucune passion pour le change ni le biberonnage, et semblait peu intéressé par les soins de l'enfant. Le désarroi montré par sa plainte contrastait avec la séduction affichée dans ses atours et dans la délectation qu'elle prenait à relater ses récents succès professionnels. La voyant ainsi remontée et capable d'assumer les choses, je lui ai conseillé de transiger avec son mari et de lui laisser le temps de devenir père. Elle avait voulu cet enfant, lui pas vraiment. Il fallait compter sur sa fille pour faire de lui un père, maintenant ou plus tard. Quant à elle, elle était convaincue de la nécessité de faire un travail sur elle-même, et m'a demandé les coordonnées d'un praticien. Peut-être lui aura-t-il permis de dépasser le constat qu'elle avait fait sur son mari en conclusion de notre entretien : « C'est un homme d'autrefois, comme mon père… »

Le nouveau-né, sa mère et son père peuvent ainsi tour à tour être au centre du questionnement induit par le baby blues. La question se pose dès lors : si le lieu du symptôme est tripartite, à qui parle-t-on ? Pour moi, je ne parle jamais à l'un sans parler à l'autre : au moins, puisque les pères sont difficilement présents, je parle à la mère devant l'enfant, et à l'enfant devant la mère. Dans le cas de Karina qui refusait de téter, je me suis adressée d'abord à la mère pour lui conseiller le peau à peau avec sa fille. L'aîné de Karina était mort quatre jours après la naissance, et ses parents, pour conjurer le sort, n'avaient rien voulu prévoir pour l'arrivée de la cadette. Je peux ajouter un élément que je n'ai pas encore évoqué à son propos. En parlant de cet enfant « interdit », sa mère a évoqué une coïncidence que Karina a aussitôt relevée par des mouvements de succion bruyants : Karina est la cadette, tout comme sa mère est la puînée de sa fratrie. La mère s'est aperçue qu'elle n'avait jamais parlé devant sa fille de ses propres parents qui résidaient en Hongrie et n'avaient pu venir voir Karina. Notre entretien a consisté dès lors à conter tout simplement les affaires de famille, rendant Karina témoin de ce qu'elle n'était pas bornée à sa famille nucléaire, mais issue d'une lignée. Elle n'était plus à la place de l'enfant interdit, mais était replacée dans la chaîne de ses ascendants. De là, la mère pouvait plus facilement accéder à cette identification nécessaire qu'ont les mères primipares avec leur propre mère : c'est de s'identifier à sa propre mère qui permet de devenir mère à son tour, et cette identification était d'autant plus difficile dans son cas qu'elle était compliquée par un long passé de stérilité. C'est seulement ensuite que je me suis adressée directement à Karina pour lui dire que, à la différence de son frère aîné, il ne dépendait que d'elle de pouvoir vivre, si elle décidait de s'alimenter.

Parler au bébé, parler à la mère : les deux m'ont semblé nécessaires, et je ne vois aucune raison *a posteriori* de changer de position. Il faut en effet considérer avec F. Dolto que « les enfants parlent leurs parents et, inversement, ils sont dans leurs parents ». Le symptôme fonctionne dans la triade mère-enfant-père. S'il vient à toucher l'intégrité du corps de l'enfant, cela peut être au travers des pleurs de la mère, ou d'un énervement du père dans la chambre de la maternité. L'enfant peut être aussi signalé comme un enfant qui ne mange pas, qui ne se réveille pas, qui rejette... Dans tous les cas où j'interviens, je fais en sorte que des mots puissent être mis sur des contenus de l'inconscient, qu'ils circulent entre les trois protagonistes et qu'ils permettent de désenclaver la parole.

Cette nécessité d'un bien-dire et d'une circulation de la parole commence par une adresse juste à ces trois personnes. Comment les appeler ? Dans certaines maternités, on appelle les femmes accouchées du terme de « maman » : on parle de la maman « du 15 », la maman du « petit Grégoire », « cette maman qui pleure tant ». Personne ne proteste, parce que l'intention n'est pas mauvaise. Mais une accouchée est une femme avant d'être une mère ; quant à être « maman », c'est à ses enfants qu'il est réservé le privilège de l'appeler ainsi. À moins qu'en les appelant « maman » les soignants ne pensent à leur propre mère ! Passons rapidement sur le cas de patientes plus âgées pour qui les dénominations sautent un cran de plus vers l'inconvenance : « la mamie du 12 », par exemple. Ces choses ne se diraient sans doute pas si on laissait les pères être plus présents dans les maternités. Hélas, on ne leur accorde pas de place digne de leur statut. Lorsque les pères peuvent dormir à la maternité, lorsqu'on leur donne le droit de venir à n'importe quelle heure du jour et de la nuit, ils peuvent avoir aux yeux de tous un autre rôle que d'être celui qui rapporte le linge sale à la maison. Ils ont plus de temps pour redire à leurs compagnes ces compliments qu'ils aiment tant faire, pour apporter des fleurs qui parfument mère et enfant autant qu'elles embellissent le père. Le règlement de nombreuses maternités l'interdit trop sou-

vent. Bien sûr un hôpital ne peut être un hôtel, contrairement à ce que son sens étymologique pourrait faire croire. Mais faudrait-il louer des caravanes dans les parkings de l'hôpital pour ces pères dont les femmes sont hospitalisées depuis de nombreuses semaines en GHR (département des grossesses à hauts risques), puis en unité kangourou pendant d'autres longues semaines, après la naissance ?
Si le père est reconnu comme homme non seulement par la mère mais aussi par l'équipe hospitalière, il pourra à ce moment-là réintroduire de la féminité dans le post-partum auprès de cette femme dont le corps a été plus ou moins malmené. Donnons un exemple anodin : depuis Leboyer, une des tâches qui revient souvent aux hommes est de donner le bain après la naissance. Fort bien. On aboutit malheureusement à ce qu'on oublie de leur demander leur avis. Eux aussi sont intimidés, ils peuvent avoir des réticences à toucher le bébé. Certains s'y prennent il faut bien le dire en dépit du bon sens. Mais leur a-t-on seulement précisé que le but de l'opération n'est pas de laver leur bébé, mais de les associer au bain de corps qui a débuté sans eux ?

Quant à la façon dont on se présente et dont on se nomme, elle a toute son importance. J'avais un jour une stagiaire qui, au Brésil d'où elle venait, avait suivi un bébé de l'âge de 10 jours à celui de 1 an, selon la méthode anglo-saxonne d'Esther Bick. Cette méthode prescrit de voir l'enfant régulièrement, une heure par semaine, et de respecter scrupuleusement une règle de « présence silencieuse » à leur côté, de façon à ne pas induire des déformations du discours du chérubin. À l'âge de 1 an, le petit garçon l'avait accueillie en lui donnant du « Vovo », ce qui signifiait pour lui « Mamie ». Elle me racontait cela avec un plaisir nostalgique, comme s'il s'agissait là du triomphe d'un transfert positif. Je me suis permise de lui faire remarquer que ce garçon était bien poli, ou qu'il avait de bonnes défenses, à son choix. Car s'il avait eu l'âge de le faire, au lieu de lui demander par là si elle était sa grand-mère, il aurait aussi bien pu lui dire directement : « Mais qui êtes-vous donc, et que faites-vous là à me regarder ainsi ? » Ce sont là des effets de la sacro-sainte « présence silencieuse » que je déplore. Je l'avais un peu rudoyée, mais je sais maintenant qu'elle avait déjà soupçonné ma réponse : elle ne serait pas venue de si loin faire un stage avec moi si ce n'avait pas été le cas.

À l'enfant qui ne parle pas, j'en suis certaine, il faut articuler quelque chose. Car si vous ne le savez pas, lui le sait : il est déjà dans le langage. C'est pourquoi, aussi futile que cela puisse paraître, je n'omets jamais de me présenter en entrant dans une chambre. Ce n'est pas là simple question de courtoisie. Je dis qui je suis et pourquoi je viens, aux parents comme aux enfants.

Parler, pour un psychanalyste, l'amène quelquefois à interpréter. Ici, les blessures de l'enfant seront sa référence : celles qui concernent l'atteinte du corps propre et qui sont liées à des amputations des perceptions sensorielles d'avant la naissance ; mais aussi celles qui concernent la perte de la relation interpsychique entre le nourrisson et sa mère. À partir de là, l'interprétation consiste en paroles vraies, en mots apposés sur l'histoire tue d'une naissance : ces mots peuvent être ceux de l'analyste, en fonction de ce qu'il a pu entendre de cette histoire, mais ils peuvent être aussi bien ceux des parents, suscités qu'ils sont par le cadre psychanalytique de l'entretien. L'important est qu'elle donne une issue au problème que tente de résoudre la psychanalyse depuis son origine, qui est que l'histoire d'un sujet a besoin d'être pensée et dite à quelqu'un. Et qu'elle permette de dévier la trajectoire de la répétition qui amène le sujet dans l'impasse du symptôme.

L'interprétation

L'interprétation peut être adressée aux parents ou à l'enfant, suivant le cas ; les deux (ou trois) l'auront de toute façon entendue. Il faut insister sur la présence du nouveau-né, au sens où l'on dit qu'un acteur a de la présence. L'enfant peut réagir à un mot qui le touche par un mouvement de tête, un spasme, un cri…

Soit. Mais quand l'enfant dort ? Il n'en est pas moins présent sur la scène. Il faut toujours faire attention à parler de ou à l'enfant de la même façon que lorsqu'il semble éveillé. On peut faire du bruit (raisonnablement !) et parler autour du bébé sans gêner son sommeil, mais on le dérange en le suscitant, par exemple en se penchant sur son berceau pour lui parler. Autrement dit, quand on s'adresse à lui, il répond toujours présent ! Sans comparer plus qu'il ne faut les deux situations, on peut évoquer à ce propos la relation que fait F. Dolto de séances analytiques avec une personne dans le coma[1]. La psychanalyse n'est pas la rééducation, dit-elle en substance au sujet de ce cas étrange et bouleversant, et nous avons l'avantage de pouvoir travailler comme psychanalyste avec des personnes qui dorment dans le coma. Ces personnes, dans la passivité de leur coma, sont extrêmement réceptives si elles ne sont évidemment pas expressives. Elles ont un souvenir onirique du contenu de la séance quand elles ont pu sortir du coma. C'est, dit-elle, qu'au-delà de la personne physique « le sujet du désir, le sujet de son histoire, eux, sont bien présents ».

1 F. Dolto, *Séminaire de psychanalyse d'enfants*, t. I, *op. cit.*, p. 114 sqq.

Cela me semble valable pour les nouveau-nés aussi bien. *A fortiori* pour leur mère : durant un accouchement par césarienne sous anesthésie générale, je suggère aux équipes de parler à la parturiente, de l'informer de l'arrivée de l'enfant. Je mets beaucoup de constance à rester aveugle aux sourires en coin que ne manque pas de provoquer une telle suggestion, car je sais qu'au moins la jeune mère se sentira moins frustrée à son réveil de savoir qu'on l'a ainsi fait participer. J'ai un ami chirurgien orthopédiste, maintenant à la retraite, qui ne manquait jamais de parler à ses patients endormis durant une intervention parce que, disait-il, cela les aidait à récupérer mieux et plus rapidement. Cet homme est non seulement sain d'esprit, mais éminent dans sa partie et reconnu comme tel ; peut-être a-t-il le seul tort d'avoir épousé une psychanalyste, et de s'intéresser aux liens entre la psyché et le corps…

L'interprétation dans un tel contexte de suites de couches reste avant tout préventive. Je vois ces enfants en crise aiguë, et ne suis pas amenée en principe à les revoir hors du laps de temps qu'ils passent à la maternité. Je l'ai dit, ce délai, au plus, sera de quatre jours pour un accouchement normal, sept en cas de césarienne. En si peu de temps, l'interprétation faite à l'enfant des contenus inconscients de la mère ou du père qui viennent le toucher dans son évolution vise à le libérer du symptôme. Pareillement, l'interprétation faite à la mère ou au père de ce que l'enfant questionne chez eux tend à leur permettre de retrouver un accord entre leur histoire et leur maternité (paternité). Il s'agit alors en quelque sorte de redistribuer les cartes brouillées par la nouvelle donne de la naissance. Car s'ils sont dès lors à même d'entamer une nouvelle manche en sortant de la maternité, rien ne dit qu'ils ne demandent pas plus à l'analyste. Il est ainsi arrivé qu'un couple et leur bébé ait demandé à me voir alors que j'étais absente de l'hôpital. On leur a donc donné les coordonnées de mon cabinet, et c'est là qu'ils sont venus me consulter. Leur demande concernait leur enfant… et c'est le père que j'ai ensuite accompagné dans un travail psychanalytique.

Le travail avec le nouveau-né permet de réexaminer ce problème de l'interprétation. Il arrive plus souvent que de coutume qu'on ait à se demander avec un nouveau-né : qu'ai-je interprété, ou qu'est-ce qui a interprété quand il abandonne son symptôme très rapidement ? Certes le savoir-faire du psychanalyste joue, pourvu qu'il oublie son savoir : à lui de permettre aux paroles des protagonistes d'*expliquer* les nœuds qui les enserrent, au sens que leur donnaient les Latins de les *déployer*, les *déplier*. Du coup, s'il y a interprétation, ce peut être celle de l'analyste, mais aussi la parole d'une mère ou d'un père qui se révèle à elle-même quand elle est prise à témoin. Quand on dit qu'on interprète, prononçons-le à l'ancienne : on *entre-prète*, de la parole s'entre-prète entre celui qui fait appel par son symptôme, ceux à qui ce symptôme s'adresse, et le psychanalyste qui maintient l'exigence de faire circuler cette parole. J'en ai eu quelques témoignages concrets, par des femmes que j'ai vues à plusieurs années de distance, pour plusieurs accouchements successifs.

J'ai vu Mme Ormani pour un baby blues à la suite de la naissance de sa première fille Elsa. Cette enfant était hospitalisée à l'unité kangourou à cause de son poids insuffisant, et elle ne manifestait aucun appétit, au grand désespoir de sa mère. L'accouchement avait été difficile, du fait d'une hémorragie de la délivrance. On sait que F. Dolto voyait dans l'hémorragie de la délivrance une mise en danger de l'enfant, comme s'il s'agissait de « jeter le bébé avec l'eau du bain ». Cette souffrance de l'accouchement avait

ravivé en elle le souvenir des violentes crises abdominales pour laquelle elle avait été hospitalisée à l'âge de 8 ans, au même moment et dans le même hôpital que sa mère qui y entrait... à la suite d'une fausse couche. Elle lui rappelait aussi la césarienne subie un an plus tôt pour mettre au monde son fils Alexandre, mort dix jours après sa naissance. Le jour de notre rencontre, Mme Ormani put parler de cela à sa fille en me prenant à témoin. Elsa sourit à son discours, et réclama bientôt à manger. Mme Ormani s'en souvenait encore trois ans plus tard quand je l'ai revue lors d'une nouvelle naissance : « Elsa est en pleine forme, vous savez. A chaque fois qu'il y a eu un problème, j'ai repensé à notre entretien et à son sourire. J'ai fait comme on avait fait à ce moment-là : je lui ai dit ce qui se passait, et tout s'arrangeait. Quand j'ai été hospitalisée il y a deux ans et demi, je lui ai expliqué qu'elle allait partir en Italie chez sa tante parce que je n'allais pas bien. Je lui ai dit pourquoi ça n'allait pas bien, et que je la retrouverais quand j'irai mieux. C'est passé comme une lettre à la poste. »
Elsa se portait mieux, mais Mme Ormani n'était pas sortie d'affaire pour autant. Un travail sur son état dépressif lors de la naissance d'Elsa lui a permis, trois ans plus tard, d'accoucher dans de bonnes conditions, et dans la joie, d'un fils, Guillaume. Comme on le voit, la psychanalyse a ceci de passionnant que ses progrès intéressent le patient comme l'analyse : les interprétations se partagent (ici entre Mme Ormani et moi), et leurs effets peuvent être aussi bien immédiats (pour Elsa) que d'après-coup (pour Mme Ormani et, indirectement, pour Guillaume).

Pour évoquer ce qu'il en est de l'interprétation psychanalytique, Alain Didier-Weill emploie une précieuse métaphore musicale. Il a forgé pour ce faire le terme de *note bleue*, dérivée de la *blue note* chère aux jazzmen. Cette note bleue est celle qu'espère l'auditeur au comble de sa jouissance d'écoute, quand elle le « pousse à attendre l'appel d'une certaine note qui n'est pas encore là, mais dont la tension, produite par la rencontre entre l'harmonie et les notes mélodiques déjà jouées, (lui) fait supposer qu'il n'est pas vain de l'attendre[1] ». C'est le silence qui suit une œuvre de Mozart et qui est encore du Mozart, selon le mot fameux. Ce n'est pas seulement, comme pour celui qui a des notions d'histoire de la composition, le plaisir de finir une phrase de Verdi ou de Louis Amstrong qu'ils n'ont pas écrite, « à la manière de ». Car après tout la chose serait plus difficile pour Bach ou Coltrane. C'est plutôt cette note espérée et pourtant inattendue qui, à l'entendre, « me fait franchir un seuil que, sans elle, je n'aurais sans doute pas osé franchir – seuil d'un monde dont la nouveauté extrême tient à ce que, en lui, règne le pouvoir de l'inouï : pouvoir de me réveiller, en m'apprenant que tout ce que je pouvais ouïr de sensé jusque-là était, sans que je le sache, sous l'ascendant de l'inouï ». Cet espoir, cet inouï, cette attente sont ce que le nouveau-né crie à qui veut l'entendre, et nous ne résistons pas au parallèle entre le *blues du bébé* et la *note bleue*. La psychanalyse est efficace, paradoxalement, parce qu'elle reste un art. Qu'elle tende à la poésie, comme l'espérait Lacan, ou à la musique, comme le suggère Didier-Weill, l'interprétation doit, telle la note bleue, se condenser en « un signifiant dépouillé de tout sens, auprès duquel toutes les autres notes articulaient le sujet que j'ignorais être ». Elle permet l'accès à ce seuil dont il est parlé plus haut, écho lui-même de ce pas franchi par le nouveau-né dans le baby blues : les limbes de la vie.

1 A. Didier-Weill, *Les trois temps de la loi*, Seuil, 1995.

Dans les limbes incertaines

Pour le fœtus, désir et besoin sont confondus

L'éthique du fœtus, disait F. Dolto, c'est le vampirisme : d'abord vivre et croître, par tous les moyens ! Il aspire le liquide amniotique en même temps que des sensations. Chez lui, désir et besoin sont confondus, ils ne sont pas désintriqués. L'hypothèse est légèrement différente de ce que les psychanalystes apprennent à distinguer chez leurs patients plus âgés qui ont appris la langue, à savoir le besoin, le désir et la demande.

L'histoire de la pensée humaine ne se résume pas à la question ontologique, mais notre champ est resté marqué par la question de l'âme et du corps, plus récemment de l'inné et de l'acquis. On a pris l'habitude de distinguer la machinerie humaine et ses besoins, de l'être de langage et de ses désirs, en maintenant un fossé qui les sépare. À la science, à la technique et à la médecine reviendraient l'étude et la codification des besoins humains, qui font du corps une image définissable, reproductible sinon numérisable : des clones à l'échographie, l'embryon et le nouveau-né représentent à cet égard un champ d'investigation des plus en pointe. Pour le reste, c'est-à-dire l'être humain dans sa singularité et ses désirs, le XIXe siècle a inventé les sciences humaines : à elles, dans le fourmillement de leurs différences sinon de leurs contradictions, de trouver les petites différences, les exceptions, les déviations des règles d'écriture énoncées par « la » science. Entre les deux, un désert est laissé dédaigneusement aux spéculations philosophiques ou théologiques.

Or, pour un psychanalyste travaillant avec les nouveau-nés et s'intéressant aussi à la vie anténatale, corps et langage, désir et besoin, c'est tout un. On ne peut séparer fictivement l'un de l'autre. Le corps de l'enfant naît à plusieurs articulations du langage. D'une part, il vient dans le bain de langage constitué par les générations qui le précèdent : le projet d'enfant de ses ascendants directs, les dits et les non-dits qui président à sa conception, mais aussi les éventuels arriérés qui remontent aux générations antécédentes. On remarquera à cet égard que l'histoire des baby blues est remplie d'allusions liées à une tante, un grand-parent, etc. Ces allusions, remaniées en cascade dans les éléments successifs de la lignée, nouent leur questionnement dans les pleurs du baby blues en manifestant le trou de parole qui jusque-là a fait office de réponse. Mais d'autre part, quand cet enfant acquerra lui-même la langue dite maternelle, il s'emparera du même coup de cet *espace potentiel de langage*, suivant le mot de Lucien Kokh, c'est-à-dire d'un espace de langage qui était déjà en conversation entre au moins trois générations.

Le problème survient quand cette confusion entre besoin et désir perdure après la naissance, parce que aucune parole parentale n'est venue redoubler la coupure physiologique du cordon ombilical. C'est alors que pourraient se déchaîner les pulsions orales cannibales du nourrisson. Il est d'extrême importance de signifier au nourrisson la différence entre désir et besoin, sous peine que la psychose ne s'installe. F. Dolto citait à cet égard l'exemple de cet enfant pourtant merveilleux qui mordait tout ce qui passait à sa portée. On le refusait dans les institutions, les magasins, les jardins, etc., parce que, malgré sa vive intelligence, il était un danger public. Dolto explique qu'elle a compris ce qui se passait pour cet enfant en voyant sa mère allaiter son frère cadet. Elle le nourrissait en silence, et en fait de lui parler le pinçotait et lui tripotait toutes les parties du corps, sans arrêt. En un mot, elle lui créait des bouches sur tout le corps, elle le tétait, le cannibalisait par le toucher.

La mère ne faisant pas la part entre ce qui était le besoin de nourriture de l'enfant et le plaisir de la succion, l'enchaînait dans une « violence aimante » que F. Dolto résumait d'une phrase à l'adresse de l'enfant : « Elle avait besoin de te toucher et tu croyais que c'était bien ; et tu croyais que, lorsqu'on aime les autres, il faut les mordre et les manger[1]. » Il n'est évidemment pas question là de décourager les mères qui caressent leurs bébés en les nourrissant, au contraire. Il s'agit de souligner combien sont importants les mots d'amour dont la plupart du temps elles accompagnent la tétée.

Certains disent que le problème du baby blues est de défusionner la mère et son enfant, en s'appuyant sur une similarité avec une fusion de la vie anténatale qui n'existe pas. Comme il y a fusion entre fœtus et matrice, il pourrait y avoir fusion entre tel nouveau-né et sa mère quand elle serait trop proche de lui par ses câlins, ses confidences, sa proximité imaginaire avec lui. Nous avons déjà fait un sort à la fusion fœtus-mère, nous y reviendrons d'une note : dès que le placenta prend en charge le maintien de la grossesse par les hormones placentaires, la mère et l'enfant ont déjà défusionné. Soit au quatrième mois après la conception. Dans les premiers jours, il s'agit simplement d'une multiplication des mitoses de cellules ; mais dès le quatrième ou cinquième jour apparaît la première différenciation cellulaire, et l'œuf migre vers l'utérus. C'est la nidation dans l'utérus de cette *morula*, de ce petit œuf fécondé, qui entraînera dans la semaine qui suit l'apparition du *trophoblaste* et des *villosités choriales*. Le trophoblaste, ce précurseur du placenta fabriqué par l'enfant à titre transitoire, est déjà un intermédiaire entre le fœtus et

1 F. Dolto, *Dialogues québécois*, p. 71-72.

la mère. Et s'il y a intermédiaire, c'est donc qu'il y a échange entre la mère et l'enfant : en aucun cas on n'est fondé à dire qu'ils ne font qu'un. C'est par cette « bouche placentaire » que l'enfant respire, se nourrit et touche la mère.

D'autres encore traduisent cette idée de fusion en disant, tel le professeur Lebovici au cours d'une émission de télévision : « Je ne connais de bébé que dans les bras de sa mère. »

Par là ils entendent que l'un et l'autre sont liés dans leurs sensations. Ils s'appuient sur une réalité clinique indéniable : le bébé, dans les premiers jours, fait chorus aux émotions de sa mère, mais cette hypersensibilité régresse progressivement. L'intensité de ces échos s'affaiblit progressivement, sans qu'elle disparaisse jamais tout à fait. Faut-il dire pour autant qu'ils ne font qu'un ? Le baby blues est encore là pour nous permettre d'affirmer au contraire que ce sont les paroles prononcées à son adresse qui lui donnent son autonomie. En donnant sens à ses émotions, ces paroles et les désirs qu'elles véhiculent lui permettent de les « penser ». Par là, elles instaurent l'enfant dans sa dimension de sujet désirant autonome, décidé à affronter son propre avenir.

Gérard, un nouveau-né en deuil

S'il est un désir du fœtus, c'est bien de vivre. Il y réussit au-delà de toute espérance : Marie Thirion, pédiatre, faisait remarquer que 950 enfants sur 1000 naissent normalement constitués. Taux exceptionnel si l'on y réfléchit. Elle suppose que ce n'est possible que grâce à un échange, une communication forte avec la mère : « Pour vivre après sa naissance, à l'exacte ressemblance des tout premiers jours après la fécondation où sa nidation utérine conditionnait immédiatement sa survie ou son élimination, un nouveau-né doit s'enraciner dans quelque chose qui vit, doit s'implanter dans une relation humaine[1]. »

L'accouchement cependant modifie cette relation, physiologiquement bien sûr, mais aussi psychiquement. Il représente une rupture radicale en même temps qu'un saut dans l'inconnu. Autant dire que l'éventuelle angoisse d'une mère ne se transmet pas de la même façon qu'en anténatal, ne serait-ce que parce que la réponse du nouveau-né modifie plus facilement le comportement de la mère en retour. On dit que le nouveau-né est sans défense, nu devant la vie. Ce qui frappe, c'est surtout qu'il n'offre pas de résistance à ce qui vient de l'extérieur. C'est sensible dans la manière dont il reçoit les interprétations. Non qu'il y soit plus ou moins perméable qu'un enfant plus âgé, mais il n'offre pratiquement pas d'obstacle à ces interprétations.

On s'étonne alors de l'effet radical et fulgurant des interprétations, et on parle de magie. La magie n'est pour rien dans le revirement de ces nouveau-nés qui peuvent abandonner en quelques heures le symptôme qui les menaçait, parfois dans leurs fonctions vitales. Il faut se figurer que, dans la psychanalyse des adultes, le travail de remémoration est plus long du fait que les « couches » à traverser sont nombreuses. Certains adultes gravement névrosés sont à cet égard comme des mutilés de l'échange et de la pensée. Leur histoire est faite de mots malheureux, de paroles manquantes, de strates qui sont autant de murs contre lesquels ils sont venus se cogner au sens quasiment corporel du terme. Ils ont donc développé un certain nombre de défenses, de formations réactionnelles contre leurs propres capacités d'échange et de pensée qui les ont amenés à cette souffrance qui est la leur. Perdus dans les strates de leur histoire, il leur faut du temps pour retrouver une confiance

1 M. Thirion, *op. cit.*, p. 37.

dans la parole de l'autre, et donc dans la leur. Pourtant, ils gardent une sensibilité intacte à l'articulation quasiment corporelle de leurs troubles. Le problème est de pouvoir atteindre cette sensibilité.

Elle est plus rapidement accessible chez le nouveau-né, car les strates ne sont point si nombreuses. Elles existent néanmoins, car le nouveau-né de 3 jours n'est pas né d'aujourd'hui : il a un passé de près de neuf mois derrière lui ! Son symptôme, quand il existe, peut se trouver être l'après-coup d'un événement d'avant la naissance : une pathologie fœtale ou un choc anténatal par exemple. Mais le nouveau-né entend plus vite ce qui lui permet de venir à la vie symbolique.

Je l'ai appris grâce à un garçon comme Gérard, qui avait passé ses premières 48 heures de vie à pleurer dans sa couveuse de l'unité kangourou. Ces pleurs avaient de quoi inquiéter, car un médecin responsable, qui d'ordinaire recourt peu à mon aide, avait tenu à me le signaler, ainsi que sa mère Mme Ruyckert qui semblait en grande souffrance. Elle avait donc proposé à Mme Ruyckert mon intervention, et je me suis entretenue à sa demande avec elle et Gérard.

Dans cet entretien, elle me parle d'abord de sa grossesse, une grossesse gémellaire spontanée et désirée : une fille et un garçon (notre Gérard) avaient été conçus. Les Ruyckert s'étaient « réparti » par avance leurs enfants : à Madame la fille, le fils pour Monsieur. Chacun avait choisi le prénom du « sien ». Mme Ruyckert appelait sa fille « ma petite fille » et son fils « l'autre ». Mais un retard de croissance intra-utérin de la petite fille avait vite été décelé, et un suivi rapproché s'était révélé dès lors nécessaire. Le moral de Mme Ruyckert n'en avait pas été affecté plus que cela, car elle n'avait rien voulu savoir du risque encouru : si le

monitoring était bon, tout irait pour le mieux. Elle avait simplement beaucoup caressé son ventre à l'endroit où se trouvait sa fille pour la conforter. Quand la patiente avait finalement dû être hospitalisée dans le département des GHR, on avait découvert que la petite fille était morte *in utero* à sept mois et demi de grossesse. En urgence, les médecins avaient pratiqué une amniocentèse pour tenter de comprendre la raison de cette mort. L'examen avait révélé un liquide amniotique teinté, qui peut faire penser à une infection, dangereuse en l'occurrence pour la santé de l'enfant survivant. Les médecins, qui ne voulaient prendre aucun risque pour ce deuxième enfant, avaient donc aussitôt césarisé Mme Ruyckert. C'est ainsi que Gérard était né, présentant un poids de naissance qui justifiait son admission à l'unité kangourou et sa mise en couveuse.
« Rien ne pourra me consoler, me dit-elle, c'était ma fille, elle est morte à jamais. L'autre, il pleure aussi, mais il ne peut pas savoir ce que cela représente pour moi. »
Pendant la séance, j'oriente cette femme sur sa lignée maternelle. J'apprends que l'arrière-grand-mère de Gérard, la grand-mère de Mme Ruyckert, était jumelle elle aussi. Cette femme s'était retrouvée très tôt veuve avec quatre enfants, sans beaucoup de ressources, et s'était occupée d'eux à la dure. Mme Ruyckert me parle même de maltraitance à l'égard de sa mère. Pour cette aïeule, il n'y en avait que pour les enfants mâles. Seuls les garçons devaient faire des études, et les filles devaient les servir. Sa mère fut donc logiquement placée comme employée de maison à un très jeune âge, pour nourrir la famille. Le maître de maison, qui avait perdu sa femme, la séduisit et la mit enceinte. Cet enfant, que le père reconnut, était Mme Ruyckert elle-même. Un fils suivit bientôt, qui fut adulé, quand Mme Ruyckert passait au second plan. La première partie de sa vie d'adulte ne fut qu'instabilité affective et conflit

avec sa mère, jusqu'à ce qu'elle rencontre et épouse M. Ruyckert, à nouveau un homme « d'un autre milieu ». Avant même de commenter cette destinée qu'un Dickens n'aurait pas désavouée, je pense indispensable et urgent de préciser les choses à Gérard :

« Tu ne verras plus jamais ta sœur qui était avec toi dans le ventre de ta mère, tu peux seulement la garder dans ton cœur. Elle n'est pas née vivante alors que tu as choisi de naître et de vivre. »

Si je parle ainsi à l'enfant du deuil à faire de sa sœur, c'est parce que les choses qui vont sans qu'on les dise mènent parfois à de funestes confusions. Que Gérard pleure sa sœur est concevable, mais qu'il soit inconsolable ne s'explique pas si l'on n'imagine pas que la tristesse vienne d'ailleurs et attende d'être nommée.

L'être humain est ainsi fait qu'au plus profond du deuil il *doit* trouver un repos. Il faut un temps pour manger, un temps pour dormir, « pour rêver peut-être », du disparu par exemple. En un mot il faut vivre pour pleurer le mort, à moins de tomber dans la mélancolie. C'est sans doute l'une des dures lois du spectacle de la vie : « *The show must go on !* Le Roi est mort, vive le Roi ! » Gérard a d'autant plus de mal à s'en persuader qu'on ne lui a pas dit ce qui s'était passé.

J'ai vu un enfant de ma famille que j'accompagnais à l'enterrement de son grand-père assister sans broncher à la cérémonie, puis se hisser aux oreilles de sa mère pour lui dire : « C'était triste. J'espère que la prochaine fois qu'on verra Grand-père, ce sera à la maison ! » Dans la douleur de l'instant, on avait tout simplement omis de lui préciser le caractère définitif de la mort. Comment un nouveau-né pourrait-il s'y retrouver, quand un enfant plus âgé peut passer à côté de vérités sous-entendues ?

Dans ma pratique, j'interviens le plus souvent possible en précisant les données auprès des enfants qui sont nés à la suite d'une mort. J'y vois même un motif de prévention notable dans les cas de mort *in utero*, de réduction embryonnaire, d'antécédents de mort subite du nourrisson, si ce n'est même d'IVG ou d'IMG (interruption volontaire de grossesse / interruption médicale de grossesse), de deuil non fait d'un enfant mort ou de fausse couche spontanée. La plupart du temps, les parents parlent eux-mêmes à leur enfant. Mais il arrive qu'ils s'en abstiennent, soit que leur douleur les rende muets, soit qu'ils soient pudiques (« je ne voulais pas lui dire pour ne pas lui faire de peine »), soit tout simplement qu'ils n'y pensent pas. Il faut qu'un tiers puisse intervenir alors : une sage-femme ou un pédiatre connaissant bien la famille et se sentant assez fort pour le faire, par exemple. Le doigté est pourtant de rigueur, car il n'est pas question de passer « par-dessus » la volonté des parents. Mais en les sensibilisant à l'importance de l'explication donnée à l'enfant, ou en profitant d'un éventuel symptôme qui appellerait une réponse de ce type, on peut permettre à l'enfant de sortir d'un silence qui peut être pathogène.

Mais reprenons le fil de la discussion entre Mme Ruyckert et moi. Je lui dis que sa fille, si privilégiée, m'avait semblé investie par elle du soin de venger et réparer le préjudice créé pour les deux femmes méprisées des générations précédentes. Je rajoute une plaisanterie en forme de vœu à son encontre : que son aîné soit un fils enlèverait sans doute à la fille qu'elle pourrait avoir plus tard la charge de conjurer la malédiction des filles aînées de la famille ! Elle semble trouver l'interprétation à son goût, et termine l'entretien sur une interrogation : que faire du corps du fœtus mort ? Elle n'aurait pensé à l'enterrer ou l'incinérer que si le bébé

était né vivant et mort rapidement. Mais là ? Elle a fait inscrire le nom de l'enfant dans le livret de famille, mais ça ne résout pas le problème que lui pose ce corps.
On me donne des nouvelles quelques jours plus tard. Nonobstant ce reste d'impensé de la place de l'enfant mort, l'épanouissement de Gérard et de sa mère est total. Restent pour moi quelques questions. Dans mon for intérieur, je me demande si la jumelle n'est pas morte de l'énormité de ce poids qui pesait sur elle : s'est-elle sacrifiée sur l'autel de la névrose familiale ? Quel désir de vie du fœtus, soumis aux signifiants de l'histoire maternelle, fut touché au point de ne parvenir ni à grandir suffisamment ni à naître ? Si l'éthique du fœtus est de vivre, qu'en est-il de ceux qui renoncent en cours de route ? De cela je n'avais rien confié à cette femme. Ça n'aurait eu pour effet que de raviver une culpabilité que l'entretien tentait justement de contenir, celle-là même qui vient avec la plupart des morts *in utero* et des accouchements prématurés, et qui fait dire aux mères : « Je n'ai pas réussi à le mener à terme ! » Cette culpabilité qui voile une idée de toute-puissance maternelle soumettant vie et mort de l'enfant à ses propres aléas conscients et inconscients. Au moins, poser comme postulat l'existence du désir du fœtus et le formuler à la mère permet à cette toute-puissance d'opérer un compromis permettant le deuil.

Un pas est nécessaire de la naissance à la vie symbolique, et ce pas doit être accompagné de paroles. Car après l'accouchement vient la naissance du sujet. C'est là le moment crucial du baby blues.
Le moment d'être sujet, pour le nouveau-né, dépend certes de lui. Mais il dépend aussi de ses parents et du moment où ils peuvent l'autoriser à être lui-même. Jusque-là, l'enfant est dans une situation incertaine : le réel de la

naissance a eu lieu et l'a sonné, il n'en est pas encore revenu si je puis dire. Presque tous les enfants, notons-le, sont relativement sages et calmes jusque-là. Ils dorment et se remettent de leurs émotions. C'est une période de limbes : « je ne suis plus dans le sein de ma mère, mais je ne suis pas encore tout à fait parmi vous ; laissez-m'en le temps ». Ils sont là, mais ils sont encore ailleurs. Surviennent le baby blues, la montée de lait et de pleurs, les modulations phoniques de l'enfant, et c'est l'après-coup de la naissance qui les éveille à une nouvelle vie. Rappelons-nous Karina qui avait si peur de naître : elle restait dans les limbes d'une naissance non accomplie faute de soutien dans la sécurité parentale.

Certes, chaque enfant a sa personnalité, et certains ont les yeux grands ouverts, curieux qu'ils sont de ce qui se passe autour d'eux. D'autres au contraire garderont les yeux clos quelque temps, préférant sans doute ne pas trop savoir ce qui se dit « dehors ». Reste que cette période mi-figue mi-raisin des limbes, ce moment de l'être en sommeil qui précède le baby blues, est observable cliniquement.

Baby blues, mummy blues, daddy blues

L'action que vient consacrer le baby blues est de l'ordre de la castration, précisément de ce que F. Dolto appelait la castration ombilicale (elle disait aussi quelquefois castration fœtale). C'est au moment du réveil de l'enfant et des pleurs de la mère que peut s'opérer ce redoublement de la coupure du cordon qui s'est fait trois ou quatre jours plus tôt.

Castration fœtale

Cette coupure symbolique, cette fois, touche l'enfant autant qu'elle dépend des parents. C'est dans la mesure où cette castration ombilicale s'est inscrite pour eux, dans la mesure où ils peuvent reconnaître le nouveau-né comme quelqu'un qui ne se réduit pas à être uniquement le fruit de leur chair, qu'ils permettront à cet enfant d'accéder à la métaphore paternelle : « tu es l'enfant né de notre désir, comme nous fûmes chacun celui de nos parents, et ainsi de suite jusque dans la nuit des temps. Ta vie est marquée par cette histoire, à toi maintenant de t'éloigner de cette marque, tout en l'honorant, pour en faire une vie singulière et inédite : la tienne ».

Cela suppose de la part des parents l'acceptation d'une perte irrémissible, qui n'est pas forcément aisée. Quand elle n'est pas possible, l'enfant le paie du prix de sa santé psychique : il reste alors le lieu du symptôme, comme « appendu à la jouissance des parents », selon l'expression de Lucien Kokh. C'est comme si les parents, plutôt que de l'inscrire dans le symbolique, préféraient que le corps de l'enfant reste du réel. Dans le *no man's land* des limbes, le nouveau-né est dans l'entre-deux du réel de sa naissance et de son avènement symbolique. Dans l'attente de l'affirmation première de son être-parmi-les-autres (Freud parlait de *Bejahung*, énoncé affirmatif), il est comme suspendu à un jugement de Salomon, né mais pas encore *autre* aux yeux de ses ascendants.
Pour reprendre le continuum qui va de la naissance au baby blues, je dirai qu'il y a deux moments princeps. Le cataclysme de la naissance tout d'abord : outre la violence de l'arrivée à la vie aérienne, c'est la brutalité du passage des perceptions anténatales à de nouvelles perceptions d'un monde inconnu. C'est là le drame de la déchéance placentaire. Deuxième temps : vers le troisième ou quatrième jour, dans le baby blues, c'est la castration ombilicale qui vient défaire le poids de ce cataclysme. C'est une castration

symboligène, en ce qu'elle est de langage et permet l'accession à une communication avec l'autre. Elle est un effort de nomination – « c'est un garçon », « c'est une fille ! » – en même temps que la reconnaissance de la place singulière de l'enfant dans une lignée qui dépasse ses parents. Ce sont ces mots dits sur la naissance, connotés de la joie ou du trouble qu'ils véhiculent, que l'enfant enregistre comme une bande magnétique. Cette castration contient en elle une autre castration, imaginaire celle-là, des parents, « non, cet enfant n'est pas notre chose ou notre objet, ni une poupée parlante ». Ces deux castrations sont la source de la puissance de symbolisation de l'enfant, elles conditionnent sa liberté future. Comme le résumait F. Dolto : « C'est du manque de paroles qu'il souffre. C'est en parlant à son enfant de ce lien [entre elle et lui], que la mère va pouvoir cesser de le regarder comme un objet partiel d'elle-même, et le concevoir comme un autre réel. Il s'agit donc de donner la castration côté enfant et côté mère. C'est la castration qui permet à l'enfant l'identification à l'individu de même sexe exclusivement, donnant accès à l'Œdipe. »

Nous avons parlé de naissance symbolique au moment du baby blues. L'enfant imaginaire, nous l'avons dit, peut bien cohabiter avec l'enfant réel de chair sans le menacer. Nul besoin d'en faire le deuil. S'il y a un deuil à faire pour la mère, c'est celui du fœtus et de la grossesse, et leur « remplacement » par une nouvelle relation mère-enfant en référé au père et à son nom. C'est ce qui explique les dires d'une mère au plus profond de sa dépression : « Avant, il n'y en avait que pour moi. Maintenant, il n'y en a plus que pour le bébé. » Elles se vivent comme le déchet, le reste d'une division au sens algébrique. La mère est confrontée à quelque chose qui la dépasse de toutes parts : de réel, l'enfant devient symbolique, et l'écart est difficile à surmonter.

Le début d'utilisation de la voix à des fins de communication, au quatrième jour, est une symbolisation, une *réalisation* comme dirait Bion, de l'espace potentiel de langage dont nous parlions. Les modulations de l'enfant sont des expressions concrètes correspondant à une stimulation et un éveil du cerveau, des réalisations phoniques. Au fur et à mesure de la réalisation phonatoire du nourrisson, la mise en forme de ses gestes et son fonctionnement corporel sont cérébralisés. Ce sont deux fonctionnements parallèles : d'un côté il réagit cérébralement aux sons, mots, paroles chargés potentiellement de sens qui s'échangent entre lui et son entourage ; en premier lieu à ceux de sa mère, dont il est la greffe de corps première. D'un autre côté, le fonctionnement de son corps double l'expression orale. Cela entraîne des confusions, comme celle de cantonner chez l'humain le langage oral au lieu d'une expression brute, quand le langage écrit serait l'asile naturel des concepts et de la pensée. Cela va à l'encontre de ce qui s'entend chez les nouveau-nés. Qu'on veuille bien se souvenir des dires de Gisèle Gelbert sur la primauté des circuits qui mènent au « proposé oral propre » chez l'humain ; de même, pour elle, c'est l'oral qui conditionne la potentialité d'écrit. Le nourrisson, enfant du langage, est un penseur : il réagit en fonction de la manière dont cela réagit autour de lui. Ses émotions-sensations ne sont pas simplement des affects, mais les premières modalités de ses capacités de penser. À l'inverse, notait F. Dolto, chez les nourrissons précocement séparés de leur mère pour lesquels aucun mot n'a été mis sur la naissance, on observe un « retard et des défauts de langage, des accrochages de langue dans le palais qui rendent impossible tout ou partie de la prononciation des phonèmes. Ce sont des cris qui sont des expulsions continuelles de sons, ou au contraire l'absence totale de sonorisation par manque symbolique du larynx en tant que lieu de plaisir actif pour les modulations de communication ».

Castration de la mère

Du côté de la mère, la castration consiste à s'apercevoir qu'elle a affaire à un véritable être humain, un sujet bébé. Elle doit sans doute se sentir dans la situation d'un prestataire de service qu'on remercie d'un sourire pour le formidable travail accompli, mais qu'on remercie ensuite tout court, et sans sourire, parce qu'on n'a plus besoin de lui. C'est le moment pour elle de réaliser que, si elle est l'auteur de son enfant, elle n'en est pas le seul. Le corps de son enfant était le locataire du sien, pour autant elle n'en est pas propriétaire. Il lui faut un temps pour cérébraliser cet écart entre elle et l'enfant. C'est le temps des limbes, et du baby blues qui le clôt.

Cela exige d'elle une renonciation, car elle ne peut plus méconnaître désormais que l'avenir de l'enfant lui appartient en propre. Elle va bien sûr influencer son développement, mais il aura déjà commencé à faire sa place. Qu'elle puisse reconnaître cette place qu'il a prise dépend de celle qu'on lui aura laissée à elle-même dans son premier âge. Lui aura-t-on permis ou non de se situer comme *autre*, comme individualité singulière, dans sa lignée ? C'est souvent cette question qui revient sur le devant de la scène à l'occasion du baby blues.

Ce problème de place à prendre par le bébé a une dimension physique pour les nouveau-nés qui n'arrivent pas à reprendre du poids après quelques jours. Il vient souvent là comme en écho de la place introuvable de la mère après sa propre naissance. C'est la raison pour laquelle un baby blues cède si souvent à partir du moment où l'on pourra parler des rapports de la mère avec sa propre mère.

Je pense à cette femme que j'avais rencontrée lors de ses deux accouchements, pour son premier enfant Joseph, et pour sa cadette Laure l'année suivante. Pour le premier enfant, elle était désespérée de ne pas parvenir à allaiter. Ce désir contrarié venait pour elle de l'obligation inconsciente qu'elle se faisait de ne pas suivre l'exemple maternel : sa propre mère n'avait en effet allaité aucun de ses cinq enfants, et faisait profession d'une opposition farouche à l'allaitement au sein. Quelque temps après la naissance, le couple avait voulu faire du baptême une grande fête familiale. Mal lui en a pris, car la fête avait tourné à l'exhibition des drames familiaux. Le frère cadet de cette femme avait en effet refusé de se rendre à la réception et sa mère avait fait payer à l'aînée la défection du cadet en affichant une tête d'enterrement qui n'était guère de circonstance. En me racontant cela, cette femme avait réalisé qu'elle avait été délaissée au profit de son frère durant toute son enfance, ce qu'elle avait toujours voulu ignorer. Certes, chacun fait profit de son malheur pour y gagner un plus d'espoir, et cette femme y avait trouvé occasion de se rapprocher de son père, surtout après la séparation de ses parents. C'est certainement cet égard vis-à-vis de l'image paternelle et masculine qui l'avait aidée plus tard à réussir son couple. Mais ce problème de jalousie restait central, et était apparu sous forme d'une extrême agitation et de nervosité lors de la venue de son second enfant. Elle ne supportait pas l'idée qu'une jalousie puisse naître entre ses deux enfants. Son agitation venait de ce qu'elle imaginait sans cesse des stratégies pour éviter à l'avance un hiatus : devait-elle enlever l'aîné de la crèche pour qu'il sache qu'on lui réservait autant d'attention qu'au nouveau-né, fallait-il être discret dans les câlins qu'on faisait à la plus jeune pour ne pas gêner le plus âgé, etc. ? Manifestement, en continuant à privilégier Joseph, elle résistait mal à la pulsion de répétition qui lui faisait prendre auprès de ses deux premiers enfants la même position que celle de sa mère auprès d'elle-même et de son frère. Sa mère, dans sa toute-puissance, ne prévoyait sans doute pas la possibilité que sa fille aînée devienne à son tour mère. Pour y arriver, sa fille devait passer par trois transgressions successives. Pouvoir enfanter d'abord, et c'était déjà un défi à cette toute-puissance maternelle : elle s'y était d'ailleurs reprise à trois fois, car trois fausses couches spontanées avaient précédé la naissance de Joseph. Pouvoir allaiter ensuite, contre l'avis professé par sa mère : ce fut le centre de son baby blues à la première naissance. Accepter, à sa place, la cadette comme une égale de l'aîné : c'était le problème, mal résolu, que lui posait l'arrivée de Laure. Trois castrations, en somme, qui n'étaient pas inscrites pour elle.

Une place trop petite pour Anne. Anne est une enfant dont la vie même est conditionnée par la place qu'elle a à prendre dans sa lignée. Cette question est cruciale pour elle, aussi bien que pour ses parents. Pour eux, la question a des rebonds multiples : quelle est la place que nous acceptons que prenne notre nouvel enfant ? Mais aussi, pour la mère : quelle place ai-je pu prendre moi-même auprès de mes frères et sœurs ? Et enfin, comme un ultime rejeton de cette question : quelle est la place de la psychanalyste, en quoi sa fonction de médiation est-elle autorisée et utile ? On verra qu'à ces questions il n'est pas de réponse simple et univoque. Car, dans la douleur de l'enfantement d'un enfant par lui-même, il n'y a de réponse que singulière.
Mme Rigaud demande un matin à me voir, parce qu'elle pleure beaucoup. Elle est mère de triplés : Anne, qui a été envoyée en service de néo-natologie alors qu'elle ne pèse

que 600 g, Maxime et Nathalie qui sont hospitalisés auprès de leur mère dans l'unité kangourou, à cause d'une légère prématurité. Elle s'inquiète à juste titre de la douleur d'Anne qui est intubée, car il n'existe guère à l'époque où je la vois de protocole anti-douleur dans le traitement des prématurés. Mais ses pleurs ne souffrent aucune rémission depuis deux jours, malgré les visites qu'elle a pu faire à Anne et l'assurance que le pronostic n'est pas trop défavorable dans l'immédiat.

Je suis accueillie dans la chambre par M. et Mme Rigaud, ainsi que par Nathalie et Maxime qui sont dans leurs couveuses. Comme me le fait remarquer Mme Rigaud : « Il y a autant de monde que cette chambre peut en contenir, et pourtant il en manque. »

L'histoire qu'elle me raconte de cette naissance triple est pleine de méandres. Six ans auparavant, le couple a eu une première fille, Maud ; la naissance débouche pour Mme Rigaud sur une dépression du post-partum qui dure six mois. S'ensuit une période de stérilité de cinq années. Un traitement de cette stérilité est entrepris à Béclère et, au terme de ces cinq ans, une insémination artificielle aboutit à une grossesse. Quand le couple apprend dès la deuxième semaine de gestation la présence de trois embryons, il croit comprendre qu'on lui prescrit une réduction embryonnaire. Il s'agit là d'une opération visant à annihiler *in situ* un des embryons de façon à se ramener à une grossesse gémellaire et augmenter ainsi les chances de survie des embryons. Le geste est délicat, et ne va pas sans malaise du côté des médecins : si la sélection de l'embryon qui disparaîtra ne tient pas de la loterie, elle n'est pas cependant sans poser des problèmes de conscience. C'est pourquoi la réflexion éthique menée par le professeur Frydman et son équipe a, dès l'apparition de cette technique, imposé une double exigence : la réduction n'est en principe prise en compte à Béclère que pour des grossesses au moins quadruples, et elle doit être proposée aux couples, jamais imposée. Dans le cas de Mme Rigaud, dont l'aventure s'est déroulée dans un autre établissement, le malentendu s'est installé. Croyant qu'on lui prescrit la réduction embryonnaire comme un traitement médical, elle tombe dans la dépression, et le couple anticipe le deuil de cet embryon. Quand après discussion plus approfondie on assure aux parents qu'on a besoin de leur avis, ils refusent la réduction et décident de mener à terme la grossesse triple.

Entendant cela, je propose à Mme Rigaud d'aller voir Anne en réanimation, et de lui expliquer cet imbroglio. Qu'au moins Anne entende de sa mère que le deuil et la dépression du début de grossesse ne correspondait pas au désir de ses parents de se débarrasser d'un de leurs enfants ; qu'elle sache qu'ils n'exigent pas d'elle de prendre la place de la victime d'un sacrifice dont ils n'avaient pas voulu. Qu'elle entende aussi de sa bouche la raison du traitement et de sa souffrance.

Je la revois trois jours plus tard et j'apprends que, quelques heures à peine après que ses parents ont parlé à Anne, on a pu l'extuber et la laisser respirer seule pendant douze heures. Mme Rigaud, dont le mari est cette fois-ci absent, me parle de sa dépression lors de sa première grossesse. Elle avait très mal supporté de constater à l'occasion de cette naissance le comportement de sa belle-famille. Celle-ci l'adulait jusque-là, mais il n'y en avait plus tout à coup que pour Maud, et on ne la considérait plus guère que comme une mère porteuse.

Puis elle associe sur sa propre naissance : quatrième de sa fratrie comme sa fille Anne, elle sait qu'elle n'était pas désirée et que, qui plus est, on l'aurait préférée garçon. Son nom était tout prêt – Paul –, et le désappointement des parents était tel qu'ils ne lui trouvèrent un prénom qu'au

bout de trois jours. Sa réaction avait été très claire et avait décidé de son avenir pour longtemps : elle devint une enfant sage, elle fit tout pour ne pas déranger et se faire accepter ! Devenue adulte, elle s'était fait un devoir de faire ses preuves, sa réussite professionnelle en atteste. Cette réussite était-elle aussi dédiée à sa famille, puisque Mme Rigaud en assure la vie matérielle depuis ce temps.
La naissance de sa première fille, et le comportement de sa belle-famille qui lui demandait en quelque sorte de s'effacer à nouveau, ravivait donc le souvenir de cette place qui n'était jamais la sienne – « il y a autant de monde qu'il y a de place, et pourtant il en manque ». Comme heureusement elle n'était plus tout à fait l'enfant sage qu'elle avait été avant d'être mère, il ne lui restait plus que ses yeux pour pleurer la naissance de sa fille, et sa propre naissance.
Pour ponctuer ce deuxième entretien, je conseille à cette mère de raconter tout cela à sa fille Anne, qui elle aussi semble s'effacer pour ne pas gêner : lui dire qui elle est dans sa fratrie et dans la lignée, quelle est sa place à elle.
Nous nous revoyons pour un troisième entretien où l'on me confirme qu'Anne va mieux, qu'elle pèse maintenant plus d'un kilo et boit le lait de sa mère, que Maxime et Nathalie ont pu quitter leur couveuse et que Mme Rigaud a repris goût à la saveur des choses. Mais c'est maintenant au tour de M. Rigaud d'être déprimé et fragilisé. Il ne supporte plus de rendre visite à Anne avec sa femme ni de lui parler. C'en est au point que sa femme dit lui cacher des choses, et elle ajoute qu'il se comporte comme s'il était son cinquième enfant. Maxime, pendant que sa mère parle de son père, commente intensément l'entretien. Je propose alors de voir le père, mais elle assure qu'il refusera car il a déjà trouvé abusif que je sois venue me mêler de leur vie. Elle ajoute qu'elle s'en sent responsable, puisqu'elle a soigneusement omis de le prévenir de notre premier entretien.

Je comprends mieux qu'il se soit étonné de mon « intrusion ». Je propose donc d'écrire à ce père pour clarifier ce quiproquo, ce qu'elle accepte de bonne grâce. Dans la lettre, j'indique à M. Rigaud que je ne me serais jamais permise d'intervenir auprès d'eux sans son accord ni sans qu'il soit prévenu. Cinq jours plus tard, le père lira le mot sans commentaire devant son épouse ; allant manifestement mieux, il se rendra de nouveau au chevet d'Anne avec sa femme.

Anne, elle, n'est pas sortie d'affaire. Elle fait des spasmes laryngés dès qu'on tente de l'extuber ; si on lui laisse le tube en place, elle respire tranquillement, sans ventilation. *Vorreï e non vorreï*[1] : Anne reste ambivalente. Me rappelant sans vraiment y penser le calendrier, je conseille à la mère de dire à sa fille :

« Nous sommes maintenant à la date où tu serais normalement arrivée si tu étais née à terme. Si cela avait été le cas, tu aurais alors respiré seule, sans l'aide d'aucune machine. Je comprends que tu aimerais que je te berce, que je te caresse et te nourrisse, mais je ne le peux pas tant que cette machine est branchée. Dès que ce sera possible, je le ferai avec plaisir. Je te donnerai aussi un linge que j'ai porté pour que tu ais toujours mon odeur près de toi, et je viendrai souvent te voir et te parler pour te soutenir, jusqu'à ce que nous soyons réunies. »

J'avais dans l'esprit que ce tube pouvait être pour Anne un équivalent du cordon ombilical qui la reliait à un placenta perdu, et qu'il se substituait maintenant à sa mère forcément trop peu présente. Ai-je eu raison ou tort ? Je ne sais, le temps a manqué pour le dire. Mme Rigaud, Maxime et

1 « *Je voudrais et je ne voudrais pas.* » Réplique célèbre du duo Zerline - Don Juan dans l'opéra de Mozart *Don Giovanni*, livret de Da Ponte.

Nathalie ont en effet quitté l'hôpital très vite. Quelques semaines plus tard, Anne a pu se passer de ce tube, et les a rejoints à la maison.

J'ai appris bien plus tard que de nouveaux problèmes se sont déclarés par la suite, qui ont nécessité plusieurs hospitalisations. Anne a cessé de lutter à la fin de sa première année. L'analyse ne peut pas tout ; je souhaite qu'elle ait pu, tout de même, adoucir pour elle la rigueur de sa vie.

Ainsi, surtout quand la dépression s'installe et se chronicise, on remonte souvent à un problème lié aux grands-parents d'un côté ou de l'autre. Le contexte de la naissance de la mère, ou du père, revient à la surface. L'enfant est en effet la réalisation concrète des lignages aussi bien paternels que maternels de la mère (et du père aussi d'ailleurs). Dans le souvenir de ses ascendants, en filigrane, figurent donc les vivants comme les disparus, ce qu'on dit d'eux et ce qui est omis, l'hommage rendu ou non aux morts de la famille. L'enfant présentifie tout cela en raccourci. Il est le résultat à la fois de la potentialité de cette femme à être mère dans le cadre de ces lignages, et de son alliance avec un homme-père et son propre lignage. À elle de renoncer par la castration à ne le considérer que comme le seul fruit de ses entrailles. C'est cette castration de la mère qui rend possible la castration symboligène de l'enfant. Comme on s'en rend bien compte, cette castration est un mouvement positif : elle concerne l'inscription de l'enfant dans les lignées, et dépasse donc le processus de nomination de l'enfant (dire le sexe, le prénom choisi, convoquer les témoins, etc.). C'est en ce sens que le baby blues, en dépit du moment difficile qu'il constitue, a pour effet libérateur d'aspirer l'enfant vers la vie.

Castration du père

Et les pères ? Les pères sont aux anges, mais il n'est pas une joie qui n'ait son prix. Donnons la parole au professeur Frydman, tout à la fois mari, père et obstétricien. La scène se passe au café *La Bonbonnière* – café au nom prédestiné comme il le dit lui-même. Sa femme doit accoucher incessamment, et il a rendez-vous là avec elle.

« On m'appelle au téléphone :
“Votre femme est en train d'accoucher, vous devez venir.”
J'arrive à Port-Royal, je cherche, je demande :
“Vous n'avez pas vu une Mme Frydman, elle doit être en tout début de travail ?
– Oui, tout va très bien, c'est un garçon, est-ce que vous voulez le voir ?”
(...) on m'apporte séance tenante une sorte de petit mec. J'ai eu une angine pendant trois jours[1]. »

Un père peut faire une angine, mais il peut aussi aller jusqu'à faire un baby blues, à sa façon à lui. Les hommes pleurent moins il est vrai dans ces circonstances, mais ils accusent le coup à leur manière : un coup de fatigue inexpliqué, des rendez-vous manqués, des fautes de conduite et des accidents plus ou moins graves sur le chemin de la maternité. On a beaucoup ironisé sur le syndrome de la couvade, qui fait référence au comportement de ces pères africains à qui l'on reconnaît le droit, après l'accouchement de leur femme, de s'aliter et de rester à l'écart et inactifs pendant un certain temps. La tolérance est moins grande pour ce genre de comportements ritualisés dans nos sociétés post-industrielles. Mais, comme l'être humain ne manque jamais de ressources, on a trouvé chez nous des équivalents qui sous ce rapport mettent les uns et les autres sur le même plan.

1 R. Frydman, *op. cit.*, p. 41.

De quoi s'agit-il ? Est-ce le même baby blues pour un père que pour une mère ? Pas tout à fait. Pour lui, la situation est difficile : jusque-là il pouvait avoir l'impression de ne pas être pour grand-chose dans le développement utérin de son enfant, et voilà maintenant cette petite chose qui réclame toutes les attentions. Déjà que, dans certains cas, il a été mis à l'écart au moment de la naissance, parce que « c'est une affaire de femmes », ou parce que c'est une affaire de médecins ; si en plus on ne fait pas attention à lui maintenant... Il en viendrait lui-même à douter : *mater certa, pater incertus !* En tout cas, il n'est pas encore en position d'être pleinement reconnu comme père. On lui suppose d'être « l'heureux père », sans doute, mais la mère n'a pas vraiment eu le temps de l'authentifier comme tel auprès de leur enfant. Il se peut qu'il manifeste quelque contrariété. Et qu'il n'arrive pas à temps à la maternité pour « l'heureux événement ». Il a des petits ennuis, comme on dit : il a une mauvaise grippe, il tombe en panne... Mais on ne sait jamais où vous mènent les petits ennuis. Du cocasse au tragique il n'est qu'un pas, et le pire n'est jamais sûr.

C'est comme cela qu'en allant voir une accouchée dans sa chambre où elle m'attendait, j'ai trouvé dans le lit un mari, plâtré de la cuisse aux orteils, avec sa femme assise à son chevet pour l'assister. Sans doute le tableau le plus inattendu qu'il m'ait été donné de voir dans une maternité ! Il se trouve que cet homme avait fait une chute grave le jour de la naissance. Il avait dû être hospitalisé, et c'est donc amené par une ambulance qu'il était venu rendre visite à sa femme et à son enfant.

Il n'était pas le seul d'ailleurs à être brutalement touché par cette naissance puisque la mère avait effectué un passage en GHR à son septième mois de grossesse pour une menace d'accouchement prématuré. Cette hospitalisation

a beaucoup fait réfléchir cette femme au cours de notre entretien, et a semblé la décider à entreprendre un travail psychanalytique dans le futur. Elle manifestait par ailleurs un fort baby blues, compliqué du fait que sa fille avait dû être placée à l'unité kangourou pour des troubles respiratoires. On était donc en train de pratiquer un bilan diagnostique pour savoir ce qu'il en était.
Le dialogue que nous avons eu a mis en avant la transgression majeure qu'a représentée la naissance de cet enfant. Il avait fallu braver les interdits familiaux les plus brutaux pour accéder à l'enfantement, à 40 ans passés, et la grossesse tenait presque à cet égard d'un passage à l'acte. On peut penser que c'est comme cela que cette mère l'a entendu. Elle m'a dit prendre conscience en me parlant de combien ces interdits pesaient lourdement sur leurs épaules de parents, et encore plus sur celles de sa fille. Elle voyait maintenant les symptômes de sa fille comme un appel lancé à ses parents pour qu'ils s'occupent d'elle. Comme si, disait-elle, sa fille leur demandait de mettre sous le boisseau les querelles de famille pour, avec elle, créer une nouvelle cellule familiale.
Le père a réagi aux paroles de sa femme… comme un seul homme, comme un seul père qu'il était devenu grâce à elles deux. Il a pris l'enfant dans ses bras et lui a donné le biberon, lentement, délicatement, dans un silence rempli d'une intense émotion qui a enveloppé les trois protagonistes. Je dirais même les quatre, car j'étais très touchée de voir ce père, couché dans le lit de sa femme, donnant pour la première fois le biberon à leur enfant, et laissant couler ses larmes.

Le problème de ces « accidents », c'est qu'ils mènent ces pères vers une authentique régression d'enfant dans leur corps. Infections passagères, grippes-angines-rhumes, entorses,

fractures, voire appendicite ou coliques néphrétiques entraînant l'hospitalisation – tout est bon pour les mettre dans une position d'enfant dont on doit s'occuper, alors qu'un autre enfant réel accapare l'attention de leur femme. La castration consiste pour eux à se défaire de l'image de leur propre mère à laquelle ils sont attachés. Eux aussi peuvent être amenés à évoquer leur propre naissance et la place qui leur a été faite.
Si l'on s'en tient à la naissance de leur propre enfant, il faut avouer que peu de choses sont faites dans nos sociétés pour les soutenir. Ils sont pourtant dans un moment de fragilité potentielle, car on les considère assurément comme les géniteurs de leur enfant, mais pas encore comme les pères au sens plein du terme. Il y a trop peu souvent de frères, de cousins, d'alliés de la communauté autour d'eux, comme c'est le cas dans d'autres types d'organisation sociale. Du coup, il n'est pas sûr que les signes de souffrance de ces pères qui font un baby blues soient suffisamment pris au sérieux.

La naissance d'un enfant est due à un père, une mère, et à quelque chose de plus. Ce quelque chose qui a à voir avec la parole et le symbolique adviendra pourvu que l'enfant puisse se reconnaître comme un être de désir indépendant, toute question de maturité physiologique et d'autonomie sociale étant mise à part. Dans cette naissance à lui-même qui s'opérera, c'est le lien à l'autre – nommément sa mère et la transmission qu'elle fera du nom et de la fonction du père auprès d'elle – qui est premier. Ce lien se renoue dans la vie postnatale à partir de la renonciation que la mère fera de l'enfant comme d'une boule de chair qui serait la continuation d'elle-même. On conçoit que cette castration soit pour elle une épreuve, le baby blues en est la démonstration. Qu'elle sache cependant que cette épreuve est salvatrice pour elle, pour le nouveau-né, et *a posteriori* pour le père de l'enfant.

C'est en effet de l'essor symbolique du sujet-bébé qu'il s'agit là. À quelqu'un qui faisait objection à ses théories sur l'acquisition du langage et la mémoire, le neuro-biologiste Edelman avait un jour déclaré : « Rappelez-vous qu'il est peu probable qu'un bébé français, aussi doué soit-il, s'écrie *Je pense donc je suis.* » Edelman a raison. Mais c'est pourtant ce qui s'entend dans le baby blues. Pour un psychanalyste, qui ne peut ignorer Descartes, le bébé parle, donc il est ; mais aussi il est, donc il pense, il pense, donc il parle. C'est la ronde dans laquelle nous emmène le baby blues.

Le bébé naît avec une histoire qui lui est imposée, qui est pré-arrangée pour lui : celle de sa lignée et du désir parental. En ce sens, il vit sa vie comme quelque chose d'agi hors de lui et par d'autres. C'est à cette histoire qui s'est située en dehors de lui que peut lui permettre d'accéder la psychanalyse quand les choses n'ont pas été dites, en lui ni autour de lui. Cette donnée de base et ses aléas, il va falloir en effet qu'il la parle pour s'en éloigner, s'il veut inventer sa propre histoire. L'après-coup de l'accouchement lui permet d'accepter cette histoire en même temps que de s'en mettre à distance : « on ne choisit pas ses parents, donc j'accepte en l'état l'histoire dont je suis né ; mais on honore leur désir de transmission, c'est pourquoi j'ai maintenant à sécréter ma propre histoire ». Son corps, de pur réel qu'il était pour les autres, devient à ce moment l'incarnation, le lieu même du langage : gazouillis, cris modulés, pleurs, mouvements de la bouche, des mains ou du corps vers la mère, ce sont là les premières adresses d'un être indépendant. Il ne pourra ainsi prendre sa vie en main que, paradoxalement, grâce à l'appui de l'autre : sa mère ou son père en principe, à défaut ceux qui en tiennent lieu et l'élèvent. Car, si castration symboligène il y a, c'est d'une voix du dehors qu'il la recevra. C'est d'une autre voix, la sienne, qu'il entend en même temps qu'il la laisse dire, qu'il témoignera qu'il a bien reçu le message, et qu'il est là, vivant et différent, sujet à part.

Naître en secret

Il est des nouveau-nés qui n'ont pas le loisir de partager avec leur mère ces étranges problèmes de baby blues. Ce sont les enfants nés d'un accouchement au secret, laissés par leur mère aux soins d'une institution qui les élèvera à leur naissance jusqu'à ce qu'une famille adoptive les accueille. Certes, à la différence du baby blues, l'accouchement au secret est rare : entre 500 et 700 cas par an en France suivant les différentes appréciations. Il est néanmoins aussi représentatif de ce besoin de parole qui touche la période des limbes.

Si l'on peut sourire un instant, l'on dira que les enfants nés d'un accouchement au secret ont la chance de n'avoir pas affaire aux attentes et projections imaginaires de ceux qui les ont conçus : « mon enfant aurait dû être un garçon et ce n'est qu'une fille..., ma fille aura mon nez et fera les Beaux-Arts comme sa mère..., etc. ». Cela peut les aider. F. Dolto prétendait même que cela les mettait derechef en situation d'analyse : « À partir du moment où nous (analystes) avons à entrer en relation avec un enfant qui n'a plus ses parents de naissance (...) nous pouvons lui dire qu'il est à lui seul ses parents. À représenter à lui tout seul la scène primitive, il est, de fait, dans une situation de sujet ; (...) s'il veut travailler avec nous, il sera, à sa place de sujet, beaucoup plus libéré que les autres enfants (...)[1]. »

1 F. Dolto, *Séminaire de psychanalyse d'enfants*, t. II, *op. cit.*, p. 98-99.

Ajoutons, s'agissant de nouveau-nés, que les effets de cette position de sujet conquise dès l'abord sont spectaculaires : elles promettent très souvent un bon départ pourvu, et pourvu seulement, que leur histoire leur soit dite. Car s'ils n'ont plus leurs parents pour les influencer, ils les ont dans le cœur (les *parents intérieurs* dont parlait F. Dolto), et leur manque est cruel. Depuis le temps de la consultation rue Cujas, j'ai vu nombre d'enfants nés d'un accouchement au secret dans un grave état de détresse.

J'ai dit comment, pour ces deux raisons – leur extrême douleur, leur capacité extraordinaire à en sortir –, je me suis décidée à travailler en maternité. C'est grâce à eux que j'ai été convaincue qu'un psychanalyste devait aller à l'écoute des nouveau-nés et leur parler. C'est à eux que je dois de penser qu'un bébé peut manquer de mots à en mourir. C'est eux qui me poussent à en témoigner aujourd'hui.

Pouvait-on faire en sorte que, très tôt, à leur naissance, les enfants puissent déjà entendre un témoignage sur leur « vie d'avant » (la séparation) quand tous les représentants de leur histoire (père, mère...) n'étaient plus là pour le leur dire ? S'il était intéressant d'aller en maternité parler aux nouveau-nés en difficulté de vivre, c'était d'abord pour ceux-là, qui n'avaient plus aucun lien avec leurs géniteurs ni avec leur lignée. Ces enfants, faute de situer leur courte histoire passée de façon « transgénérationnelle », ne pouvaient donner un sens présent au futur de leur vie, et il fallait tenter d'intervenir pour les y aider.

L'accouchement au secret représente une exception au travail habituel d'un psychanalyste. D'abord parce qu'il ne représente heureusement qu'une part minoritaire des patients-nouveau-nés. Ensuite parce qu'il ressortit à une urgence de parole.

Un psychanalyste n'est pas accoutumé à l'urgence ; il s'en défie plutôt comme d'un piège qui l'empêcherait d'entendre que l'inconscient n'a pas de temps. Pourtant, il faut intervenir en urgence dans le cas de l'accouchement au secret. Il faut certes un nursing adapté à ces enfants abandonnés, et les institutions s'y attachent maintenant avec plus ou moins de bonheur. Mais, plus loin, ils ont besoin d'un véritable accueil langagier pour s'épanouir. Il faut agir, au plus vite et le mieux possible, pour nommer les choses et permettre à ces enfants de conquérir leur humanité ; on a trop vu qu'une négligence à ce propos, ajoutée à la douleur de la séparation, ait manqué la leur faire perdre.

De X à Ixette

Nommer l'humain peut être pris ici au pied de la lettre. Ainsi, au début de ma pratique à la maternité, je croise une auxiliaire de puériculture portant comme souvent un bébé « en kangourou », c'est-à-dire serré dans un tablier contre son ventre pour maintenir avec lui un contact de tous les instants. Elle s'avance vers moi :
« Je te présente Ixette !
– Ixette ? C'est son nom ?
– C'est-à-dire... Elle est née sous X il y a quatre jours, et comme elle n'a pas de prénom, on l'appelle Ixette en attendant.

Ixette ? Comment pouvait-on accepter dans une maternité de pointe qu'un nouveau-né, seul sans sa mère dans un service, soit ainsi appelé ? « X... » pour le matricule : à qui cela ne rappelle-t-il pas l'horreur des camps de concentration ? « ...ette » pour le sexe, guère plus qu'un individu femelle ! De quel type serait une société qui supporterait une telle violence symbolique ?

Je suis partie faire mon enquête et j'ai appris que la mère n'avait pas voulu donner de prénom à cette enfant. Comme il est d'usage en pareil cas, c'est la sage-femme qui lui en avait attribué un : Sandra. Sur ce, le bureau de l'état civil de la mairie avait ordonné de lui retirer ce prénom, prétextant que la sage-femme n'avait pas le droit de prénommer cette enfant. D'où ce surnom de fortune, Ixette, en attendant la prochaine injonction municipale... Il se trouve que cette intervention « légale » était non seulement violente à son insu, mais illégitime au regard des textes de loi de l'époque. Elle fut bien vite contredite, sur notre demande, par une lettre du procureur, car elle reposait sur une confusion. Cette « erreur » avait certes sa logique, mais n'en était pas moins « folle » : la mairie s'appuyait sur le fait qu'elle avait seule le droit « d'attribuer des prénoms aux enfants dont la filiation est inconnue ». Or un enfant dont la filiation est tenue secrète n'est pas un enfant dont la filiation est inconnue ! Quelques coups de téléphone ont donc suffi à rétablir les choses et rendre son prénom à Sandra.

Je me suis ensuite arrangée pour retrouver le peu qu'on savait de son histoire, et j'ai invité l'auxiliaire de puériculture à m'accompagner pour parler à ce bébé. « Tu t'appelles Sandra... », ai-je commencé, puis je lui ai raconté sa vie. Durant le temps qu'a duré ce court exposé, elle a physiquement réagi par une expression que je n'ai pas oubliée : elle ouvrait puis fermait la bouche comme si elle avalait ce que je disais. J'étais émue par cette « réponse », et à la fin de l'entretien l'auxiliaire de puériculture m'a dit : « Merci pour elle ! » Ce n'est pas de simple réflexe de tétée qu'il s'agissait là, mais d'une incorporation physique des paroles, et de notre part d'une sensation également physique d'être écoutées. Il suffit d'imaginer des acteurs qui disent pour la première fois sur scène un texte dont, grâce au public, ils apprennent qu'ils ne soupçonnaient pas tous les effets, pour percevoir ce que nous ressentions.

Au cas où je me serais crue victime d'une toute nouvelle sensiblerie que je ne me connaissais pas, la répétition de telles expressions chez nombre de nouveau-nés abandonnés aurait fait taire ma frayeur. Grâce soit rendue à l'histoire de la psychanalyse qui a produit des concepts tels que l'incorporation du stade oral comme liée à l'identification, ou de notions comme celle de nourritures symboliques... Ils permettent de saisir que le sujet pense, « bricole » des concepts, et que ces concepts sont d'abord du corps. En l'espèce, une bouche en demi-lune chez cette enfant qui se met à sourire à la vie qu'elle conquiert, et pour la puéricultrice une intelligence de la situation de cette enfant à partir de son ventre en contact avec elle.

De séparation en séparation

La destinée de ces enfants nés sous X ne m'est pas connue. Mais l'avenir des enfants nés d'un accouchement au secret, c'est, avant même l'adoption éventuelle, la séparation répétée et l'attente.

Séparation d'avec la mère à la naissance, bien sûr. Mais aussi départ de l'hôpital vers une pouponnière, une famille d'accueil provisoire ou une assistante maternelle ; rupture encore quand il faut rejoindre une famille adoptive. Autant de coupures d'avec les entourages successifs, qui réactualisent pour l'enfant la première séparation. C'est de cette constatation que j'étais partie : les symptômes présentés par certains de ces bébés renvoyaient à des liens créés avec ceux qui se sont occupés d'eux dans les premiers jours de leur vie à l'hôpital. Ces liens, pas plus que l'inévitable séparation qui fatalement les concluait, n'étant symbolisés, la coupure réapparaissait dans le symptôme clinique. Il faut donc préciser aux enfants les limites de ces liens, leur dire qu'ils ne sont que provisoires, que les puéricultrices ne sont pas leur mère mais des personnes payées pour prendre soin d'eux. Il faut ajouter que la séparation d'avec elles n'est pas un bout d'histoire qui se répète, mais une étape importante et un départ vers une institution nouvelle où leur avenir se prépare : un avenir d'adoption par exemple, mais aussi tout type d'avenir qui se constitue à partir d'un lien social, et non pas dans la fatalité d'une séparation toujours répétée.

Partir, c'est mourir un peu, dit le proverbe. Partir, pour un nouveau-né séparé de sa mère et vaguant d'hôpital en institution en attente d'adoption, c'est quelquefois être assez peu attaché à sa vie pour la subir sans vouloir y être pour rien. Dans toute la littérature liée à la séparation précoce, les syndromes les plus divers ont été décrits. Diverses théories sont apparues pour les expliquer, la plus célèbre restant celle de l'*attachement*, dont nous avons dit que nous ne la partagions pas. Mais, quelles que soient les options prises, ces êtres, pour qui une enfance passée en institution voire une adoption ont été problématiques, sont tous des enfants pour qui n'a pu se faire une mise en œuvre symbolique de ce qu'ils ont confusément vécu de façon perceptive à la naissance, ou avant.

L'état de la loi

Laissons de côté l'adoption, et intéressons-nous à son origine principale : l'abandon. On parlait d'abandon autrefois. La loi a banni ce terme qu'elle considère comme péjoratif dans la quasi-totalité des cas. On a donc employé successivement les termes d'accouchement anonyme, d'accouchement « sous X », et depuis peu d'accouchement au secret.

Par une loi spécifique, notre société permet en effet à des femmes de donner naissance à un enfant sans que quiconque puisse légalement faire publiquement état que cet enfant-ci est bien celui de cette femme-là. « Quiconque » désigne aussi bien le maire ou tout représentant de la société, que le personnel médical qui a aidé à l'accouchement, et l'enfant lui-même. Au plus tard dans un délai de trois jours, l'enfant est obligatoirement retiré à sa mère et confié à une institution privée ou publique aux fins d'adoption.

Le secret de l'accouchement est consigné dans un dossier envoyé à la DASS, lequel contient dans le meilleur des cas les mentions tolérées ou interdites par la mère du nom du père biologique, des circonstances de la naissance et d'un mot adressé éventuellement par elle à son enfant. Y est rajouté le procès-verbal d'abandon, signé par l'assistante sociale. Pas par la mère. L'enfant, à sa majorité, peut obtenir de consulter ce dossier et y découvrir en principe la part de secret que la mère aura accepté de lui livrer. Si ses parents adoptifs sont d'accord et l'accompagnent, il pourra même consulter ce dossier dès l'âge de 13 ans.

La mère peut revenir sur sa décision et demander à reprendre son enfant dans un délai de deux mois, au-delà duquel plus rien ne doit faire *a priori* obstacle à une séparation définitive. Voilà l'état brut des choses, sans plus de commentaires, révisé par la *loi nº 96-604 du 5 juillet 1996 relative à l'adoption.*

Telle quelle, cette loi suppose une excellente collaboration entre les différents partenaires qui ont à en connaître : assistantes sociales, personnel de l'hôpital, institutions publiques et privées s'occupant d'adoption et administrations compétentes. Ce n'est pas toujours le cas, mais il se trouve que depuis l'expérience menée par F. Dolto il y a trente ans, les relations entre l'ASE, la pouponnière d'Antony et les « psy », étaient particulièrement saines et élaborées. Rue Cujas, F. Dolto recevait les enfants en souffrance à sa consultation et reprenait leur histoire à partir du symptôme et du matériel qu'ils apportaient dans la séance. De la même façon, elle avait mis au point avec les représentants de l'ASE un système visant à tenir les enfants directement au courant de l'avancée de leur dossier. Les représentants de groupement venaient régulièrement voir les enfants à la maternité puis à la pouponnière d'Antony, et leur décrivaient l'état des démarches : « on te cherche une famille », « on l'a trouvée », « il y a un problème pour en chercher une parce que tu es malade », etc. Ce système est toujours actuel et permet une exceptionnelle collaboration entre la pouponnière et la DASS ou l'ASE. Pourtant, surgit tout de suite le problème de l'urgence. En effet, si les représentants de l'ASE viennent à l'hôpital dès qu'ils sont prévenus de l'accouchement au secret, la moindre période de vacances ou de désorganisation des services met à mal leur volonté d'intervenir rapidement. Le délai peut aller jusqu'à plusieurs semaines, délai durant lequel personne ne parle aux bébés. Il faut donc absolument empêcher qu'un tel dysfonctionnement ne laisse ces enfants sans recours pendant si longtemps ; il faut trouver un moyen de leur assurer des paroles en urgence. Ce qui exige de moi un effort de réflexion partagé avec tous, avec les équipes de l'hôpital comme avec les différents autres partenaires.

Un autre problème de délai se pose à l'hôpital. Doit-on interdire aux mères d'aller voir l'enfant qu'elles ont décidé d'abandonner tant qu'il est hospitalisé, ou le tolérer ? À Béclère, pour respecter la décision de la mère, nous éloignons l'enfant en le plaçant en service de pédiatrie. Nous laissons néanmoins la mère aller lui rendre visite lorsqu'elle le souhaite, pourvu qu'elle soit accompagnée d'une assistante sociale ou d'une sage-femme qui garantisse qu'elle est bien la mère. Aucun texte ne l'interdit expressément. Le personnel du service de pédiatrie ne se sent pas plus autorisé à lui interdire de le baigner ou de lui donner des soins. Par contre, nous lui expliquons qu'elle n'aura plus accès à son enfant une fois qu'il sera sorti de l'hôpital. C'est ainsi que nous interprétons le flou juridique en la matière.

À la maternité, ce qui intrigue de prime abord est l'effet de l'accouchement au secret sur le personnel soignant en général. L'accouchement au secret bénéficie d'une aura de drame, et mobilise à ce titre des comportements personnels chargés d'émotions incontrôlées, quand ce n'est pas des réflexes de citoyen ou d'électeur : on est pour ou contre, on s'en réjouit ou on s'en désole, on voudrait l'empêcher ou faire quelque chose pour qu'il se passe bien... Il est extrêmement difficile de garder une neutralité minimale pourtant souhaitable si l'on ne veut pas voir mère et enfant ballottés dans des enjeux moraux ou idéologiques qui les dépassent. Les dérapages ont été nombreux à la maternité, et là aussi il a fallu « légiférer », c'est-à-dire instituer un protocole particulier pour endiguer les effets incontrôlés de dérives personnelles. Ces dérapages menaient certains membres de l'équipe à des réactions qu'*a posteriori* ils jugeaient étrangères à leurs habitudes, et pourtant bien réelles...

Une pédiatre de la maternité, talentueuse tant par son sérieux professionnel que par son approche sensible des « personnes-bébés », devait un jour accompagner un enfant né d'un accouchement au secret dans le service de pédiatrie situé à l'autre bout de l'hôpital, où il attendrait d'être transféré en pouponnière. Cette pédiatre avait là affaire à un enfant de la même origine qu'elle, et elle était révulsée à l'idée du malheureux destin qu'elle lui prêtait. Pendant le trajet entre les deux services, il lui vint des pensées

étranges et incontrôlables – c'est elle qui me l'a confié après coup. Elle s'était mise en tête d'emmener le bébé chez elle pour l'élever avec ses propres enfants. Sans plus se raisonner, elle lui parlait intérieurement : « Pauvre petit, je vais t'emmener chez moi, t'élever avec les miens, pour que tu puisses avoir une bonne famille... »
Cette pensée, irrésistible, l'avait occupée tout le long des couloirs, et elle était prête à bouleverser sa vie en un éclair. Mais, me dit-elle par la suite, quelque chose de très chevillé qu'elle a au corps – est-ce sa blouse blanche de praticienne ? – la retint encore et lui intima de courir jusqu'au service de pédiatrie pour rejoindre ses collègues et recouvrer ses esprits. Ce qu'elle fit, heureuse d'échapper à son premier élan. Mais comme les élans les plus irrésistibles sont souvent les plus tenaces, et qu'on ne fait pas taire l'inconscient par un « examen de conscience », elle laissa une petite trace de son envie première : contrairement aux principes de sécurité de base de sa profession, qu'elle est la dernière à négliger, elle oublia de signaler à ses confrères que la mère de l'enfant avait un diabète, et qu'il fallait donc surveiller la glycémie du bébé ! Heureusement, l'oubli a été repéré et réparé rapidement, et l'enfant a été soigné comme il se devait.

Qu'est-ce qui fait que les professionnels les plus aguerris peuvent sortir de leur fonction ? Pendant qu'ils sont à l'hôpital, les enfants « au secret », coupés de leur mère, se retrouvent dans un *no man's land*, comme en apesanteur dans le champ des fantasmes de potentialités parentales réveillés chez chacun. Tout le monde peut se sentir comme appelé à être le parent de ces enfants-là. Je ne dis pas que ce sentiment soit forcément conscient. Il peut néanmoins arriver qu'on cède un instant à cet appel imaginaire. Les réactions n'en sont pas forcément « généreuses » pour autant. Elles sont souvent négatives et rejetantes, moralisantes la plupart du temps.

Un jour, c'est une mère qui, ayant accouché au secret, refuse de voir le bébé. Et l'on voit un interne de la même origine qu'elle, qui ne supportait pas l'idée qu'une femme de sa communauté puisse abandonner son enfant, se précipiter en salle d'accouchement et lui mettre le bébé de force dans les bras. Et de lui dire que l'enfant est magnifique, et qu'elle doit bien le regarder et le tenir contre elle.

Une autre fois, c'est un anesthésiste qui juge une jeune accouchée au secret trop fruste pour comprendre le déroulement d'un accouchement sous péridurale, et estime donc ne pas devoir lui prescrire ce type d'anesthésie ! Devait-elle obligatoirement souffrir pour payer l'abandon ? J'ai demandé moi-même à une sage-femme d'intervenir dans ce cas pour obtenir ce que n'importe quelle femme aurait eu dans un autre contexte que celui de l'accouchement au secret, et la péridurale fut bien faite.

Une autre fois encore, c'est un officier de l'état civil qui prend sur lui de refuser le prénom de Mohamed donné par une accouchée au secret, parce que ce prénom était trop typé et que « le pauvre enfant avait déjà assez d'ennuis comme cela » ! Ou bien, plus amène, une infirmière qui appelait continuellement « mon pauvre petit » un bébé abandonné dont elle s'occupait : comment le « pauvre petit » n'éprouverait-il du mal à devenir par la suite grand et heureux ?

Il est difficile d'échapper à ce type de réactions inappropriées, ou au moins aux procès d'intention à l'encontre de celles qui demandent l'accouchement au secret. C'est aussi pour soulager les membres de l'équipe du poids angoissant ou affolant que j'ai donc élaboré petit à petit une procédure de traitement des demandes d'accouchement au secret.

L'urgence de parole

Le voyage de Pierrette

Le cas de Pierrette est assez exemplaire de la part de *don* qu'il y a dans *abandon* pour qu'il en soit fait état ici. Il m'a beaucoup fait réfléchir à une procédure d'accueil respectueuse de ces femmes en détresse.

Pierrette, âgée de 13 ans, s'est présentée un jour à Béclère enceinte d'un peu plus de sept mois, pour accoucher et exposer sa situation. Elle était accompagnée de sa mère. À la demande de Pierrette, je les ai reçues ensemble.
Elles semblaient très liées toutes les deux ; pourtant, elles se connaissaient encore peu. Pierrette n'avait vu ses parents qu'épisodiquement jusqu'à l'âge de 3 ans, puis ne les avait plus revus jusqu'à maintenant. Originaire d'Afrique noire, la mère de Pierrette était venue faire des études en France avec son mari quand Pierrette avait 3 mois, et avait dû la confier à sa sœur, au pays. Trois ans après la naissance du bébé, son père fut interdit de séjour en tant qu'opposant au régime. Frères et sœurs avaient alors trouvé asile en France, tandis que Pierrette restait en Afrique confiée aux soins de sa tante. Peu de temps avant notre entretien, le père venait de mourir d'un arrêt cardiaque. À cette occasion, la mère avait enfin obtenu l'autorisation de regroupement familial qui lui avait été refusée jusque-là. C'est au deuil de son père que Pierrette devait de retrouver sa famille : elle vint donc en France.
Or, en passant la visite médicale pour l'immigration, on avait diagnostiqué la grossesse de Pierrette. Elle me disait ne pas s'en être aperçu à l'époque. D'ailleurs, elle n'était réglée que depuis peu, et disait tout ignorer de la sexualité. C'est le frère d'une amie qui l'aurait violée. En tout cas, se sachant enceinte, elle avait débarqué en France et y avait

retrouvé sa mère. Quand celle-ci avait été mise au courant, elle avait décidé de l'accompagner à Béclère. Devant cette situation, je leur exposai les données du problème et les différents cas de figure : l'adoption simple, l'institution, la famille d'accueil, l'éventualité que l'enfant soit élevé par sa grand-mère, l'accouchement au secret… Et je leur proposai de réfléchir à tout cela et de reprendre rendez-vous. Ce qu'elles firent.

Au deuxième entretien, la réponse était prête, et elles la dirent d'une seule voix : « On va le donner ! »

Joli cadeau en effet, d'autant plus précieux qu'il était anonyme. Puis chacun donna ses raisons. La mère de Pierrette expliqua qu'elle avait pesé le pour et le contre : « J'aurais voulu m'occuper moi-même de l'enfant. Si mon mari était en vie, cela aurait été certainement possible. Mais ce deuil me touche trop, c'est trop récent pour que je me sente capable d'élever cet enfant. »

Pierrette fut plus laconique :

« J'ai 13 ans et je ne peux pas être mère. Je veux aller à l'école. »

Il fut donc décidé de confier l'enfant à l'ASE. L'avenir de l'enfant fut discuté par sa mère et sa grand-mère. La mère refusa de le voir mais promit pour lui « une prière ». La grand-mère, elle, tint à transmettre quelque chose : elle proposa, avec l'accord de sa fille, de l'assister à la naissance, de lui donner des prénoms et une médaille. Rarement dossier d'accouchement au secret fut si précis. Après la naissance, la grand-mère et moi sommes donc allées parler à l'enfant. Pierrette nous avait demandé de tout dire sauf ce qui concernait le viol et son identité. L'enfant était magnifique. La grand-mère en larmes le tenait dans ses bras tout le temps de la rencontre. À deux, nous avons pu lui raconter ce qu'il en était de son père et du fait qu'il ignorait sa naissance, de l'absence d'histoire d'amour qui avait présidé à sa conception, de l'espoir qu'avait sa mère en revanche qu'elle trouve de l'amour dans une autre famille. La grand-mère y ajouta tous les vœux touchants dont son cœur généreux était capable. L'enfant partit en pédiatrie, puis fut accueilli en pouponnière.

Comme on le voit, je me suis tenue volontairement en dehors de tout conseil ou de toute appréciation. Ils n'ont rien à faire dans l'accueil des femmes qui demandent à accoucher au secret. Dans ces entretiens, jamais je ne juge ni n'encourage. Je me contente de rester ferme sur la procédure :
« Rien ne sera décidé sans vous, au sens strict du terme. Nous sommes là, l'assistante sociale et moi, pour vous éclairer sur les possibilités que vous octroie la loi et sur l'importance que votre concours aura pour l'enfant. Je suis là pour accueillir vos désirs et leur donner force de loi. Mais c'est à vous de vous prononcer. »
Le cheminement émouvant de ces deux femmes au cours de ces deux entretiens est je l'espère un plaidoyer éloquent pour une telle neutralité active. Certes, Pierrette est encore une enfant, et c'est en enfant qu'elle veut se débarrasser sans plus de souci de son bébé. Certes, elle répète peut-être là l'abandon de fait dont elle a été victime à l'âge de 3 mois. Certes, ce « cadeau » efface quelque chose qui, bien qu'elle se refuse à l'admettre, ne pourra jamais l'être vraiment pour elle. Mais ce cadeau est vraiment un don, autant qu'un abandon : il a été discuté et parlé entre Pierrette et sa mère.

Accompagner l'accouchement au secret

Pour permettre un progrès à des sujets en désarroi, il a fallu réfléchir à une procédure globale qui permette à la fois d'écouter ces mères dans le respect de leur douleur, de les soutenir et de les accompagner dans l'urgence que commandait leur situation, et de parler à leurs enfants.

Quand je suis arrivée, l'habitude était que les mères demandant l'accouchement au secret soient reçues par une des deux assistantes sociales. Avec elles, nous avions créé un groupe de réflexion sur ce sujet. L'idée était d'échanger et de travailler avec les gens de la maternité aussi bien qu'avec les responsables de la pouponnière d'Antony qui recevait la majorité des bébés confiés à l'ASE. Venaient aux réunions les membres de la maternité et du service de pédiatrie qui se sentaient concernés, toutes fonctions confondues. S'y ajoutaient, comme venant de l'extérieur : des représentants de la pouponnière d'Antony, des responsables de haut niveau de l'ASE et des services de l'adoption, certains membres des groupements de circonscription ; Simone Chalon, responsable de la Famille Adoptive Française (l'œuvre privée que nous mettons souvent en contact avec les mères quand elles ne souhaitent pas recourir à l'ASE), et ses collaboratrices ; les gens du service Moïse (qui accompagnent les femmes enceintes en difficulté qui veulent abandonner) et ceux du service Illithye (qui gèrent des appartements où les femmes enceintes désirant accoucher au secret peuvent aller vivre leur grossesse et être soutenues). Ces réunions, bimestrielles, étaient intenses parce que passionnées. Tout y était abordé, du prénom aux textes de loi en vigueur : ce qu'on pouvait faire ou non, ce qui restait ambigu ou flou… Les discussions ont un moment tourné sur la nécessité de parler aux nouveau-nés et de le faire en urgence, et des moyens qui rendraient ce but réalisable. Malgré la volonté de chacun de collaborer au nom de l'idée qu'ils se faisaient du bien de l'enfant, ma pratique fut contestée par certains, au motif que c'était au Conseil de Famille, l'instance tutrice légale, de sélectionner ce qu'il y avait à dire à l'enfant en fonction de « son bien », et pas à un intervenant direct. J'ai passé outre à cette contestation, car je voyais trop bien que le temps nécessaire à la constitution de ce Conseil avait pour conséquence le maintien de l'enfant – et peut-être pour longtemps – dans une situation indéterminée.

Pour ce qui est de l'urgence à considérer, j'avais averti qu'on pouvait même m'appeler pendant le week-end pour un bébé dans cette situation d'accouchement au secret, et que je viendrais lui parler. Il s'agissait d'intervenir au plus tôt, selon l'idée qu'il y avait danger de rupture totale : l'enfant à la naissance, dans ce cas-là, est en disjonction complète de toutes ses perceptions anténatales ; il fallait être là pour les nommer, leur donner sens, faire un pont entre ce passé intra-utérin, le présent et le futur de l'enfant.

Il s'agit d'urgence relative, pour mieux dire « préventive » : elle vise à prévenir le sinistre plus qu'à le réparer, ce qui en matière psychique serait absurde et ne constituerait qu'un passage à l'acte de la part d'un psychanalyste. Mais c'est une urgence. Certes, il faut parfois parler à un nouveau-né qui est malade, qui se suicide ou se laisse mourir, qui veut revenir en arrière : c'est alors une urgence de parole à l'appel du symptôme. Mais, dans le cas de l'accouchement au secret, le symptôme est social ; c'est parce qu'on sait qu'il l'est qu'il faut faire vite. Si l'on n'intervient pas, les « vrais » symptômes, cliniques cette fois, risquent de survenir.

Cette assurance que la chose est prise au sérieux, et vite, a d'ailleurs des effets sur d'autres que les enfants et leurs mères. Sur le personnel d'abord. Si mes confrères me rapportent des expériences qu'ils ont vécues dans d'autres lieux où on ne sait pas où mettre ces enfants ni qui doit s'en occuper, la situation est plus saine à Béclère. Ici, l'on sait les choses qu'on peut faire et celles que l'on ne peut pas faire. Il n'y a plus de flou ni de malaise dans les équipes à la seule idée de s'occuper d'une accouchée au secret, puisqu'on sait que c'est une urgence et qu'on doit appeler la psychanalyste. C'est autant de stress en moins pour travailler efficacement. Cela est vrai dans les deux services concernés (maternité et pédiatrie), où j'interviens spécifiquement à propos des accouchements au secret avec l'accord des deux chefs de service.

De même, quand je raconte leur vie aux bébés, je n'omets pas de préciser qui s'occupe d'eux et à quel titre :

« Une telle prend soin de toi, elle est là pour te consoler quand tu es triste, pour te donner à manger… Elle est là pour ça, c'est son métier. Tu vas devoir un jour te séparer d'elle, mais il y aura toujours d'autres personnes comme elle pour s'occuper de toi jusqu'à ce qu'on t'ait trouvé une famille adoptive… »

Pour ces femmes, ces mots simples et évidents ont l'avantage de dédramatiser les choses : du fait qu'elles sont dites remplaçables, elles ne se prennent pas pour une « mère » de substitution, avec toute la lourdeur affective que cela suppose. Par ailleurs, je parle avec elles de ce que je fais et pourquoi. Je les décharge de ce qui n'est pas leur fonction pour qu'elles m'aident à remplir la mienne, le tout pour le profit du nouveau-né. On évite par cette réflexion commune de placer les différentes équipes dans des situations paradoxales.

À l'époque où aucune procédure spécifique n'existait, on plaçait les enfants sous X dans l'unité kangourou, avec l'argument que c'était le seul endroit où on aurait le temps de les chouchouter. C'était bien le cas d'ailleurs, et les membres de cette équipe rivalisaient encore plus que de coutume de soins attentifs. On apportait à ces bébés force rubans et nœuds pour les habiller, on les faisait trôner sur des baby-relax dernier cri au milieu des peluches et des habits brodés ; chacun s'arrêtait pour leur parler, leur faire un frais ; ils étaient « leur » bébé. Pourtant, le malaise ne décroissait pas en proportion. Il a fallu pour qu'il se résorbe qu'on réfléchisse à nouveau à la définition de l'unité kangourou, qui est une unité *mère-enfant* : que faisaient donc des nouveau-nés abandonnés dans une unité destinée à renforcer le lien entre une mère et son enfant ? On a donc simplement décidé que les enfants sous X iraient en néonatologie s'ils avaient besoin de soins intensifs, en pédiatrie dans le cas contraire.

J'ai dit à propos de Pierrette que la consultation (avec moi) des candidates à l'accouchement au secret était obligatoire. Cela n'a pas toujours été le cas, et là encore la procédure a permis de trancher dans ce sens. Jusqu'alors, je voyais très peu les femmes en projet d'abandon durant leur grossesse, malgré mon désir de le faire, du fait que j'avais demandé aux assistantes sociales qui les recevaient de leur proposer de me voir à leur convenance. Les mères refusaient souvent de me rencontrer, et j'ai fini par comprendre que les raisons de ces refus reposaient neuf fois sur dix sur un malentendu : apparemment, elles s'imaginaient que j'allais leur demander des comptes ! Quand les deux assistantes sociales avec qui j'avais mené l'aventure sont parties exercer leurs talents dans d'autres lieux, j'ai continué la procédure avec leurs successeurs.
Il se trouve qu'à la même époque j'ai été appelée à parler de l'accouchement au secret[1] dans un colloque des médecins de la Protection Maternelle et Infantile (PMI). Dans l'auditoire se trouvait Sophie Marinopoulos, psychologue. Cette femme, qui était responsable d'une association d'adultes

1 Communication au congrès de l'ABREPP (association brésilienne pour l'étude du psychisme pré- et périnatal) à Sao Paulo en 1993, et reprise à l'occasion du congrès des PMI. Voir : M. Szejer, « Silence, on adopte », in *Profession sage-femme*, oct. 1996. Les notions d'« orphelins de parole », d'« urgence de parole », de « liens collectifs de silence », et tous les développements subséquents que j'ai pu leur donner datent de cette époque.

abandonnés pendant leur enfance, avait monté avec sa collègue assistante sociale Sylvie Babin une consultation spécialisée à l'intérieur de la maternité de Nantes, destinée aux mères en difficulté. Une attention particulière y était apportée aux mères ayant le projet d'abandon, pour les accompagner lors de leur grossesse et leur permettre de mûrir ce projet : les aider à accoucher, les aider à transmettre.

N'ayant pas de formation psychanalytique, elle ne se posait pas le problème de savoir s'il fallait attendre une demande pour s'autoriser à entendre ces femmes : la consultation était systématique, quel que soit l'avis des postulantes. Je tiens à lui rendre ici hommage, car je lui dois d'avoir compris ce qui était en question. Grâce à elle, je me suis autorisée à pratiquer moi aussi une consultation obligatoire, en considérant que je n'étais pas dans cette situation d'urgence une psychanalyste *stricto sensu*, mais une spécialiste ayant une formation psychanalytique, dans le cadre d'une demande formulée à l'hôpital – et non à moi, psychanalyste. Donc, quand une femme s'adresse à la maternité pour un accouchement au secret, on lui répond maintenant : « Si vous voulez accoucher au secret à l'hôpital Béclère, vous devez aller voir l'assistante sociale puis le Dr Szejer. » Contrairement à ce qui se passe à Nantes, où elles travaillent en binôme, je vois les mères seules, les assistantes sociales les voyant par ailleurs. De leur côté, Sophie Marinopoulos et Sylvie Babin ont repris de nos échanges l'idée d'une nécessité de parler à l'enfant, et l'ont systématiquement employée par la suite. Au total, cette procédure inédite de l'accueil aux accouchées au secret est donc le fruit de notre collaboration.

Cet entretien est l'occasion d'un travail d'écoute et d'accompagnement du projet. Il est tenu sous la foi d'un secret professionnel qui dépasse le secret médical, c'est-à-dire que je n'en retranscris pas la teneur dans le dossier médical, à l'exception des réponses de la patiente aux spécifications légales. Mon but est d'être suffisamment sûre de ce qui est à transmettre à l'enfant, surtout si la mère ne veut pas le voir, puisque c'est moi qui irais parler à cet enfant. Ce recueil d'informations, autant l'entendre à sa source la mieux autorisée. Les surprises sont souvent de taille car, s'il peut m'arriver d'avoir un préjugé contre telle demande d'accouchement au secret que je trouve posée à la légère, il n'est pas encore de cas où je n'ai changé d'avis au cours de l'entretien. La sincérité de ces femmes, et la découverte qu'elles font souvent dans le cours même de la discussion des raisons irréfutables de leur demande, l'emportent sur toute autre considération.

Je ne suis pas la seule à être surprise, ni la seule à changer d'avis. Cette jeune femme l'était aussi, qui au cours d'un entretien me disait son souhait d'accoucher au secret. Elle ne voulait à aucun prix de son enfant, m'expliquant que son ami et elle vivaient ensemble et avaient fait ce bébé, mais qu'elle avait trouvé cet ami trop peu aimant, et qu'elle avait rompu avec lui. Lui ne la savait pas enceinte. Elle ne voulait pas plus que sa famille le sache. L'enfant, disait-elle, serait mieux dans une vraie famille qu'avec elle qui se retrouvait « dans le pétrin », sans travail. Entendant cela, il m'est venu spontanément de lui dire :

« Mais finalement, vous l'avez voulu, ce bébé ! »

Je ne savais pas exactement ce que je disais là, sinon que j'avais bien entendu qu'ils avaient conçu cet enfant en connaissance de cause (ils n'avaient pris aucune mesure contraceptive). Quand je l'ai vue ouvrir de grands yeux et acquiescer comme si finalement c'était bien ce qu'elle pensait, j'ai su que mes dires étaient de l'ordre d'une interprétation, d'un dévoilement du désir inconscient.

Comme tels, ils ont eu leur effet, et, lors de la consultation suivante, elle avait décidé de garder l'enfant. Elle est revenue pour ce deuxième entretien accompagnée d'une de ses amies à qui elle se confiait volontiers, et avec qui je l'avais encouragée à reparler de notre conversation. C'est peu de dire qu'elle était transformée : elle était radieuse avec son ventre en avant, et disait se retrouver dans un conte de fées. Elle avait repris contact avec son compagnon, s'étant rendu compte qu'elle n'était pas obligée de partager sa vie avec lui pour donner un père à l'enfant. De ce qu'elle avait compris, lui n'était pas à proprement parler enthousiaste à l'idée de ce bébé. Nous nous sommes dit toutes les deux que le bébé ferait peut-être le nécessaire quand il serait là pour l'attirer dans ses filets ; qu'à défaut, il serait assez fort pour s'accommoder de son destin, puisqu'il en aura été averti. Tous deux seraient certainement aidés par la famille qui, heureuse d'accueillir ce nouveau venu, avait promis son soutien.

Au passage, le récit de cet entretien me permet de dénoncer quelques idées reçues. La première est que l'accouchement au secret servirait à certains de palliatif à l'avortement. Je n'ai pas l'impression que les choses se passent ainsi dans la réalité, en tout cas je ne l'ai pas moi-même constaté. Cette jeune femme, elle, n'aurait avorté à aucun prix, mais elle ne voyait pas comment assurer matériellement une vie à cet enfant. La deuxième voudrait que le fait d'expliquer à des demandeuses ce qu'il en est des modalités d'adoption vaut pour encouragement à l'abandon. Cet exemple prouve le contraire.

Un tel entretien a aussi une visée informative. Avec les mères, ensemble, de façon très rigoureuse, nous constituons un dossier. Je leur redis les droits que leur donne la loi, je leur demande ce qu'elles souhaitent transmettre à l'enfant et par quel moyen : une lettre, des objets, des paroles adressées directement à l'enfant ? Nous voyons ensemble ce qui sera dit, ce qui sera tu, la mention qui sera faite ou non du père..., tout cela selon leurs souhaits. À Nantes comme dans d'autres services hospitaliers et pouponnières, on ajoute à ce dossier un petit livre illustré de photos, dans lequel le personnel soignant raconte pour lui les premiers jours du bébé. Sophie Marinopoulos et Sylvie Babin ont même obtenu à cette occasion un prix qui leur a permis de réaliser des albums reliés du plus bel effet. L'équipe pédiatrique de Béclère fait également un petit livret où l'on trouve des phrases simples qui concernent ces enfants au premier chef : « Tu as bien bu aujourd'hui... hier, tu as pleuré toute la journée... la psychanalyste est venue te voir, t'a raconté ton histoire, et depuis tu dors très bien !... » Les livrets sont pour ces enfants l'équivalent de ce que sont pour d'autres les albums photo que leur mère confectionne avec tant de soin. C'est dire leur importance. Les adoptés y tiennent « comme à la prunelle de leurs yeux », n'ayant pas de mère pour leur raconter leurs premiers moments, ce livret en est le seul témoin.

Soutenir les mères est une chose, parler aux enfants en est une autre, tout aussi capitale. L'enfant a vécu une séparation qui n'a pas encore de sens pour lui, et qui pour les autres est tabou. Il est nécessaire que, d'une manière ou d'une autre, quelqu'un lui en dise quelque chose : sa mère, un psychanalyste s'il lui est donné d'en rencontrer, à tout le moins une personne qui fasse tiers et qui permette que les mots soient mis sur les perceptions anténatales mémorisées. Si ces éléments qui permettent à un nouveau-né de se repérer dans les premiers moments de sa vie sont à jamais perdus – l'odeur, la chaleur, la voix de la mère et la langue maternelle, éventuellement la voix du père, l'ambiance familiale, mais aussi la relation des « histoires de famille »… –, il faut y suppléer. Toute personne qui se sent en mesure de parler à l'enfant, qui connaît par la mère son histoire ou qui sait ce que les parents ont désiré lui transmettre doit se donner pour mission d'intervenir. Car la seule chose qui fasse lien, ce sont les paroles qu'elle prononcera à son adresse et qui donneront sens à ce qui lui est donné de vivre. Cette personne est pour ainsi dire un *go-between*, un messager entre la mère et l'enfant. Elle est celle qui énonce, et non pas celle qui console (l'équipe soignante est plus à même de le faire). Elle peut parler à l'enfant parce qu'elle le fait à la demande de la mère. Dans les cas plus problématiques où la mère n'a laissé aucune trace, il faut aussi pouvoir parler à l'enfant, ne serait-ce que pour lui décrire les circonstances de sa naissance.

Je ne saurais insister assez pour dire combien ce qui peut paraître formel de ma part est essentiel, car la séparation définitive est une épreuve pour un nouveau-né. La loi a ramené le délai de rétractation de trois à deux mois ; aurait-il été réduit à six semaines que cela serait encore suffisant pour un nouveau-né maintenu en apesanteur dans un espace symbolique non défini. Pour qu'un humain puisse se penser humain, il faut qu'il y ait cette coupure dont nous parlions à propos du baby blues. Pour un enfant né dans les circonstances d'un accouchement au secret, il faut qu'une parole extérieure réalise cette coupure, constituant par là une sorte de canevas psychique nécessaire à son développement. Cette parole ne devrait à aucun moment être séquestrée par la suite, comme on verra que ce peut être le cas, afin qu'il puisse grandir sans trébucher dans les trous du secret. Dès lors il pourra venir prendre sa place dans cette histoire très particulière qui le précède et le traverse.

Tous les principes de cette procédure sont simples. Leur mérite est à mon avis d'informer les futures mères qui souvent ne le sont pas, et de leur permettre de décider en connaissance de cause. Écouter, accompagner, préparer l'abandon si telle est la décision prise, l'élaborer, parler à l'enfant, tout cela permet de minimiser le malaise créé par les lois en vigueur, et de les appliquer en respectant les enfants et leurs parents. C'est autant de poids en moins sur les épaules du futur enfant, et c'est une assurance pour l'équipe que les choses sont parlées et qu'il n'est pas nécessaire de « réparer » un destin malheureux par des passages à l'acte inconséquents. Car enfin un secret n'est pas un malheur caché, et il faut un minimum de sérénité pour le respecter.

L'état des lieux

De douleur pourtant, il est bien question ici. L'accouchement au secret, on l'imagine, fait très souvent suite à un drame social : viol, inceste, misère matérielle ou psychique, pressions psychologiques sinon physiques de l'entourage, la liste des circonstances d'un accouchement au secret est douloureusement constante.

Dans certains pays, des enfants meurent parce qu'ils étaient « mal prévus » (en dehors du mariage, dans l'adultère, etc.) : ils ne reçoivent pas les soins qu'ils devraient avoir à la naissance. Les pressions sont telles que les mères aussi risquent leur vie : elles sont mises en position de penser que, pour elles, mieux vaut être mortes que déshonorer la famille.

Il y a quelques années, des femmes originaires de ces pays venaient accoucher au secret en France. L'accouchement au secret tel qu'il est prévu par la loi n'existe en effet qu'en France et au Luxembourg. Elles venaient, disaient-elles, parce qu'elles se sentaient menacées, ainsi que leurs enfants, de vengeances familiales : on ne leur pardonnait pas leur grossesse « illégitime ». Elles parlaient de mise au secret, de rapt, de bébés laissés sans soins… Elles réclamaient en quelque sorte l'asile politique pour leur enfant à naître, et demandaient pour cette raison à accoucher anonymement. On ne voit pratiquement plus de cas de ce genre aujourd'hui. La politique de restriction des visas de notre pays leur a fermé la porte de cet asile. Qui s'en porte mieux : ces femmes, leurs enfants, les services d'immigration ?

On reçoit maintenant des femmes qui, vivant dans des milieux intégristes à Paris, cachent leur grossesse, accouchent au secret et réintègrent leur famille comme si de rien n'était. Elles se vivent clandestines de fait, même si elles ne le sont pas de droit, et ne se sentent aucune possibilité d'élever un enfant. Tout autre choix que l'accouchement au secret leur est quasiment interdit. En admettant qu'elles quittent leur communauté d'origine et acceptent les aides sociales que l'État leur propose pour garder leur enfant, ne mettent-elles pas leur vie ou celle de leur bébé en danger si un membre de la famille les retrouve ? En tout état de cause, elles restent des parias. Faut-il, au nom du respect des autres cultures et de la soumission aux décisions de nos parlementaires sur l'immigration, cacher des faits aussi répétitifs ? Ce n'est pas possible.

À défaut de drame social, il est presque toujours question de drame psychologique dans l'accouchement au secret. Quand on parle de contexte dramatique, il n'est pas question d'en faire l'apanage du quart-monde ou de populations mises dans des conditions extrêmes (misère, guerre) : toutes les catégories sociales sont représentées dans l'éventail des demandes d'accouchement au secret.

Il y a heureusement des contre-exemples à ces drames, et on peut presque parler en certaines occasions d'accouchement au secret par consentement mutuel ! J'évoquerai l'exemple de cette femme de 45 ans reçue aux urgences de l'hôpital pour douleurs abdominales aiguës. L'interne l'a examinée puis, pensant à un fibrome, l'a envoyée pour avis aux urgences-maternité, où on constate... qu'elle est tout simplement en travail. Elle a donc appris qu'elle était enceinte en accouchant ! J'étais présente dans le service alors qu'elle était en salle de pré-partum, et on m'a demandé de la voir parce qu'elle était dans tous ses états, comme on peut l'imaginer. Les médecins et les sages-femmes, conscients de la brutalité de la situation qu'elle vivait, devaient malheureusement faire face à d'autres urgences, et c'est donc à moi qu'il échut de la soutenir. Elle m'a alors confié qu'elle avait déjà eu trois enfants et que cette naissance arrivait à un moment où le couple battait de l'aile. Elle considérait que d'être si malheureuse auprès de son mari empêchait ses trois premiers enfants de s'épanouir, et ne souhaitait pas rajouter au malheur du quatrième. Elle disait son mari alcoolique, violent et maltraitant à son égard, et c'était déjà assez. La situation était terrible pour elle, et, autant le dire, elle parlait de façon poignante de son dilemme : elle reconnaissait cet enfant et en même temps elle pensait ne pas pouvoir l'assumer, craignant de lui imposer son propre malheur. La solution qui lui paraissait la meilleure était « qu'il puisse grandir dans une famille épanouie avec une mère heureuse qui soit capable de transmettre du bonheur ». Elle a donc accouché au secret et abandonné l'enfant en vue d'adoption. Dans le dossier que nous avons constitué ensemble, elle a laissé une lettre avec ses coordonnées, souhaitant qu'il puisse en prendre connaissance le jour où il le désirerait. Le père, mis au courant, donna son accord.

La plupart du temps cependant, les demandes d'accouchement au secret ne sont pas spontanées, et les postulantes ne connaissent pas toujours cette possibilité légale. Elles se révèlent au cours d'une consultation médicale durant la grossesse, ou juste après l'accouchement. Il y a donc de notre part une mission d'information et d'explication à remplir, pour permettre à ces femmes de choisir.

Quand la décision d'accoucher au secret est prise, toutes les femmes que j'ai vues sont fortement remuées, même celles qui ne voulaient pas garder l'enfant, même celles qui voyaient dans cette possibilité offerte par la loi un don fait à l'enfant.

Certaines finiront par changer d'avis au cours du délai de deux mois qui leur est donné. Elles sont rares, et la vérité oblige à dire que, dans la majorité des cas, leur revirement a des conséquences malheureuses. Très souvent en effet, alors même qu'elles ont décidé de reprendre le bébé, elles ne viennent pas le voir, ou si peu. Le résultat est probablement le pire qu'on puisse imaginer pour l'enfant : il est abandonné de fait sinon de droit, mais ne peut pas être adopté tant que ses parents se manifestent, fut-ce épisodiquement. Piégé dans cette situation, il sera élevé en institution. Dans d'autres cas, les mères reprennent leurs enfants, mais les maltraitent. Cette maltraitance, dans la quasi-totalité des cas, est l'écho des sévices dont elles ont elles-mêmes été victimes.

Certaines balancent parfois longtemps sans se décider clairement. J'ai un jour assisté une femme, à qui j'ai demandé comme je le fais habituellement si elle souhaitait qu'on aille parler ensemble à son enfant ou si elle préférait que j'y aille seule. Elle a demandé que je l'accompagne et, en le voyant, lui a déclaré : « Je ne t'abandonne pas ! » On s'imagine ma perplexité, car le terme d'abandon, même supprimé des textes de loi, peut être utilisé comme ici dans toute son ambiguïté : que veut dire le fait de déclarer qu'on abandonne et de dire « je ne t'abandonne pas » ? Voulait-elle ou ne voulait-elle pas confier son enfant pour adoption ? Voulait-elle dire qu'elle revenait sur sa décision ou simplement qu'elle gardait son enfant dans ses pensées ? La deuxième solution était en fait la bonne. Mais c'était sans compter sur son ambivalence, qui perdura jusqu'au terme que lui accordait la loi.

L'histoire de cette valse-hésitation m'est revenue aux oreilles par la suite. Il se trouve que cet enfant a été réhospitalisé après sa naissance dans le service de pédiatrie pour des troubles respiratoires. Je l'ai revu à cette occasion, et lui ai proposé une interprétation, qui porta ses fruits. J'ai suggéré qu'il tentait par ses troubles de retrouver un mode de communication ombilical, c'est-à-dire un mode de communication « pré-respiratoire » :

« En revenant à l'hôpital, c'est comme si tu cherchais ta mère là où elle t'a laissé. Mais elle n'y est plus, et elle n'a pas changé d'avis : elle t'a confié à la pouponnière le temps qu'on trouve une famille pour t'adopter. Ce que tu peux retrouver tant qu'il te plaira, et que tu ne perdras jamais, c'est son souvenir : tu peux le garder toujours au fond de toi. »

Les troubles cessèrent et il put regagner la pouponnière. Peu de temps après, la mère est revenue à l'hôpital réclamer son enfant, et on lui a indiqué qu'il se trouvait à la pouponnière. Elle a attendu plus de trois mois après l'accouchement, très exactement un jour après l'expiration du délai fatidique, pour… demander de récupérer l'enfant ! Une partie d'elle souhaitait l'abandon, l'autre la refusait, mais la deuxième était moins forte et elle s'est débrouillée pour arriver hors délai et faire triompher la première.

Le personnel de la pouponnière, voyant l'enfant pris dans le balancier des désirs contradictoires de sa mère, décida de l'adresser en consultation à un de leurs correspondants psychanalystes. Il souhaitait savoir si l'enfant était psychologiquement prêt à être adopté. À ce qu'on m'a dit, il semble qu'il l'était.

Secrets de famille, secret d'État

À propos de ces accouchements, nous parlons de secret, et le mot rend compte de la chose au-delà de la compréhension immédiate. Le secret, en latin ce qui est *secretus*, c'est en effet ce qui est « séparé », « dissous » (de *secernere*, séparer, trier). Ce qui sécrète quelque chose, une *secretio*, selon la même étymologie, est le fait d'une *mise à part*. Or, s'il s'agit de « sécréter du secret » sur ces accouchements, s'il s'agit de *mettre à part* quelque chose qui concerne la *séparation* dans ces naissances particulières, c'est souvent à propos du rapport fécondant. Il y a des chances que ce secret devienne, pour l'enfant adopté et pour les générations suivantes, un *secret de famille*. En cela, d'ailleurs, l'enfant né de l'accouchement au secret n'échappera pas au sort commun de tous les enfants du monde.

Secrets de famille et romans familiaux

Quittons pour un moment le champ restreint de l'accouchement au secret, et intéressons-nous à ces secrets de famille qui sont le lot de tous. Que sont les secrets de famille ? Ni plus ni moins que ce qui alimente tous les romans familiaux, et donc l'Œdipe. Pas besoin d'ailleurs que ces secrets soient sus pour qu'ils opèrent ; il suffit qu'ils existent. Ce sont eux qui peuvent remonter au jour dans le baby blues par exemple, dans ce moment d'après la naissance qui produit cette ouverture de l'inconscient dont nous avons parlé. C'est souvent l'occasion en effet d'énoncer les secrets de famille, conceptions « illégitimes » et autres « cadavres dans le placard ». Les grands-parents, les tantes « en visite », délient leur langue à l'occasion des naissances.

Le nouveau-né, qu'il ait été ou non touché par ce secret pendant sa vie anténatale, peut alors bénéficier de sa levée. Il faut s'employer à ce que cela puisse être fait devant lui, aider les parents à parler, à dire les choses qu'ils n'auraient pas dites ailleurs, quelquefois même à réaliser la portée de ces secrets qu'ils enfouissaient. Par là, on peut espérer garantir à l'enfant qu'en plus des circonstances plus ou moins difficiles de sa conception ou de sa naissance, il n'ait pas à porter le poids de la culpabilité liée au secret.
Les secrets de famille peuvent peser sur le nouveau-né, voire même sur le fœtus. Catherine Dolto-Tolitch, dans une réunion de l'association La Cause des bébés, disait que si, pendant une séance d'haptonomie, le couple levait un secret de famille elle sentait le fœtus réagir. Partagerait-il le secret ? De la même façon que nous avons pu parler de la sensorialité prénatale, on aimerait dire que l'enfant en sait quelque chose, mais qu'il ne sait pas quoi. Lorsque C. Dolto-Tolitch dit que la levée du secret de famille touche le fœtus... *via* la femme enceinte, il faut comprendre qu'il mémorise des perceptions, qu'il pourra ou non lier à des mots après sa naissance.

La caractéristique de ces secrets de famille, constitués par les familles et transmis sous forme de non-dits, est de transmettre une béance qui traverse les générations. Ce n'est pas seulement le fœtus ou le nouveau-né qui sont concernés, mais l'homme ou la femme dans le parcours de sa vie, et même ses descendants. Je renvoie aux tranches de vie dont Serge Tisseron rend compte dans ses ouvrages, pour illustrer ce qu'il en est du secret de famille[1].

L'une des plus connues désormais, grâce à lui, est celle d'Hergé, le créateur de Tintin. Le père d'Hergé et son

1 S. Tisseron, *Secrets de famille mode d'emploi*, Ramsay, 1996.

jumeau sont en effet nés de père inconnu, et n'ont dû qu'à un mariage de circonstance leur patronyme de Remi. Le secret fut maintenu par la grand-mère sur son amant, tout en laissant cours aux suppositions les plus romantiques de son petit-fils : son grand-père serait-il de très haute origine, le roi des Belges peut-être ? Toute la fantasmagorie de l'enfant Georges, puisque c'est son prénom, s'élaborait autour de cette question du secret. George Remi, devenu adulte, créera l'œuvre qu'on sait sous le pseudonyme d'Hergé, RG pour les intimes (Remi George). Or, dit Tisseron, Hergé se serait servi d'une œuvre de fiction tout à la fois comme modèle explicatif de ses propres secrets familiaux et comme source inspirante de son œuvre. Cette œuvre de fiction n'est pas anodine au regard de ce qui nous intéresse ici, puisqu'il s'agit de *Sans famille* d'Hector Malot. Hergé avait des raisons particulières d'y voir un chef-d'œuvre. Le héros de l'histoire, souvenons-nous, s'appelait Rémi, l'un de ses frères s'appelait Alexis comme le père d'Hergé, et l'une de ses sœurs Lise, soit à une lettre près le prénom de la mère d'Hergé (Lisa). Les origines nobles de Rémi, enlevé à ses parents pour être élevé par une famille plus modeste, ne pouvaient que toucher Hergé. Quant aux personnages de *Tintin*, ils sont autant de renvois à ceux de *Sans famille*, Tisseron le démontre abondamment : jusqu'au château de Moulinsart qui évoque *Milligan* (*mill* veut dire « moulin » en anglais), le château des ancêtres du Rémi d'Hector Malot.

Secret et anonymat :
le point de vue de la loi et celui du psychanalyste

Les livres parlent aux livres, si l'on en croit cet exemple, et les sujets trouvent toute leur étoffe dans ce parcours signifiant qui les représente. Les secrets de famille traversent les générations. Les non-dits de l'histoire familiale créent comme un gouffre qui appelle les sujets à s'y retrouver. Ici, c'est pour le meilleur de la sublimation, et les tintinophiles n'ont qu'à s'en louer. Ces secrets de famille, ce sont si l'on peut dire le manque à l'état pur, le trou dans la trame qu'aucune reprise ne peut combler. Cette béance est constitutive de toutes les familles, nul n'y échappe. Pourtant nous n'en devenons pas tous fous, parce que nous avons toujours un recours imaginaire, aussi déformé soit-il, aux histoires de nos ascendants, aux fondations de nos lignées. Si nous repensons à l'accouchement au secret dans cette optique, nous voyons qu'un tel recours imaginaire est rendu très difficile.

Or la loi française brouille les cartes un peu plus s'il est possible. Elle considère comme transmissibles et non soumis au secret les éléments « non identifiants » : poids de la mère, taille, couleur des yeux et de la peau, etc. Au-delà, elle se réserve d'interdire toute transmission de ce qui fait pourtant le sens d'une vie. Au-delà de l'anonymat des mères qu'elle préserve, elle risque alors de dénier à leurs enfants le droit à leurs origines.

Par le droit à l'anonymat qu'elle concède aux mères, la loi permet à notre pays de poursuivre sa vocation de terre d'asile : elle sauve des vies humaines, celle des femmes en danger dont nous parlions tout à l'heure par exemple. Mais en sélectionnant parmi les éléments non identifiants ce que bon lui semble, elle interdit aux adoptés, à défaut d'origine, un accès permanent et inconditionnel à leur histoire. L'enfant est en quête du récit qui pourra lui permettre de répondre à la question : pourquoi m'ont-ils abandonné ? Cette réponse est encore plus nécessaire aux bases de son existence que de savoir qui l'a abandonné. C'est à pouvoir y répondre qu'il pourra plus facilement, lui aussi,

adopter une famille, son histoire et l'identité qu'elle lui propose.
Dans la pratique, la loi l'oblige à se conformer à l'injonction d'ignorer ce qu'en fait, *inconsciemment*, il sait. Qu'arrivera-t-il en effet à cet enfant après la naissance ? Sans attaches, ballotté au gré des projections fantasmatiques parentales de chacun, il sera souvent confié à la tutelle du préfet et au gardiennage du conseil général qui, par l'intermédiaire de l'Aide Sociale à l'Enfance et du Conseil de Famille, en assume la responsabilité jusqu'à l'adoption. Ces instances tutélaires s'adjugent le droit de sélectionner dans son histoire ce qu'il est bon ou mauvais de transmettre « dans l'intérêt de l'enfant ». Ce faisant, elles s'autorisent à censurer certaines informations fournies par les mères qu'elles jugent sans pertinence pour lui. Ces informations sont prétendument censurées dans l'intérêt de l'enfant, mais c'est bien souvent l'intérêt ou la réputation des parents adoptifs qui sont en cause. Comment dès lors les parents adoptifs ne céderaient-ils pas à la tentation d'effacer cette histoire malheureuse d'avant l'adoption ? Si même ils y résistaient, comment l'enfant s'y retrouverait-il ? Par cette censure, sous couvert de pédagogie ou de moralité, ces institutions idéalisent une certaine vision de la maternité et de la parentalité. Une telle vision ne peut servir l'enfant, que je sache, car, disons-le : elle crée des liens collectifs de silence incontestables. Ces secrets au profit de la société créent des orphelins de parole et fabriquent des enfants « trop » adoptables, des enfants en dehors des lignées, des enfants de tout le monde et de personne.

Très souvent, les femmes qui pensent accoucher au secret veulent créer du secret de famille sur la question du rapport fécondant, surtout s'il s'agit de viol ou d'inceste. Elles souhaitent que rien de tout cela ne soit transmis à l'enfant. Parfois même, elles souhaitent que rien ne soit transmis du tout du père biologique. Il faudrait respecter ces exigences, parce qu'elles émanent de la mère. Mais il faut préciser dans le dossier : « pour des raisons qui sont les siennes, Mme X ne souhaite pas parler du père biologique ni des conditions de la conception de cet enfant, dans la mesure où elle considère que c'est sa vie privée ». Ne serait-ce qu'une phrase comme celle-là peut tout changer, parce que le père biologique a été pointé comme existant : il n'y a pas de forclusion.

La situation est toute différente lorsqu'une assistante sociale, parce qu'elle le sait, inscrit sur le dossier « viol ou inceste », et que cette information lue par le Conseil de Famille est censurée par lui. Nous sommes là dans une pure folie, qui tend à faire du *secret de famille* un *secret d'État*. Comme si le Conseil de Famille, prévu par la loi, se prenait pour la famille. Ce Conseil devrait au contraire entériner ces informations et les transmettre intégralement à la famille adoptive. Si la famille adoptive en censure temporairement des éléments, en fonction de ses exigences pédagogiques, elle sera tout de même en mesure d'éduquer l'enfant pour ce qu'il est.

Une famille adoptive, qui a connaissance d'un secret de famille communiqué par la mère de naissance, peut le reprendre à son compte en disant à cet enfant : « nous ne savons rien, parce que ta mère de naissance a souhaité qu'on ne sache rien ». Cela diffère radicalement de la censure étatique, car on préserve alors l'avenir.

Prenons le cas des femmes originaires de l'ex-Yougoslavie. On sait la politique de viols programmés dans le cadre de l'épuration ethnique, comme on a connu les expériences eugéniques du IIIe Reich allemand. Certaines femmes bosniaques ont pu accoucher au secret en France. Par là on a aidé à ce que, de la douleur indicible qui les frappait, vienne au jour de l'humain comme une vivante réponse à la barbarie qui l'avait engendrée. Supposons maintenant qu'une famille adopte un enfant bosniaque en sachant ce qu'il en est de ses origines. En ne disant rien à l'enfant, même dans l'intention de ne pas le meurtrir, elle lui demanderait en quelque sorte de se conformer à un modèle d'enfant qu'il n'est pas. Lui aussi a une mémoire, inconsciente en tout cas, et il ne faudrait pas trop s'étonner qu'il ne se sente pas très à l'aise dans cet habit qu'on a modelé pour lui, puisque ce ne sera pas le sien ! Ce n'est pas l'adoption en elle-même qui peut faire difficulté pour ces enfants, c'est la manière dont on la négocie.

Il arrive que des enfants adoptés manifestent plus tard un symptôme lié aux secrets qui pèsent sur eux. Du moins auront-ils alors la possibilité de chercher à percer ces secrets, de faire leur enquête, jusqu'où ils le peuvent, comme ils le veulent… Ce n'est pas forcément d'épuiser le secret qui en soi libérera le sujet d'un éventuel symptôme (encore que, on l'a vu souvent), c'est au moins d'en user comme il l'entend. C'est donc toujours aux familles – adoptives et biologiques – qu'il appartient d'en gérer la trajectoire, sûrement pas au Conseil de Famille. Libre à elles de taire une chose ou une autre en fonction de ce qu'elles jugent bon que l'enfant sache à tel ou tel âge. Il s'agira alors d'un secret temporaire, reflétant de leur part un souci pédagogique, et non plus d'une rature définitive, d'une scotomisation, de l'ablation d'une part de ce qui fait le vivant de l'enfant. Les services de l'adoption s'accordent maintenant pour conseiller aux familles d'élever leur enfant dans sa vérité. Encore faut-il que cette vérité n'ait pas été adultérée en amont !

Faut-il garantir le secret sur les origines ou l'anonymat des géniteurs ? La loi tend à imposer le premier, des spécialistes éclairés [1] réclament exclusivement le second. Pour ma part, je propose une solution médiane dans l'application de la loi. Comme psychanalyste, je pars du principe que tout discours formulable renferme des énoncés manquants. À cela la situation d'un enfant né d'un accouchement au secret ne fait pas exception. Cependant personne ne doit se donner le droit dans sa pratique, pour représenter ce manque dont est peuplé l'inconscient, de faire un tri. Je demande simplement à la société, c'est-à-dire aux institutions qui en sont l'armature, de respecter cette règle, et de ne pas manipuler les éléments non identifiants à son gré. Dans les faits, la réalité est contrastée, et à chaque problème sa solution. L'ASE offre la garantie du secret le plus hermétique. C'est une institution fiable et responsable, qui sait assurer à qui le demande que rien ou presque ne sera dit. Elle sera la meilleure assurance pour celles qui manifestent un désir de rupture totale, par exemple en ne voyant pas l'enfant à sa naissance, en ne laissant pour lui ni lettre ni objet ou en demandant de taire tout ce qui concerne le père.

Dans le cas des femmes qui souhaitent au contraire recevoir des nouvelles de l'enfant adopté, ou de celles qui espèrent qu'on lui transmettra les lettres ou objets qu'elles ont laissés pour lui, certaines œuvres privées seront plus adaptées. On va là vers plus de transparence.

Il est des cas d'une libéralité plus grande encore. Ainsi, en Polynésie française, on est tout près d'une tradition de « don d'enfant ». L'adoption y fonctionne par un transfert d'autorité parentale pendant deux ans. Pendant deux ans

1 G. Delaisi, P. Verdier, *Enfant de personne*, éd. Odile Jacob, 1994.

(et deux mois, puisqu'on rajoute à ces deux ans le délai de rétractation), l'enfant vit chez ses parents adoptifs. Passé ce terme, si l'accord entre parents biologiques et adoptifs persiste, l'adoption plénière est prononcée. Il arrive que des métropolitains aillent chercher un enfant à Tahiti, fassent connaissance avec la famille d'origine et obtiennent la délégation d'autorité parentale. Revenus en métropole avec l'enfant, ils restent en contact avec la famille d'origine grâce à des lettres, des vidéocassettes et des photos. Quand l'adoption se fait, tout, semble-t-il, se passe le plus souvent pour le mieux dans le meilleur des mondes, et la reconnaissance est mutuelle. Conséquence inattendue, quoique logique, d'un tel système : la contraception est peu pratiquée, car, quand on a un bébé de plus… on le donne !

Nul ne contestera la nécessité de légiférer en la matière, et encore moins le très beau travail réalisé par l'ASE et les œuvres privées pour rendre cette loi efficace. Depuis le *tour*, pratique qu'avait encouragée saint Vincent de Paul pour lutter contre l'infanticide, l'effort de reconnaissance de celles qui ont « fauté » et de leurs nouveau-nés a lentement porté ses fruits. Le tour consistait à laisser l'enfant né dans l'opprobre à la porte de l'hospice, au petit jour et en catimini. Ce furent l'officialisation de cette pratique dans les lois napoléoniennes de 1811, la reconnaissance du « bureau d'abandon » en 1904, les additifs au Code de la Famille de 1911, la modification de l'article 55 du Code de la Famille et de l'Aide Sociale en 1943, la mise en déshérence du terme d'abandon en 1984, enfin la loi sur l'adoption de 1996.

Détail piquant, l'article 55 voté sous Pétain avait comme but caché de sauver l'honneur des prisonniers, plus tard des hommes du STO et des maris de celles qui furent « tondues ». C'est une juste réparation de penser qu'elle serve à notre époque à sauver la vie des femmes en danger, violentées par les hommes et la guerre, ainsi que celle de leurs enfants, plutôt que de simplement sauvegarder la réputation des hommes.

Hier comme aujourd'hui, la loi montre son mérite autant que sa limite. Son mérite, parce qu'elle pousse la société vers une meilleure reconnaissance symbolique et éthique des membres qui la constituent, même si la réflexion qui l'a fait naître est minoritaire (pensons au vote de la loi sur l'abolition de la peine de mort) ; sa limite, car elle ne peut se défendre d'une inclination à sauvegarder du même coup le conservatisme qui sape son application.

Un exemple ? Par la loi de 1996, la société reconnaît comme insupportable que des individus puissent exister en son sein sans avoir de nom : elle préfère *Sandra* à *Ixette*, pour reprendre le cas que nous évoquions. Mais, pour autant, elle ne garantit pas à un enfant le droit à son histoire, ni ne reconnaît à une mère qui accouche au secret le caractère positif de son acte ; elle fait comme si elle préférait défendre un reste de civilité puérile et honnête. Comme s'il fallait donner raison à ceux qui y voient une honte évidente ou cachée, et qui pourraient dire : « L'action ou l'intention de cette mère est trouble, mieux vaut la taire définitivement », ou bien : « M. ou Mme Untel ont abandonné leur enfant, ils sont de ce fait en marge de l'ordre social ; pour le reste, ne nous posons pas de questions du moment que les formes de l'amour sont respectées. »

Pourtant, être respectueux (et désireux) du droit ne veut pas dire être amoureux de la chose bien rangée. Un psychanalyste, lui, peut être mis en position de tenir qu'une femme qui (aban)donne un enfant accomplit éventuellement là un acte d'amour. Qu'à l'inverse, une femme qui gave son enfant n'en réalise pas forcément un. Autrement dit, si l'intention de la loi est bonne, son interprétation laisse place au trouble si l'on n'y prend pas garde. Seule une formation adéquate du personnel soignant confronté à ces problèmes peut aider à ce qu'on applique cette loi dans l'intérêt de l'enfant, de sa mère et de son père.

Samia ne se sent pas assez forte. Un autre exemple ? Quand la société propose à ces femmes un foyer mère-enfant, une allocation au parent isolé, ou quelque autre aide, son intention est bonne. Se rend-on compte qu'on annule du même coup ce qu'on offre, en le mettant en balance avec un renoncement exigé de la mère : renoncement ou rupture d'avec leur père, leur mère, leurs frères et sœurs, l'amoureux qui a disparu de la circulation, la tradition, la culture, les fêtes... ? Que leur donne-t-on comme place, comme avenir, comme idéal pour être mère et élever leur enfant ? Samia s'est retrouvée devant ce type de dilemme. D'origine arabe, elle s'était trouvée enceinte d'un garçon français qu'elle connaissait depuis longtemps et avec qui elle vivait. Ils n'avaient rien fait pour empêcher la conception, sans doute même l'espéraient-ils.
Aucune des deux familles n'appréciait l'union. De son côté à lui, on penchait vers les « thèses » du Front national ; chez elle, c'était plutôt une vue islamiste des choses. Ces familles toléraient à peine le couple, et ne manquaient pas d'en rajouter sur les propos racistes à destination de « ceux d'en face » dès que l'occasion s'en présentait.
Au quatrième mois de la grossesse, quand celle-ci devenait visible, le père avait subitement déclaré ne plus vouloir de l'enfant. N'arrivant pas à (se) convaincre par la parole, il s'était mis à frapper Samia. Elle en était au point d'avoir peur, non seulement pour elle, mais aussi pour son bébé. Elle avait donc quitté leur domicile et avait trouvé refuge chez une parente. Quelques mois plus tard, ayant mené à

terme sa grossesse, elle était venue accoucher à Béclère, et avait dit sa volonté d'abandonner l'enfant.
Pourquoi ce garçon avait-il, contre toute attente vu son comportement passé, pu réagir de façon si violente ? J'émets l'hypothèse que, confronté au racisme de son propre père, il ne s'était plus senti la force d'être lui-même le père d'un enfant conçu avec une femme arabe, dès lors que cette grossesse devenait claire pour tous, son père compris. Elle, s'entendant dire par sa famille que c'était bien du fait qu'elle avait choisi un Français qu'elle se retrouvait dans cette situation dramatique, se sentait trop faible pour lutter contre ces deux forces d'intolérance. Tous les deux avaient manqué de force : financièrement, leur situation était suffisante pour leur permettre d'accueillir cet enfant qu'ils avaient désiré, mais il leur aurait fallu rompre avec leur famille, et c'était trop pour eux. Qui pourrait leur en faire reproche ? Pas moi, en tout cas, car je sais d'expérience que la majorité de ceux qui abandonnent un enfant sont des gens qui n'ont plus de force.
J'ai donc accompagné Samia dans sa décision d'accoucher au secret sans voir l'enfant. Par là, elle souhaitait éviter la rupture avec sa famille, et la violence de son compagnon vis-à-vis d'elle-même ou de leur enfant. Elle a attribué des prénoms à son enfant et m'a demandé de lui raconter toute leur histoire. Elle a ensuite rédigé une lettre laissant ses coordonnées pour qu'il puisse la retrouver s'il le souhaitait, suivant les modalités légales que nous lui avons indiquées. Elle a enfin demandé à le confier à une œuvre privée, dans le souci que cette lettre soit remise telle quelle, sans censure.

Osons dire pour conclure qu'une procédure du type de celle que nous employons est un complément indispensable à la loi. Avant d'avoir un entretien avec Samia, j'étais dans une humeur qui autorisait tous les dérapages. N'ayant connaissance que du dossier, j'en étais à me demander pourquoi elle était venue, sans avoir fait suivre sa grossesse au préalable. Aucune raison élaborée ne m'avait semblé motiver sa demande, et j'étais presque prête à y aller d'un petit couplet sur la décence qui veut qu'on n'abandonne pas un enfant parce qu'on en a simplement envie. Était-ce une jeune fille qui non seulement ne se « sentait » pas mère, mais ne voulait à aucun prix risquer de le devenir ? Certes, l'instinct maternel n'existe pas, comme Élisabeth Badinter l'a dit avec insistance, mais tout de même… J'allais jusqu'à interpréter sa demande avant de l'entendre, en me remémorant des cas similaires passés : y avait-il de sa part cette forme de violence qui consiste à ne pas donner une chance à un enfant de vous rendre mère, parce qu'on ne peut supporter de renoncer à sa propre mère, ni à son statut d'enfant ? J'étais en train de me laisser aller à des présupposés qui ne pouvaient m'amener qu'aux dysfonctionnements que je dénonçais tout à l'heure chez certains membres de l'équipe soignante.

J'étais encore marquée ce jour-là par une autre très jeune accouchée que j'avais reçue peu de temps auparavant, et qui m'avait ébranlée dans mes certitudes. Elle non plus n'avait absolument rien « contre » l'enfant. Elle avait réussi à cacher sa grossesse à sa famille – il est étonnant de voir comment une femme qui veut dénier ou dissimuler sa grossesse peut arriver à ses fins. Et puis, à la fin de la nuit, sans réveiller personne, elle avait donné naissance à son enfant, et l'avait déposé dans le local à poubelles. Je dis « déposé », j'aurais du dire « disposé » : elle ne s'était pas débarrassée de l'enfant comme on pourrait croire, mais l'avait enveloppé d'une serviette-éponge et l'avait véritablement installé dans le local de son immeuble. Enfin, elle était partie sur le chemin de l'école. Des policiers avaient trouvé le bébé et avaient bientôt identifié la mère qu'ils avaient aus-

sitôt placée en garde à vue à l'hôpital. C'est là que nous nous étions rencontrées. Animée par les mêmes préjugés, je lui avais posé la question :
« Qu'avez-vous pensé de ce qu'il arriverait à cet enfant dans cette poubelle ? »
Elle m'avait répondu très logiquement qu'elle savait le ramassage des poubelles imminent et qu'on le trouverait donc rapidement ; arriverait ensuite ce qui devait arriver, elle n'y pourrait rien changer. Nulle trace dans son discours de dédain pour la vie de l'enfant, il s'agissait plus simplement d'une incapacité à se penser la mère de ce bébé.

Dans son cas comme dans celui de Pierrette, l'entretien, par l'obligation même qu'il me faisait de l'écouter, m'a fait changer radicalement de position. Il m'a remis dans ma fonction de psychanalyste. Sans ces entretiens, l'application brutale de la loi n'aurait eu aucun sens, ni pour elle ni pour moi.
De ma place de psychanalyste, je suis obligée de vérifier la véracité de l'adage : *dura lex, sed lex*, la loi est dure, mais c'est la loi. La loi existe, et c'est tant mieux ; elle prête à confusion, et c'est tant pis. Mais au-delà des dossiers et des procès-verbaux que la loi prescrit, c'est à nous, psychanalystes, soignants et représentants des instances tutélaires, à veiller à ses modalités d'application de façon à garantir aux nouveau-nés qu'il ne manque pas trop de pages au texte de leur vie.

Ce n'est pas tout de naître

Baby blues et *accouchement au secret* sont conjoints dans ce chapitre, alors que l'un est fréquent et l'autre rare. Le premier met en scène la mère et l'enfant, quand le second les sépare. Dans un cas il s'agit d'un lien difficile à maintenir, dans l'autre d'un lien difficile à défaire. Pourquoi en faire le même objet d'intérêt pour le psychanalyste ?

C'est que tous deux marquent le pas décisif qui va de la naissance à l'humanisation, et caractérisent la difficulté de cette période des limbes. Qui dit limbe, dit *bord* ou *seuil* : l'enfant est au bord d'un parachèvement de sa naissance aux yeux de ceux qui l'ont accueilli. Quelle est la nature de ce bord, de cette suspension entre réel et symbolique ? Est-ce pour l'enfant le temps de l'attente angoissée, celui de l'espérance, ou un délai sans rime ni raison ? L'étymologie donne une version optimiste : dans le latin ecclésiastique du XIVe siècle, les limbes (*limbi*) sont le « séjour céleste situé au bord du paradis ». C'est le lieu où les âmes des justes, décédés avant la venue du Christ, attendent leur délivrance. L'usage dérive pour désigner le séjour des âmes des enfants morts sans avoir été baptisés dans la religion catholique.
Les enfants nés d'un accouchement au secret sont peut-être plus proches de l'enfer que du paradis. Il faut leur parler pour leur permettre de sortir des limbes. On entend parfois certains associer ces enfants abandonnés et les suicidés. Les uns et les autres sont ressentis comme inconvenants et persécutants, ils dérangent et laissent autour d'eux un parfum de faute. De tout temps, comme le rappelle l'historienne Yvonne Knibiehler, on a cherché par les procédures légales d'abandon à donner à la « fille déchue » un moyen d'effacer sa « faute » : on pensait qu'elle « ne pourrait éprouver aucune affection pour son enfant, objet de honte, et que l'enfant lui-même n'aurait que mépris et ressentiment pour celle qui lui avait infligé une telle vie. Une *fille* ne saurait être *mère* (...) Ce que le savoir historique établit, c'est justement que le désir d'enfant chez les femmes ne s'est jamais exprimé librement. (...) Le problème est celui

de son *humanisation*, de son insertion et de son fonctionnement au service de sociétés humaines *civilisées*[1] ».

Enfants nés au secret ou enfants pris dans le baby blues de leur mère, tous doivent sortir des limbes pour naître au symbolique. Serait-ce que la naissance n'est pas chose si naturelle ?

Naître à la société

À la maternité, tout commence par la naissance. Vérité de La Palice, à peine contrariée par le travail fait dans le même service de l'hôpital sur le suivi des grossesses à hauts risques et les procréations médicalement assistées. La visée première reste la naissance. C'est le premier acte naturel de la vie, dit-on.

D'un point de vue médical, il n'y a rien qui permette de se satisfaire d'une telle affirmation. L'expérience des médecins d'une maternité est truffée de faits inexpliqués, de naissances « manquées » sans raison, de morts *in utero* imprévues, de traitements prophylactiques qui échouent inexplicablement, de morts subites imparables... Alors, ne pas faire obstacle au cours naturel des choses et mettre tout cela sur le compte de la fatalité ? Pour l'obstétricien, ce n'est pas possible : comprendre est le fondement de sa recherche, de sa culture, de son pouvoir et de sa passion.

Pour l'anthropologue, la naissance est affaire de culture avant d'être un simple fait biologique. Rappelons les asser-

1 Y. Knibiehler, « Désir d'enfant », in *Études freudiennes*, n° 32, nov. 1991, p. 143-157.

tions de Françoise Héritier selon qui aucune société ne semble confondre filiation et engendrement[1]. Comme le dit un proverbe Samo dont elle s'inspire : « C'est la parole qui fait la filiation, c'est la parole qui la retire. » Sans une nomination par la communauté dans laquelle il entre par sa naissance, l'enfant n'est pas seulement mis au ban de la société, il n'existe pas.

Pour les membres des comités d'éthique et tous ceux qui ont à débattre comme récemment des nouvelles techniques d'assistance à la procréation (1985), de l'accouchement au secret (1996), de l'adoption (1996), la naissance est aussi un problème éminemment social. À commencer par sa seule éventualité. Qui dira par exemple s'il existe un droit à l'enfant pour toute personne ou couple stérile sous prétexte que des techniques nouvelles peuvent le lui procurer ? Peut-on se prévaloir d'un droit de l'enfant (non encore existant) à naître pour appliquer ces techniques dans n'importe quelles conditions ? Comment la loi doit-elle trancher, arbitrer, déterminer en fin de compte qui est le père d'un enfant quand son géniteur présumé mort réapparaît alors que la mère s'est remariée une fois son « deuil » accompli ? Quand une mère porteuse réclame des droits d'éducation sur un enfant sous l'argument qu'un contrat a été signé en ce sens avec les parents (cela aux États-Unis par exemple, car en France la loi interdit cette pratique) ? Quelle que soit la jurisprudence, importante en la matière, le problème est constant : qui est fils ou fille de qui, en vertu de quelle intervention de la société une loi de parenté va-t-elle décider de l'existence d'un nouveau-né ?

1 F. Héritier, *Masculin/Féminin*, éd. Odile Jacob, 1996.

De la naissance à la reconnaissance

Le législateur a tranché : pour lui, naissance entraîne reconnaissance. Les parents déclarent la naissance, l'officier de l'état civil de la mairie la constate – ou, comme dans certaines grandes maternités, son délégué à l'hôpital : « aujourd'hui est né(e) Jean/Jeanne, fils/fille de Maurice Gendron et de Julie, son épouse, née Jarniguet ; ce que nous, officier de justice, avons constaté ce jour, etc. » Si les parents ne déclarent pas, quelqu'un d'autre doit le faire : ce sera un fonctionnaire de la mairie, dans le cas d'un enfant trouvé ou quand aucun prénom n'a été notifié par les parents ; ce sera la sage-femme, dans le cas d'un accouchement au secret. Suit la déclaration de reconnaissance : elle est acquise automatiquement quand les parents sont mariés, elle nécessitera le déplacement de la mère et éventuellement du père à la mairie dans le cas contraire. En cas de non-reconnaissance par l'un des deux ou de rétractation, la situation se complique un peu plus. C'est par exemple le cas prévu par la loi de la « reconnaissance avant la naissance » : pour les couples non mariés, la mère peut reconnaître l'enfant avant la naissance ; il portera alors son nom. Après la naissance, le père pourra aussi reconnaître l'enfant : dans ce cas, les deux noms seront accolés. L'intervention de la société à la naissance s'exerce d'autres façons encore. Même s'il s'agit là d'une tolérance très peu utilisée de nos jours, l'état civil ou, sur sa sollicitation, le procureur, peuvent refuser un prénom « dans l'intérêt de l'enfant » (articles 276 à 284 de l'*Instruction générale relative à l'état civil du 21 septembre 1955*). Il peut aller jusqu'à demander une enquête sur la parenté biologique, etc. Les registres d'état civil n'ont guère plus de deux siècles d'existence, les registres de baptême qui en tenaient lieu autrefois étaient notoirement incomplets : bref, le souci statistique de la société est une exigence moderne, mais on n'en naissait pas moins auparavant. Il n'empêche que cette intervention de la société n'est pas sans conséquence pour le nouveau-né, de manière absurde quelquefois. Ainsi, tant que le délai de trois jours accordé par la loi pour déclarer la naissance n'est pas écoulé, le nouveau-né n'a aucune existence légale. Pendant son séjour en maternité, il n'existe tout simplement pas, sinon aux yeux de sa famille et des soignants. La seule chose qui puisse faire sortir l'enfant de cette situation ubuesque d'être vivant sans existence, c'est qu'il soit hospitalisé dans un autre service pour des soins particuliers, en pédiatrie par exemple : à ce moment-là seulement, il sera déclaré sous son nom. Jusque-là, seule la mère entrée à la maternité était reconnue par l'administration de l'hôpital. Aurait-elle introduit en fraude un passager clandestin ?

La nomination

La naissance, c'est l'apparition d'un être conçu par deux autres humains, qui a perdu sa dépendance physiologique exclusive d'avec celui des deux qui l'a porté en son sein, et qu'on reconnaît comme membre de la communauté humaine. C'est donc une affaire de nomination. Cela ne va pas de soi, ou plutôt cela ne va pas sans *dire*. Serait-il l'enfant sauvage ou Kaspar Hauser qu'il faudrait tout de même qu'un enfant soit reconnu par ses pairs pour se reconnaître vivant lui-même. Pour le psychanalyste, c'est donc affaire de langage et de corps, de *parole nouée au corps* : un nouveau-né qui n'est pas inscrit d'une façon ou d'une autre par les humains qui sont censés l'accueillir est, d'une certaine manière, peu différent d'un OVNI. À la question posée sur le statut de l'enfant entre l'accouchement et sa déclaration de naissance, un psychanalyste répond qu'il le sait vivant par les désirs qui l'ont amené jusque-là ; mais qu'il sait aussi que la non-reconnaissance de son désir peut signifier pour lui la mort au moins symbolique. Bien entendu, la nomination n'est pas en l'espèce un simple problème de déclaration légale ni même d'attribution de prénom. C'est aussi une question d'énonciation indispensable de l'histoire de l'enfant. Il faut que l'enfant *entende dire* un minimum sur son histoire et son inscription dans la lignée parentale (*i.e.* son père et sa mère, mais aussi leurs ascendants si possible). C'est là où, à défaut que la chose soit possible avec les parents, un tiers peut intervenir. Sinon, cet impensé peut faire symptôme.

La naissance n'est ni un fait naturel ni une histoire simple. Elle est peut-être plus difficile à penser que la mort, parce qu'elle n'est pas inéluctable : nous avons vu que certains bébés pouvaient choisir de mourir avant de naître. Nous sommes comme le personnage de roman d'Umberto Eco, qui « se prit à songer à sa naissance, dont il savait encore moins que de sa mort. On dit que penser aux origines est le propre du philosophe. Il est aisé pour le philosophe de justifier la mort : que l'on doive se précipiter dans les ténèbres est une des choses les plus claires du monde. Ce qui hante le philosophe n'est pas le naturel de la fin, mais le mystère du commencement. Nous pouvons nous désintéresser de l'éternité qui nous suivra, mais nous ne pouvons nous soustraire à l'angoissante énigme de l'éternité qui nous a précédés[1] (...) ».
La mort est comme chacun sait la condition de la vie, et la prescience de la mort la condition de bien vivre.
Dès lors, la réponse à la question : sommes-nous là pour vivre heureux autant que nous le pouvons ? est l'enjeu de la sortie des limbes. Ce qui se joue dans les trois ou quatre premiers jours de la vie, en somme, s'énonce en termes simples : « Ce n'est pas tout de naître, il faut bien vivre ! »

1 U. Eco, *L'île du jour d'avant*, Grasset, 1996, p. 420.

Le chœur des nouveau-nés fait vite écho : « On ne demande que cela ! »
Il semble néanmoins qu'il y ait quelques couacs dans ce chœur, car certains bébés se comportent comme si cela n'allait pas du tout de soi.

Le choix de vivre

Le mot est l'homme, sa mémoire et son devenir.
Edmond Jabès

À l'hôpital et dans les institutions publiques, la psychanalyse n'est plus vraiment bienvenue comme elle l'a été dans les années soixante-dix : on la prie d'être discrète. Mon cas ne fait pas exception à la règle, puisque le mouvement que j'ai fait de la psychiatrie vers une pratique réellement psychanalytique en institution a eu sa part dans les fins de non-recevoir qu'on a pu m'opposer, au CMP (Centre Médico-Psychologique) comme à la PMI (Protection Maternelle et Infantile).
Le temps n'est plus à la collaboration entre psychiatrie et psychanalyse comme par le passé. Si la psychiatrie officielle ne voit plus en la psychanalyse une référence, nombre de psychanalystes, en retour, ont vu avec tristesse l'abandon de l'idéal de la sectorisation, qui avait animé la psychiatrie et la réforme des études de psychiatrie, qui ne laisse plus guère de place à la spécificité du symptôme psychique. Le débat entre eux, stérile par bien des côtés, demande à être dépassé. Tous peuvent au moins s'accorder sur un point, c'est qu'au-delà de leurs positions et de leur éthique res-

pectives psychiatres et psychanalystes ont un devoir social envers ceux qui les consultent.

Que ce devoir ne s'exerce pas comme une violence pour les consultants, c'est-à-dire qu'il vise à reconnaître la vérité de chaque être avant que de le réduire à son symptôme, c'est le ressort de la modernité de la psychanalyse. Cette exigence éthique est celle qui enjoint à la psychanalyse de rénover son action par la découverte de nouveaux champs, de nouvelles pratiques et d'une nouvelle efficacité.

Dans le domaine de la périnatalité qui nous intéresse, un des nouveaux champs est celui des limbes : le baby blues, sur lequel nous avons insisté, échappe par essence au traitement psychiatrique standard. Il n'est pas répertorié comme une pathologie spécifique, et n'est pas « traité » comme tel au moment de son apparition. Au contraire, le psychanalyste, qui veut bien y voir un moment princeps de constitution du sujet, aura soin d'y apporter une écoute attentive. Plus loin, il devra entrer sur des terrains laissés en friche par les assistances thérapeutiques existantes, et sur lesquels pourtant se bâtit la vie des humains : le suivi de l'accouchement, le soutien aux nourrissons et aux parents en difficulté, mais aussi l'aide à la naissance et la prise en compte de la vie anténatale sur lesquelles il y a tant de choses à dire et à découvrir d'un point de vue psychanalytique.

Sur le plan des pratiques, la première des innovations nécessaires au psychanalyste pourrait être de sortir de son cabinet pour se déplacer vers le patient : à la maternité, à l'hôpital, partout où son écoute peut permettre de modifier le cours des pathologies. Cela supposerait d'établir des protocoles d'inspiration psychanalytique précis, qu'ils touchent à la prévention ou au traitement général de la demande : c'est ce dont il a été question à propos de l'accouchement au secret, de la prévention pour les prématurés ou les nouveau-nés dont l'histoire a été marquée par des deuils antérieurs, plus généralement à propos de la façon de signaler et de traiter les demandes des parents et/ou des enfants. Cela aurait pour conséquence de transmettre un témoignage en laissant des stagiaires se former à cette expérience. Le plus urgent et le plus actuel des besoins est de repenser la transposition du cadre psychanalytique à la pratique institutionnelle. La demande évolue sans cesse, et dans un sens qui en ce temps de crise sociale rend l'écoute difficile. Les psychanalystes doivent s'adapter pour permettre de trouver à cette demande une issue. En s'y efforçant, ils gardent intacte leur capacité d'une réponse humaine à cette demande. À une époque où l'on proteste qu'il faut parer au plus pressé devant l'afflux des drames sociaux, les psychanalystes peuvent maintenir l'exigence d'écouter la douleur comme une priorité dans bien des cas. Sur le plan de l'efficacité, qui comme dans toute entreprise sociale se mesure avec le temps, il s'agit d'abord de nouvelles capacités opératoires. Si le baby blues n'est pas pris en compte par les psychiatres dans les trois ou quatre jours après la naissance, la dépression qui quelquefois la suit et perdure faute d'avoir été prévenue est un motif fréquent de consultation dans les cabinets. Le traitement en est d'autant plus long que le temps qui la sépare du baby blues est grand. N'est-il pas plus « économique » d'être présent plus tôt avant de devoir répondre à un syndrome caractérisé ? Rappelons que c'est aussi l'argument qui nous a motivés dans le cas de l'accouchement au secret. Mais, pour d'autres âges et dans d'autres situations problématiques, il peut sembler intéressant. Il ne fait que vérifier une des constantes de nos métiers : l'effet de l'interprétation se mesure moins à sa pertinence qu'à sa capacité à intervenir à temps. Elle suit la même logique que celle du témoignage dont nous avons dit en introduction qu'elle guiderait ce livre. L'interprétation est affaire de scansion, et l'approche nouvelle des nouveau-nés amène peut-être le premier moment où il faut décider d'une action : « passé le temps pour comprendre le moment de conclure, c'est le moment de conclure le temps pour comprendre[1] ».

En insistant sur la période des limbes, nous ne faisons rien d'autre que de tenter d'amenuiser le coût psychique, social et financier de troubles précoces chez l'enfant. Ce rôle de prévention rempli à l'occasion par le psychanalyste est bien reçu des équipes de Béclère, même s'il peut sembler étranger aux nécessités de leur pratique. Il peut s'avérer utile dans bien d'autres lieux.

L'ASE, qui envoie certains nourrissons au cabinet d'un psychanalyste sous la rubrique « soins non remboursables », a le courage de manifester par là que le coût de la psychanalyse n'est ni indu ni excessif au regard de ce qu'elle apporte. Ce faisant, en tuteur responsable qu'elle est de ces enfants, elle consacre la fonction thérapeutique préventive autant que symptomatique de l'écoute psychanalytique des enfants en bas âge.

Les parents qui consultent un psychanalyste, pour beaucoup, le pensent aussi. Quand ils ont pu par quelques séances retrouver en eux la ressource de parler à leur nouveau-né, même au plus profond de la souffrance qui les assaille, ils se félicitent de lui éviter les troubles qui jusqu'alors gâchaient la vie de tout le monde : celle du bébé, la leur, quand ce n'est pas celle de l'entourage.

L'intrication des symptômes, spécialement chez l'enfant et le nouveau-né, rend le diagnostic souvent difficile. Il arrive qu'ils semblent nécessiter une aide psychothérapeutique

1 J. Lacan, *op. cit.*, p. 197-213.

alors qu'ils souffrent d'un dysfonctionnement organique. Plus souvent encore, ce qui se manifeste comme un désordre physiologique au traitement incertain révèle à travers l'écoute psychanalytique un ressort psychique.
Un enfant de 3 ans m'avait été adressé par son pédiatre qu'il inquiétait parce qu'il dormait très mal et que son insomnie était rebelle à tous les traitements. Il avait eu droit à toutes les explorations fonctionnelles possibles et imaginables, le scanner n'avait plus de secret pour lui. Rien n'y faisait, aucun diagnostic n'avait été fait, et l'enfant était toujours insomniaque. Tout ce qu'il avait gagné était une solide répulsion pour la médecine et les hôpitaux, qui confinait à la phobie. Après un mois de consultation à mon cabinet, comme il arrive parfois, le symptôme avait disparu.
Que faut-il penser du nombre d'otites ou de rhinopharyngites à répétition qui diminuent lorsque les enfants qui en sont victimes entament une cure psychothérapique ? Pourquoi ces enfants, qui ont passé des années à ingurgiter des antibiotiques, renoncent-ils à leur symptôme, vieux souvent de plusieurs années, en quelques mois de psychothérapie ? Le fait clinique est avéré. On peut tirer ou non des conclusions de cette relation entre les deux, c'est affaire de conscience professionnelle ; mais comment la dénier ?
De même, j'ai eu l'occasion de voir certain asthme rebelle disparaître au cours d'une psychanalyse. Il s'agissait d'un petit garçon de 7 ans. Sa vie comme celle de sa famille était réglée par les cures thermales qui lui étaient prescrites à chaque vacance scolaire. Il avait consulté un allergologue de grande réputation qui, lassé d'un symptôme qui résistait à son traitement, avait fini par lâcher aux parents qui lui demandaient son avis sur l'opportunité d'une psychanalyse : « Si vous avez du temps et de l'argent à perdre, envoyez-y donc votre fils !... »

Il a perdu quelques mois, peut-être une année à soulever tous les problèmes familiaux qui le hantaient. Ses parents avaient jusque-là cherché à l'en protéger, et ils n'avaient pas soupçonné dans quelle situation irrespirable cela avait mis leur fils. En tout cas, ayant perdu tout ce temps avec constance et application, le petit patient avait perdu son asthme.

Si le psychanalyste tient aux pouvoirs thérapeutiques de son approche, il doit refuser d'empiéter sur un territoire qui n'est pas le sien. Pas plus qu'il ne doit se prendre pour un accoucheur quand il travaille à la maternité, fût-ce un accoucheur de mots, il ne doit agir en médecin sous peine de ne plus être psychanalyste. S'il est psychiatre et psychanalyste, il devra choisir entre ses deux fonctions. À la maternité, soit je prescris et je propose l'adresse d'un confrère psychanalyste que les patients décideront d'aller voir ou non ; soit je remplis mon office de psychanalyste, et je m'abstiens de prescrire. L'effet thérapeutique d'une écoute psychanalytique est à ce prix. À l'inverse, un médecin gardera d'autant plus d'efficacité qu'il ne jouera pas au « psy ». Son sens clinique, c'est-à-dire son intelligence technique et son sens de l'humain, peuvent l'aider à accompagner le patient vers une demande d'assistance psychothérapeutique qui n'est pas de son ressort. Bien souvent, le « psy » intimide celui qui n'y a jamais eu recours, et expliquer au patient que son mal est psychique plus que physiologique et qu'il doit consulter un spécialiste serait trop brutal. Mais aider le patient à dépasser sa frayeur jusqu'à passer la main au psychanalyste est déjà thérapeutique : cela humanise la souffrance plutôt que de la techniciser. Les praticiens du corps peuvent gagner à penser le recours au spécialiste de la psyché non pas comme un échec qui leur serait imputable, mais comme l'espoir d'une synergie profitable à tous.

En parlant d'une période cruciale de trois ou quatre jours au sortir de la naissance, nous avons feint d'ignorer l'étrange correspondance qu'elle présente avec la période de trois ou quatre jours qui succède à la conception. En anténatal, il s'agit au quatrième jour de la migration de l'œuf vers l'utérus et du début de la vie ; en postnatal, d'une naissance symbolique. Serait-ce une variante de l'« horloge organique » de F. Dolto ?
Métaphoriquement en tout cas, elle évoque parfaitement la dimension de parole et de codage symbolique qui intéresse la psychanalyse. Le réel existe, il est incontournable, mais il n'est appréhensible que par le lien avec la profusion imaginaire qu'il engendre et le tissage symbolique qu'il permet à chacun. On espère l'avoir montré à travers la souffrance des nouveau-nés dans les limbes. On en tirera un enseignement dans toute situation médicale d'urgence où l'humanisation des pratiques peut aider à sortir d'une situation. Toute structure où le choix entre vivre et mourir est en jeu, en service de réanimation par exemple, peut bénéficier de l'appoint de l'aide psychanalytique. Il ne s'agit pas d'assister les mourants, mais d'aider parfois à repérer ce qui dans « se-laisser-mourir » peut être du registre inconscient.
Un de mes patients m'avait fait appeler auprès de lui à l'hôpital où il venait d'être opéré à la suite d'un infarctus du myocarde. Il était dans un état dépressif profond, qui le poussait à vouloir mourir alors même que l'intervention semblait couronnée de succès. Il comprit en me parlant que sa dépression pouvait avoir des raisons qu'il n'avait pas soupçonnées de prime abord. Que s'il disait vouloir mourir, cette volonté n'était pas la sienne mais l'effet d'un autre

vœu inconscient. Que s'il se laissait mourir, ce serait pour se conformer à la haine de sa mère pour lui, à propos de laquelle il a pu dire en un raccourci étonnant : « Vu son âge canonique, je ne vois qu'une explication à sa longévité : c'est de ne pas me voir encore mort qui la fait rester en vie ! »
La raison de cette remarque abrupte mais lourde de sous-entendus ayant trait à l'histoire familiale, l'origine de ce lien non coupé des enjeux imaginaires qui suspendaient au désir de sa mère le fil de sa propre vie, le non-avènement symbolique qui en résultait et le faisait pencher vers la mort faute d'être « né », n'entrent pas dans le cadre de ce livre. Mais mon patient a reconquis sa liberté de vivre. Ce m'est l'occasion de dire que, dans des cas médicalement graves voire désespérés, l'écoute psychanalytique peut avoir son importance.

Son effet est de l'ordre de celui qui opère pour les nouveau-nés : leur restituer leur parole, l'accès à leur histoire, et la possibilité de choisir entre la pulsion de mort qui les taraude et le désir de vie qu'ils découvrent être le leur. C'est la leçon d'humanité que nous donnent les bébés. Par là, ils nous montrent l'horizon de travail du psychanalyste : permettre à chacun de naître et renaître sans cesse à la vie, en accord avec son désir.

Cet ouvrage a été composé
par Euronumérique.
et achevé d'imprimer par la
Société Nouvelle Firmin-Didot.
à Mesnil-sur-l'Estrée, le 7 avril 1997.
Dépôt légal : avril 1997.
Numéro d'imprimeur : 38313.

ISBN 2-07-074721-2/Imprimé en France.

